GEORG KOHLMAIER

2021

Ein Jahr im Wettlauf gegen die Pandemie

novum ◢ pro

Dieses Buch ist auch als
e-book
erhältlich.

www.novumverlag.com

Bibliografische Information
der Deutschen Nationalbibliothek:

Die Deutsche Nationalbibliothek
verzeichnet diese Publikation in
der Deutschen Nationalbibliografie.
Detaillierte bibliografische Daten
sind im Internet über
http://www.d-nb.de abrufbar.

Gedruckt in der Europäischen Union
auf umweltfreundlichem, chlor- und
säurefrei gebleichtem Papier.

© 2022 novum Verlag

ISBN 978-3-99131-593-3
Lektorat: Alexandra Eryiğit-Klos
Umschlagfoto: Georg Kohlmaier
Umschlaggestaltung, Layout & Satz:
novum Verlag
Innenabbildungen:
siehe Bildquellennachweis S. 174
Autorenfoto: Bernhard Schramm

www.novumverlag.com

Climate neutral
Print product
ClimatePartner.com/16547-2201-1002

INHALTSVERZEICHNIS

DIE IDEE ZU DIESEM BUCH

Das Jahr 2021 steht, wie schon 2020, im Zeichen der Covid-19-Pandemie und deren Bekämpfung. Sie ist das beherrschende Thema. Diesem Jahrbuch zu dem besonderen Jahr 2021 liegt die Idee zugrunde, für jeden Monat herausragende Ereignisse oder Prozesse darzustellen, ausgewählt und bewertet aus meiner persönlichen Sicht. Die Aufsätze zeigen, wie intensiv und facettenreich manche Ereignisse in diesem bemerkenswerten Jahr 2021 gewesen sind. Dem Titel entsprechend bildet dabei das Pandemiegeschehen über das Jahr hinweg den Schwerpunkt. Das Buch soll aber mehr als nur das Pandemiegeschehen nachzeichnen. Das Jahr 2021 hat auch andere Überraschungen bereitgehalten. Sie zu beleuchten, ist ebenso Teil des Jahrbuchs.

Vieles ist aus nachfolgenden Ereignissen gesehen neu zu bewerten, stellt sich später in einem anderen Licht dar. Oftmals führt das zu einer Erkenntnis, wie sie sich zum Zeitpunkt des Geschehens nicht aufgedrängt oder abgezeichnet hat. Manchmal offenbart sich im Nachhinein auch eine gewisse Ahnungslosigkeit und beinahe Naivität gegenüber den Abgründen und Wendungen. Hoffnungen und Erwartungen, die uns geleitet haben, werden in dem Buch nachgezeichnet. Aber auch Irrungen, die uns manchmal im Nachhinein den Kopf schütteln lassen.

Die einzelnen Aufsätze sollen Eindrücke und Situationen erfassen und darstellen, wie sie zum Zeitpunkt des Geschehens empfunden worden sind beziehungsweise sich gezeigt haben. Über die Zeit tauchen Ereignisse und markante Wegmarken aber oftmals in eine diffuse »Verklärtheit« ab. Die Ausführungen im Buch sollen das Geschehen noch einmal zum Leben erwecken, vielleicht manchmal nach dem Motto: »Ach ja, so war das!« Wir kennen das von den Jahresrückblicken in Rundfunk und Fernsehen, aber auch in diversen Magazinen und Zeitschriften am Ende eines Kalenderjahres. Mir sind zum Beispiel der 6. Jänner mit der Erstürmung des Kapitols in Washington und die Berichterstattung dazu besonders in Erinnerung geblieben: Zuerst ist es lediglich eine eher nüchterne Information des ORF in den Nachrichten im Radio, dann aber – die Ereignisse nehmen immer dramatischere Ausmaße an – folgt im Hauptabendprogramm im TV eine ausgedehnte Sondersendung zu den Ereignissen. Diese Sondersendung – ursprünglich für andere Themen gedacht – wird zur Berichterstattung zum Sturm auf das Kapitol umfunktioniert. Bis spät am Abend bin ich gebannt vor dem Fernsehschirm gesessen.

Neben Berichten aus Rundfunk- und Fernsehsendungen bilden Zeitungsschlagzeilen und -berichte die wesentlichen Quellen und Elemente für dieses Buch. Das geflügelte Wort lautet zwar, dass nichts älter ist als die Tageszeitung von gestern. Das mag für den nächsten Tag auch durchaus stimmen. Aber Schlagzeilen verleihen unnachahmlich Ausdruck für Erwartungen, Ängste und Sehnsüchte, die uns beschäftigt haben oder es noch immer tun. Sie sind wie Puzzlesteine, zusammengefügt kann ein neues Gesamtbild entstehen, manchmal entwickelt sich daraus eine eigene Geschichte.

Fotos bilden zu einigen Themen ein zusätzliches dokumentarisches und gestalterisches Element. Wenn sie ein aktuelles Geschehen oder eine einzigartige Geste festhalten, werden sie ebenso zu authentischen Zeitzeugen.

Es ist ungemein spannend, die vielen Notizen, Äußerungen und Darlegungen zusammenzuführen und daraus – solange die Eindrücke noch frisch und nicht im bleichen Licht der Vergangenheit verklärt und verschwommen sind – ein »Gesamtmenü« zu komponieren.

Danken möchte ich den Journalistinnen und Journalisten sowie Redakteurinnen und Redakteuren der Zeitschriften und Zeitungen, deren Artikel wesentliche Grundlagen für viele Ausführungen in diesem Buch bilden. Besonderer Dank gilt meiner Frau Gabi, die mir in vielen Gesprächen und im Austausch von Ideen für viele Formulierungen mit Rat und Tat zur Seite gestanden ist.

Ihnen, liebe Leserin, lieber Leser, wünsche ich gute Unterhaltung bei der Lektüre dieses Buches und das eine oder andere »Aha«-Erlebnis. Vielleicht ist die Betrachtung im Rückblick manchmal entspannter als das Empfinden zum unmittelbaren Zeitpunkt der Geschehnisse.

Wien, im Dezember 2021

Georg Kohlmaier

Hinweise:

Die Anführungszeichen „…" werden im Buch für die Wiedergabe von Schlagzeilen oder Ausschnitten aus Berichten und für Begriffe aus den im Quellenverzeichnis angeführten Zeitungen und Zeitschriften wie auch für wörtliche Zitate aus Rundfunk- und TV-Sendungen verwendet. Zur Unterscheidung davon erfolgt das Hervorheben von Wörtern oder Formulierungen zur Unterstreichung oder Zuspitzung einer Aussage in eigener Sache mit den Satzzeichen »…«.

In diesem Buch wird auf gendergerechte Formulierungen verzichtet. Natürlich gelten die Ausführungen für beide Geschlechter, sofern nicht ausdrücklich eine Präzisierung vorgenommen wird.

JANUAR

Von Beginn an hat uns das neue Jahr mit bewegenden Themen versorgt: Roll-out für die Covid-19-Impfung, über das gesamte Jahr die Mutanten des Covid-19-Virus aus verschiedenen Ländern wie Großbritannien, Südafrika, Brasilien und Japan, der Brexit und seine Folgen, die Inauguration des neuen Präsidenten nach der US-Wahl vom November 2020 und etliches mehr. Daher sind die Hoffnung auf die Impfung, das sehr außergewöhnliche Neujahrskonzert aus dem Goldenen Saal des Wiener Musikvereins, der Brexit und die Nachwehen zur Präsidentenwahl in Amerika meine Meilensteine im Monat Januar.

Die Hoffnung auf die Impfung

Die Hoffnung, dass die Covid-19-Pandemie nicht wie 2020 auch das gesamte Jahr 2021 in ihren Bann schlagen und dominieren wird, stützt sich vor allem auf die – am Beginn des Jahres noch eher symbolisch anlaufenden – Impfungen. Durch flächendeckende Impfungen soll die Pandemie, die ihren Ausgang in Wuhan (China) genommen und im März 2020 endgültig Europa in ihren Zangengriff genommen hat, überwunden werden.

Später werden wir feststellen, dass wir am Beginn etwas zu optimistisch gewesen sind. Verzögerungen bei den Impfstofflieferungen und unterschiedliche Meinungen und Aussagen zu der Qualität der einzelnen Impfstoffe bestimmen in den folgenden Monaten zusehends die Diskussion.

Nach den ersten Impfungen im Dezember 2020 wird ein Impfplan samt Prioritätenreihung erstellt. Er lehnt sich an den für Deutschland erstellten Plan des deutschen Robert-Koch-Instituts an.[1] Für die zeitliche Abfolge gibt es sieben Prioritätsstufen, wobei Anfang Januar die Impffreudigkeit der Bevölkerung noch völlig im Dunkeln liegt. Das Ausrollen der Impfungen gestaltet sich holprig. Es wird intensiv diskutiert, Aufklärungskampagnen werden gefordert. Vor allem wird eine schnelle Verfügbarkeit des Impfstoffs entscheidend sein. Daher taucht bald die Frage auf: Hat Österreich genug Impfstoff geordert? Die Diskussion darüber beschäftigt Politik und Gesellschaft. Die beruhigende Antwort lautet: „Die EU zog die Option, weitere 100 Millionen Pfizer-Impfdosen zu ordern. Das Kontingent *[Anm.: für Österreich]* erhöht sich von 3,5 Millionen Impfdosen um zwei Millionen"[2].

Der Impfplan, der eine klare Abstufung im Zeitablauf enthält, braucht alsbald Adaptierungen. Unangefochten ist, dass die alten Menschen aufgrund des erhöhten Risikos einer schweren Erkrankung vorgezogen werden. Einschränkungen und damit verbunden Einsamkeit und auch Depressionen sind gerade für sie, die schon im alltäglichen Leben oftmals damit konfrontiert sind, eine Bedrohung. Mit der Erstreihung für die Impfung „[…] stellen wir die Schwächsten und Gefährdetsten wirklich in die erste Reihe unserer Gesellschaft und zeigen zugleich, was uns die ältere Generation wert ist."[3] Wohltuende Worte!

Aber es menschelt: Berichte über Personen des öffentlichen Lebens, wie zum Beispiel Lokalpolitiker und sonstige honorige Persönlichkeiten, welche die Schwächen im Verteilsystem für den Impfstoff durch ihre Position wissentlich oder auch nur beiläufig ausnützen, machen die Runde. Vielleicht fehlt manchmal das nötige Feingefühl für das Zumutbare, denkbar wären auch mangelndes Unrechtsbewusstsein und vielleicht auch ein bisschen Neid. Ziel ist es, die Impfung möglichst rasch und nicht erst in der gemäß Impfplan vorgesehenen Zeit zu erhalten. Dafür stehen sie dann am Pranger des modernen Zeitalters: Sie werden mit vollem Namen in der Zeitung genannt. Das ist aber vorläufig auch schon alles, Sanktionen werden nicht diskutiert. Zwei Schlagzeilen beispielhaft zur Verdeutlichung: „Die Eliten und ihr Korruptionsproblem"[4]; „Regierung über Bürgermeister als ‚Impf-Drängler' empört"[5].

Unsicherheiten und Verzögerungen in der Beschaffung der Impfstoffe, Unklarheit über deren Wirksamkeit sowie unterschiedliche Zeitabläufe der Zulassungen in der Europäischen Union im Vergleich zu den USA, Großbritannien und Israel führen zu Verunsicherungen und intensiver Kritik am Management. Der unterschiedliche Impffortschritt in den genannten Ländern tut sein Übriges. Die aktuelle Schlagzeile lautet: „Wo schnell und wo langsam geimpft wird"[6].

Möglicherweise ist von Beginn an das vordringliche Ziel der Impfung nicht deutlich genug kommuniziert worden und sind daher überzogene Erwartungen geweckt worden. Vordringlichstes Ziel der Impfung soll erklärtermaßen sein, bei Infektionen vor schweren Krankheitsverläufen zu schützen. Dieser Anspruch wird uns durch das ganze Jahr begleiten und später, im Herbst, noch viel maßgebender werden.

Interessanterweise heben am Anfang des Jahres, als noch Impfstoffknappheit herrscht, diese Diskussionen die Impfbereitschaft in der Bevölkerung. Man ist geneigt, die Situation mit dem Konsumverhalten zu vergleichen: Knappheit im Angebot steigert die Attraktivität!

Der Fokus der Europäischen Union in der Beschaffung und Verteilung des Impfstoffs liegt vorerst innerhalb der Europäischen Union, die Staaten des Westbalkans (Serbien, Montenegro, Albanien, Kosovo, Bosnien und Herzegowina sowie Nordmazedonien) – allesamt Beitrittskandidaten zur Europäischen Union – bleiben leider außen vor. Zwar ist am 6. Mai 2020 nach einem EU-Westbalkan-Gipfeltreffen in Zagreb vom Rat der Mitgliedsstaaten zur Unterstützung bei der Bewältigung der Covid-19-Krise hervorgehoben worden, „die EU öffne den Westbalkan-Staaten ‚exklusiven Zugang zu EU-Instrumenten und medizinischer Ausrüstung'"[7], aber was geschieht? Russland und China versorgen die Länder mit ihren – in der Europäischen Union nicht zugelassenen – Impfstoffen und sichern sich damit das Wohlwollen der Bevölkerung. Der Impfstoff wird zu einem politischen Instrument für mehr Einfluss in einer Region! Erst viel später, im April, wird man sich von EU-Seite wieder der Westbalkan-Staaten und der notwendigen Hilfe erinnern: „Spät, aber doch: Schallenberg koordiniert EU-Impfhilfe am Balkan"[8]. 650.000 Dosen Impfstoff aus der EU-Beschaffung werden weitergereicht. Im Mai wollen die Europäische Union und Österreich endlich vermehrt Interesse für ihre Nachbarschaft demonstrieren: „Schallenberg spielt in Bosnien den EU-Impfdiplomaten"[9]. Ein positiver Aspekt soll dabei dennoch nicht untergehen: Dass man sich auf EU-Ebene endlich der Nachbarländer besinnt und mit Impfstoffen unterstützend eingreift, ist zu begrüßen. Die Zuwendung der Europäischen Union sollen nicht nur der Westbalkan, sondern ebenso andere Staaten wie Moldawien, Ukraine, Georgien, aber auch Nordafrika erfahren.[10] Doch so einfach ist es gar nicht, zu helfen: Verträge mit den Pharmafirmen verhindern eine freie Vergabe von eingekauften Impfstoffen ohne Einbeziehung der Firmen. Vertragsklauseln dienen auch dazu, dass Impfstoffe nicht von einem Land billig eingekauft und teuer weiterverkauft werden.[10] Und vielleicht ist es auch so, dass die Zeit dafür erst reif sein muss. Ob die Akzeptanz in der Bevölkerung – zum Beispiel in Österreich – zur Weitergabe von Impfstoffen wirklich groß gewesen wäre, solange nicht in Österreich selbst Aussicht auf genügend Impfstoff bestanden hätte?

Neujahrskonzert der Wiener Philharmoniker

Am Vormittag des 1. Jänner werden wir Zeugen eines so noch nie da gewesenen Ereignisses.

Das traditionelle Neujahrskonzert der Wiener Philharmoniker – heuer schon zum sechsten Mal von Riccardo Muti aus Neapel geleitet – findet zwar statt, aber gänzlich ohne Saalpublikum! Es wird erstmals – und hoffentlich auch zum letzten Mal – pandemiebedingt aus einem gähnend leeren Goldenen Saal des Wiener Musikvereins in alle Welt übertragen. Einzigartig!

Bild mit Symbolcharakter: Neujahrskonzert ohne Saalpublikum

Dieses Bild hat tatsächlich Symbolcharakter: „Keine Probe, sondern der Ernstfall: Das Neujahrskonzert mit Muti, aber ohne Saalpublikum, läutete 2021 ein"[1].

Alle sitzen vor den Fernsehgeräten, kein Kartenverkauf hat stattgefunden. Das Konzert wird in mehr als 90 Länder übertragen, insgesamt 14 Kameras sind für die Übertragung im Einsatz. Diese Besonderheit spiegelt sich auch in den Schlagzeilen verschiedener Tageszeitungen: „Keiner war da? Aber alle haben zugeschaut!"[2]; „Eine musikalische Botschaft der Hoffnung"[3]; „Neujahrskonzert. Die Wiener Philharmoniker und Riccardo Muti haben eine fantastische globale Botschaft gesendet"[4]. Doch die virtuelle Anwesenheit des Publikums wird zumindest akustisch vermittelt: Nach Registrierung im Internet, laut ORF unter anderem auch von UNO-Generalsekretär António Guterres, haben Tausende Menschen am Ende der beiden Konzerthälften ihren Live-Applaus über Mobiltelefone und Tablets in Echtzeit beigesteuert. Über Server in Frankfurt und weiter in Wien wird der Applaus via Lautsprecher für das Orchester im Goldenen Saal des Wiener Musikvereins und für die Zuseher vor den Fernsehgeräten eingespielt. Gänsehaut pur! Nicht zu verwechseln und auch nicht vergleichbar mit dem »Applaus aus der Konserve«, wie ihn vielleicht manche aus den amerikanischen Soaps im Fernsehen kennen! Für die Fernsehzuseher werden zusätzlich viele Fotos, die ebenfalls eingesandt worden sind, hochgeladen und erzeugen ein buntes Bild am Schirm.

Kein Appell könnte die Situation treffender beschreiben als der von Riccardo Muti in seiner Ansprache beim Neujahrskonzert:

„Wir sind hier, weil wir an die Botschaft der Musik glauben. Musiker haben Blumen in ihren Waffen, keine Dinge, die töten. Wir bringen Freude, Hoffnung, Frieden, Brüderlichkeit und Liebe. (…) Musik ist nicht nur ein Beruf, sondern eine Mission. Eine Mission, die Gesellschaft besser zu machen. Meine Botschaft an die Regierenden der Welt: Betrachtet Kultur immer als eines der wichtigsten Elemente, um eine bessere Gesellschaft in der Zukunft zu ermöglichen!"[5]

Riccardo Muti dirigiert das Neujahrskonzert 2021 im Goldenen Saal des Wiener Musikvereins

Brexit vollzogen

Viel Wehmut herrscht am Beginn des neuen Jahres: Mit dem 1. Jänner ist der Brexit endgültig vollzogen, mehr als viereinhalb Jahre nach der Entscheidung der Bürger des Vereinigten Königreiches zum Ausstieg aus der Europäischen Union. Trotzdem gerade noch in letzter Minute vor Jahresende ein Übereinkommen zwischen Europäischer Union und Vereinigtem Königreich erzielt wird, bleibt vieles im Ungewissen. Zahlreiche Dinge ändern sich: Das gilt beispielsweise für die Kontrollen von Waren aus und nach Großbritannien, für den Ausstieg der Briten aus dem Erasmus-Programm oder für nun notwendige Visa bei mehr als 90 Tagen Aufenthalt. Manches, wie die Auswirkungen im Warenverkehr, wird sich wohl erst im Alltag zeigen. Die französische Zeitung Libération titelt „Liebe Roastbeef-Bande, wir lieben euch"[1], vielleicht auch in der heimlichen Hoffnung auf eine spätere Umkehr dieses Austrittes. 48 Jahre nach dem Beitritt zur damaligen EWG hat sich das geografisch zwar am Rande Europas liegende, politisch aber als Schwergewicht wirkende Vereinigte Königreich nun endgültig von der Europäischen Union abgewandt. Eine repräsentative Schlagzeile dazu lautet: „Überschattet von der Coronakrise vollzieht das Land den Brexit. Während der Premier ‚Freiheit' verkündet, sagen die Schotten: ‚Lasst das Licht an.'"[2]

Besonders für Schottland ist der Brexit ein Desaster. 2014 entscheidet sich in einem Unabhängigkeitsreferendum die Mehrheit für den Verbleib im Vereinigten Königreich, auch, um nicht aus der Europäischen Union zu fallen. Zu dieser Zeit steht die Mitgliedschaft Großbritanniens zur Europäischen Union noch nicht infrage. Auch 2016 stimmen 62 Prozent in einer Volksabstimmung für den Verbleib in der Europäischen Union. Schottlands Regierungschefin twittert nun am Tag des endgültigen Brexits: „Schottland wird bald zurück sein, Europa. Lasst das Licht an!"[3] In dem Beitrag „Brexit als Sprengsatz"[4] wird festgestellt: „Das Ausscheiden Großbritanniens aus der Europäischen Union kommt erst langsam in der Realität der Briten an. Es wirkt dafür umso zersetzender für die Union der Briten. Allen voran in Schottland."

Nationalstolz ist eine nicht zu unterschätzende treibende Kraft. Bei einer Schottlandreise 2014 ist mir aufgefallen, dass gegen Norden zu – weiter weg von der Großstadt Edinburgh – bei den Autokennzeichen im Hoheitszeichenfeld immer öfter statt des Kürzels GB für Großbritannien SCO für Schottland zu finden ist. Aber für eingeschworene Briten wird es noch schlimmer kommen: Ab Oktober 2021 wird das Kürzel GB allein nicht mehr ausreichen. Für Fahrten ins Ausland ist zusätzlich ein Sticker mit dem Kürzel UK für United Kingdom notwendig, wie das Verkehrsministerium in London bekannt gibt: „Die Änderung der nationalen Kennung von GB zu UK symbolisiert unsere Einheit als Nation und ist Teil eines umfassenderen Schrittes zur Verwendung des UK-Symbols in der gesamten Regierung."[5]

Ist für Schottland ein weiteres Unabhängigkeitsreferendum, um als selbstständiger Staat den Weg zurück in die Europäische Union zu gehen, realistisch? Ob das nicht eine Zerreißprobe für das Vereinigte Königreich werden würde?

Nationalstolz anderer Art, nämlich auf die Zugehörigkeit zum Vereinigten Königreich, habe ich bei der Reise 2018 in Nordirland bemerkt: Es ist auffällig, wie viele Privatgärten und Häuser mit dem Union Jack, der Nationalflagge des Vereinigten Königreichs Großbritannien und Nordirland, geschmückt sind.

Mit dem Karfreitagsabkommen vom 10. April 1998 wird die seit den 1960er-Jahren konflikt- und gewaltbeladene Zeit zwischen der Republik Irland und Nordirland befriedet. Wird es als einigendes Bindeglied in der Zukunft halten? Schon im April werden in Belfast wieder Steine und Molotowcocktails fliegen, Autos brennen. Und im Mai wird von London lanciert werden, dass das Nordirlandprotokoll als Teil des Vertrags der Europäischen Union mit dem Vereinigten Königreich nicht tragfähig sei und neu verhandelt werden müsse. Mit diesem Protokoll ist aber geregelt, dass es innerhalb Irlands zwischen der Republik Irland und Nordirland als Teil des Vereinigten Königreiches keine harte Grenze geben wird. Die Grenze wird in die Nordirische See verlegt. Damit kann Nordirland sowohl Teil des britischen als auch des EU-Binnenmarktes bleiben – eine wesentliche Voraussetzung für eine friedliche Weiterführung des Karfreitagsabkommens.[6] Schwere politische Gewitterwolken ziehen am ohnehin schon eingetrübten gemeinsamen Himmel auf!

Sehr bald wird man erste Bruchstellen und Unsicherheiten im Vertrag zwischen der Europäischen Union und dem Vereinigten Königreich feststellen. Nicht einmal drei volle Monate nach dem Austritt, nämlich bereits am 15. März, wird von der Europäischen Union ein Vertragsverletzungsverfahren gegen das Vereinigte Königreich eingeleitet werden.[7]

Not as Catholics or Protestants. Not as Nationalists or Unionists. But as Belfast Workers standing together. Ein Gefühl der Verbundenheit: Inschrift eines Bleiglasfensters im Rathaus von Belfast

Hintergrund: zeitlich nach hinten verschobene Zollkontrollen von tierischen Produkten zwischen Nordirland und Großbritannien. Eigentlich hätten sie mit April starten sollen, werden aber von London einseitig um ein halbes Jahr verschoben. Aus EU-Sicht ein Verstoß gegen die für den Binnenmarkt (Nordirland gehört dazu) vereinbarten Regelungen im Austrittsvertrag. Es wird vermutlich nicht das letzte Scharmützel sein und zeigt, dass der Riss zwischen Europäischer Union und Vereinigtem Königreich viel tiefer geht, als noch Anfang Jänner angenommen wird. Es gibt Vorbehalte, die sich im Frühjahr wegen der verspäteten und verminderten Lieferungen von Impfstoffen in die Europäische Union durch die britisch-schwedische AstraZeneca-Gruppe vertiefen werden. Beste Freunde werden Brüssel und London wohl auf längere Zeit nicht mehr werden.

Welcher Gegensatz zu einer Schlagzeile am 12. Mai 1971, also vor 50 Jahren: „Annäherung Großbritannien-EWG. Großbritannien und die Europäische Wirtschaftsgemeinschaft haben Dienstag in Brüssel erste Fortschritte in wichtigen Fragen des angestrebten

EWG-Beitritts erzielt. Nach einer zweistündigen Konferenz stellten die Außenminister der sechs EWG-Länder und der britische Europa-Minister Rippon fest, dass […] eine Übereinkunft zum Beitritt in die Montanunion näher gerückt ist."[8]

Spannend für die nächsten Jahre wird jedenfalls das zukünftige Verhalten Schottlands sein. Sollte es tatsächlich zu einer versuchten Loslösung von Großbritannien kommen, drohen schwierige Zeiten für das Vereinigte Königreich. Denn in diesen Sog könnte auch die weitere Entwicklung des Verhältnisses Nordirlands zur Republik Irland geraten. Allerdings, die Popularität des Vereinigten Königreiches wird – auch in Schottland – von verschiedenen Faktoren beeinflusst. Ein Beispiel dafür ist der Erfolg in der Durchimpfung der Bevölkerung gegen das Covid-19-Virus. Dadurch wird die Akzeptanz des Vereinigten Königreichs und die des Premierministers Johnson positiv beeinflusst: „Habt Spaß': Boris Johnson sitzt wieder fest im Sattel"[9].

Ende des Jahres 2021 aber wird eine Schlagzeile lauten: „Brexit-Katerstimmung in Großbritannien. Ein Jahr nach dem faktischen EU-Austritt findet eine Mehrheit der Briten, der Brexit laufe schlecht. Auch das öffentliche Ansehen von Brexit-Vorkämpfer Boris Johnson ist im Keller."[10]

Die Zukunft wird es zeigen, spannend bleibt es jedenfalls. Schadenfreude ist nicht angebracht.

Präsidentenwahl in Amerika

Nur mit ungläubigem Staunen, Erschütterung und Entsetzen können die Geschehnisse Anfang Jänner in Amerika verfolgt werden. Nach der Wahl von Joe Biden am 5. November 2020 zum neuen Präsidenten der USA und nach Abhandlung sämtlicher Einsprüche des damals amtierenden Präsidenten Donald Trump durch alle gerichtlichen Instanzen kommt es am 6. Jänner zu einer noch nie da gewesenen Gewaltaktion von Anhängern Donald Trumps. Gerade an dem Tag, an dem die Vertreter von Senat und Repräsentantenhaus in Washington zusammenkommen, um die Ergebnisse der Präsidentenwahl vom 5. November zu zertifizieren, stürmen sie das Kapitol und dringen in die Räumlichkeiten ein. Der Sitzungssaal muss evakuiert werden. Es gibt Tote. Die Bilder von die Außenmauer des Kapitols hochkletternden Menschen, von Eindringlingen, die im Kapitol Scheiben einschlagen, gehen um die Welt und rufen Entsetzen hervor. Untersuchungen werden zeigen, dass es sich um einen versuchten Staatsstreich mit beabsichtigter Geiselnahme und Ermordung von Abgeordneten handelt.[1] Zur Räumung des Kapitols wird Tränengas eingesetzt.[2]

Nur kurz zuvor hat Trump – zum wiederholten Mal seit November – behauptet, dass ihm die Wahl gestohlen worden sei und er niemals aufgeben werde. Wasser auf die Mühlen derer, die in einer fanatischen Hörigkeit, vielleicht auch Wut, diese Botschaften aufnehmen.

Man ist entsetzt, dass so etwas möglich ist. Wie kann jemand, richterliche Entscheidungen ignorierend, weiter ohne Konsequenzen Behauptungen in die Welt setzen und damit

Leute aufhetzen und indirekt zum Widerstand aufrufen? Und das als Präsident der Vereinigten Staaten von Amerika! Haben wir doch geglaubt, dass solche Verhaltensweisen allenfalls typisch sind für irgendwelche Diktaturen in anderen Teilen der Welt. Aber doch nicht in Amerika, dem so oft genannten Zentrum und der Wiege der Demokratie! Wir sehen, dass die Verhetzung von Menschen auch im 21. Jahrhundert – wieder – funktioniert. Ein wahrlich trauriger Tag in der Geschichte Amerikas, in der Geschichte der Demokratie! Die Schlagzeile „Die verwundete Supermacht"[3] ist bezeichnend.

Radikale Anhänger Donald Trumps besetzen am 6. Jänner die Rotunde des Kapitols

Demonstranten und Trump-Anhänger stürmen am 6. Jänner das Kapitol in Washington

Um besser zu verstehen, wie dieses Konglomerat aus Randalierern, Verschwörungstheoretikern, Rassisten und Wutbürgern so leicht aufgestachelt hat werden können, muss man wohl die immer deutlicher werdenden sozialen Bruchlinien des Landes betrachten. Was sind deren Ursachen? Das gelingt natürlich nur bedingt aus der Ferne, eher, wenn man in dem Land lebt. Daher schauen wir doch einfach nach bei T. C. Boyle, der darüber ein interessantes Buch geschrieben hat. Bereits in dem 1995 erschienenen Roman „América"[4] hat der amerikanische Schriftsteller T. C. Boyle die Bruchlinien und Gräben in der amerikanischen Gesellschaft thematisiert: Abschottung, Rückzug, schleichender moralischer Verfall. Das sind jene Abgründe, die heute die Gesellschaft spalten und Lagerbildungen fördern. Es sind Aggressionen und Ängste einer Mittelschicht, die im Niedergang begriffen ist. In dem Bericht „American Paranoia"[5] wird das sehr ausführlich aufgezeigt.

In einem Aufsatz von M. Tomic[6] wird zudem dargelegt, wie Freund-Feind-Schemata zutage treten. Dass jene mit einer anderen Meinung nicht mehr ernst genommen und schlimmstenfalls als irre eingestuft werden. Besonders im Amerika der Gegenwart zeigen sich die Folgen: Die Kommunikation zwischen den politischen Lagern wird zunehmend unmöglich. Das beginnt schon lange vor Trump und seinen Hetztiraden in den sozialen Medien, bevorzugt auf Twitter. Aber Trump wirkt wie ein Brandbeschleuniger, bestärkt dieses Lager in dem Gefühl der Benachteiligung. Mit der Erstürmung des Kapitols hat dieses Gefühl ein Gesicht, eine verstörende Fratze bekommen.

Nach dem Auszug des Präsidentenpaars aus dem Oval Office soll auch die Rolle der First Lady in dieser Zeit hinterfragt werden. „Was genau ist eigentlich Melanias Vermächtnis? Was hat sie die vergangenen vier Jahre getan, außer schön zu sein?"[7] Von den Gattinnen der früheren Präsidenten ist deren Engagement in karikativen Vereinen und anderen meist sozialen Angelegenheiten in Erinnerung geblieben, zuweilen ist es auch die Erinnerung an eine eigene politische Karriere. Sie aber ist all die Jahre im Hintergrund geblieben, ob frei gewählt oder gezwungenermaßen, werden wir nie erfahren. Hat sie vielleicht im Stillen noch Schlimmeres verhindert? Oder ist es etwa aus einer tiefen Abneigung der auch nicht immer sehr freundlichen Presse gegenüber geschehen? Wir wissen es nicht. Wird ihr Name ungerechterweise nur mit der Beliebigkeit der Mode, den Luxus-Accessoires und der Gestaltung des Weihnachtsschmucks im Weißen Haus verbunden bleiben?

FEBRUAR

Lockdown

Einer der Schlüsselbegriffe in der Pandemie ist der Lockdown. Dieser begleitet uns schon mehrere Monate; ob es der letzte sein wird, wissen wir zu dieser Zeit noch nicht. Später werden wir feststellen müssen, dass weitere Lockdowns ins Land ziehen, so Anfang April ein lokaler Lockdown für die Ostregien – Wien, Niederösterreich und Burgenland – und bis Ende des Jahres kommt es zu Lockdown Nummer 4. Allerdings werden wir auch dann nicht wissen, ob dieser der letzte Lockdown gewesen sein wird. Aber die gefühlte und mit Wirtschaftsdaten messbare Bedrohung – „Wie viel Geld kostet die Krise?"[1] – nimmt schon jetzt im Februar unübersehbar zu.

Das englische Wort Lockdown bedeutet Sperre als Schließung im Sinne einer Sicherungsmaßnahme.[2] Es gibt auch den Partial Lockdown, uns begleiten seit Anfang November letzten Jahres in unterschiedlichen Ausmaßen und Abfolgen der weiche (Soft) und der harte (Hard) Lockdown. Die Zuordnung erfolgt je nach Umfang der Schließungen (Branchen, öffentliche Einrichtungen, Schulen) und Ausmaß (gänzliche oder zeitlich befristete Ausgangssperren etc.). Für Österreich als Tourismusregion sind die Konsequenzen gravierend: Hotels, Gasthäuser und Restaurants, Kultureinrichtungen, wie zum Beispiel Museen, sowie Handelsketten sind geschlossen. Bundesländer wie Tirol leben aber vorwiegend vom Tourismus. Während des Lockdowns offene Skilifte werden für die einen – vor allem im Ausland – zum Synonym dafür, dass Österreich noch immer nicht seine Lehren aus dem letzten Winter gezogen habe; für die anderen zum Inbegriff des Überlebens einzelner Regionen und zu einer Art individuelles Freiheitssymbol.

Die Begriffe „Lockerung" und „Lockdown", obwohl so ziemlich Gegenteiliges aussagend, dürften etymologisch zusammenhängend sein. Die gemeinsame Sprachwurzel „locker" soll auf „Lücken und Löcher" zurückgehen, für beides ist Öffnen und Verschließen essenziell.[2] In Deutschland wird das Wort Lockdown zum Anglizismus des Jahres 2020 gewählt.[2] Anglizismus ist eine Redewendung oder Wortbildung, die aus dem Englischen in eine andere Sprache direkt übernommen wird, ohne – in diesem Fall – als eingedeutscht empfunden zu werden. Weitere bekannte Beispiele sind: Laptop, Team.

Erstmals dokumentiert ist ein Lockdown im Zusammenhang mit einem Vorfall in einem US-Gefängnis im Jahr 1973. Der damit in Verbindung stehende Name des Opfers lautet Juan Corona.[2] Wahrlich ein Treppenwitz der Weltgeschichte.

Der erste Lockdown in der Coronakrise erfolgt mit der Abriegelung der Stadt Wuhan in China am 23. Jänner 2020. Für 76 Tage dürfen die Menschen ihre Häuser nicht verlassen.

Wir alle haben nach dem vergleichsweise moderaten Infektionsgeschehen im Sommer 2020 gehofft, dass wir auch den Winter ohne oder zumindest mit nur ein paar Wochen Lockdown überstehen könnten. Ein Irrtum! Der Lockdown – er hat schon Anfang November letzten Jahres begonnen – zieht sich in die Länge. Wie ein versalzener, für viele Menschen mehr und mehr ungenießbarer Strudelteig.

Riesenrad im Wiener Prater:
Stillstand im abendlichen
Lockdown-Modus. Der Prater
ist von 31. Oktober 2020
bis 18. Mai 2021 wegen des
Lockdowns geschlossen.

Mit dem 8. Februar wird – wieder einmal – versucht, mit Lockerungen der vielerorts heraufdräuenden Überdrüssigkeit der Maßnahmen und der Müdigkeit in der Bevölkerung gegenzusteuern, aber auch dem Drängen der Wirtschaft zur Aufhebung der Einschränkungen nachzukommen.

Virologen indes warnen vor voreiligen Lockerungen. Zu dieser Zeit beginnt sich eine als besonders ansteckend bezeichnete Mutante des Virus aus Südafrika auszubreiten, vorwiegend in Tirol und vereinzelt in Wien. Es gilt, deren weitere Verbreitung zu unterbinden. Tirol – dort finden laut Agenda Austria 37,6 Prozent aller Nächtigungen von Touristen im Winter statt[3] – sieht sich angesichts der Forderung nach Abschottung wegen der gehäuft auftretenden Südafrika-Mutante des Virus einem Tirol-Bashing ausgesetzt. Harsche, nicht mit der feinen Klinge gewählte Statements folgen, zuerst werden restriktivere Maßnahmen im Vergleich zu jenen in anderen Bundesländern schlichtweg abgelehnt. Selbst über die korrekte Zahl der bereits mit dieser Virus-Mutante festgestellten Infektionen besteht zunächst Uneinigkeit (Bericht im ORF-Ö1-Morgenjournal am 8. Februar) – sprich: Es wird darüber gestritten. Der Imageverlust als vertrauenswürdige Tourismusregion und ein Vertrauensverlust in die Lösungskompetenz der Politik – Stichwort: Landespolitik gegen Bundespolitik – scheinen unabwendbar, auch im Ausland.[4]

Wie ist es doch vergleichsweise einfach gewesen, nach Bekanntwerden der britischen Mutation des Virus in Großbritannien Anfang Januar im Handumdrehen ein Landeverbot für Flugzeuge aus England auszusprechen, um die Ausbreitung dieser Mutation zu verhindern. Die zu verhindern natürlich nicht gelungen ist, wie wir später im März werden feststellen müssen. Als dann die britische Mutation des Virus immer mehr um sich greift und als dritte Welle massiv auftritt, wird es auch in anderen Bundesländern und Gebietskörperschaften aufgrund des massiven Widerstands zunehmend schwieriger, zeitgerechte und effektive Gegenmaßnahmen zur weiteren Ausbreitung zu treffen. Tirol ist in der späteren Rückschau nur ein Vorgeschmack auf noch kommende Widerstände.

Innerhalb weniger Monate, nämlich schon bis März, entwickelt sich die britische Mutante – ihre Bezeichnung ist B.1.1.7 – zur dominierenden Variante des Coronavirus mit prozentuell schwereren Krankheitsverläufen, auch für jüngere Bevölkerungsgruppen: „Warum die britische Variante so gefährlich ist"[5].

Dass politische Akteure versuchen, die anwachsende Skepsis und Verzweiflung in der Bevölkerung für sich zu nutzen und damit politisch zu punkten, ist unverantwortlich und abzulehnen, aber leider Realität.

Warum steht – mehr als alle anderen Bundesländer – immer wieder Tirol als Hotspot bei Ausbrüchen von Virus-Mutationen im Fokus? In einem Aufsatz von K. Baldaci[6] wird das mit der außergewöhnlichen Rolle als Transitland und Tourismusmagnet erklärt. Daraus ergebe sich für das Land ein erhöhtes Importrisiko für diverse Mutanten aus dem Ausland. Tourismusmagnet kann also auch ein Fluch sein!

Als Reaktion auf die deutlich ansteckenderen Virus-Mutanten wird der geforderte Mindestabstand von einem Meter auf zwei Meter erweitert. Der dafür symbolhafte Babyelefant soll also auf zwei Meter anwachsen! Wobei derartige symbolhafte Vergleiche und Metaphern gewagt sind: Generell ist es schwierig, bei Verwendung von symbolhaften Botschaften oder Bildern die Balance zwischen (beabsichtigter) griffiger Symbolwirkung und (nicht beabsichtigter) Verharmlosung zu finden. Verharmlosungen, oder was dafür gehalten wird, führt leicht zu Unterschätzung und Nichtbefolgung. Apropos Symbole, auch hier gilt: andere Länder, nicht nur andere Sitten, sondern auch andere Symbole. In England zum Beispiel dient ein Esel als Symbol für den Mindestabstand. Vielleicht ist uns doch der Babyelefant emotional zuträglicher, zumindest als Symbolfigur.

Ein langes Leben ist dem Babyelefanten aber ohnehin nicht mehr beschieden: Mit der Covid-Öffnungsverordnung werden den Menschen ab 1. Juli wieder Lockerungen zugestanden werden, unter anderem fallen die durch den Babyelefanten versinnbildlichten Abstandsregeln. Für den Rest des Jahres wird uns nur der Tiergarten bleiben, um dieses niedliche Tier zu betrachten. Eine durchaus tröstliche Aussicht.

Staatsgewalt

Angemeldete, aber auch aufgelöste und verbotene Demonstrationen, verhöhnend als Stadtspaziergänge tituliert, beherrschen zunehmend das Erscheinungsbild. Sie alle sind in gleicher Weise gegen die Maßnahmen gerichtet, mit denen die Ausbreitung des Covid-19-Virus in Schach gehalten werden soll. Es sind Demonstrationen unter oftmaliger Missachtung der behördlich verordneten Sicherheitsmaßnahmen (Abstand halten, Mund-Nasen-Schutz). Um es deutlich zu formulieren: unter bewusster Missachtung von Maßnahmen zum Schutz der Mitmenschen und das Risiko des Ansteigens der Infektionszahlen in Kauf nehmend! Auch in anderen Städten protestieren Menschen gegen die verordneten Maßnahmen. Die Demonstrationszüge setzen sich zunehmend aus Demonstranten, die eine verständliche Besorgnis zum Ausdruck bringen wollen, und aus Leuten, die die Situation für ihre Agitation verwenden – Rechte Identitäre, Wutbürger, Neonazis, Coronaleugner, politische Sympathisanten und Verharmloser – zusammen. Dabei stellt sich die Frage: Wer wird durch wen vereinnahmt?

In dem interessanten Aufsatz „Freund, Feind, Ohnmacht"[1] werden, zusammengefasst, folgende Beweggründe für diese Entwicklung diskutiert: 1. existenzielle Verunsicherung; 2. Vertrauensverlust in Eliten und Ungleichheit; 3. Mangel an Demokratie-Erfahrung; 4. neue Medien; 5. politischer Kampf.

Die Polizei, zumindest in Wien, steht in der Kritik ob ihres eher unklaren Vorgehens sowie des teilweisen Tolerierens der Vorgänge. Am Anfang ist offenkundig: Die Polizei ist bemüht, den Ball flach zu halten. „Wir wollen keine Bilder wie in Holland"[2] – so der Wiener Polizeipräsident im Interview. Hintergrund: In Holland kommt es aus ähnlichen Anlässen zu massiven gewaltsamen Ausschreitungen mit Verletzten und Sachbeschädigungen. In Wien wird die Polizei dafür kritisiert, dass sie zu wenig energisch vorgehe. Sagen die einen. Dass Anzeigen und ihre Aktionen unverhältnismäßig seien, die anderen. Je nach Standpunkt. Im Verlauf der nächsten Monate und der gehäuften Proteste wird sich das Bild noch verschärfen, die Polizei wird stärker einschreiten und dann wegen unverhältnismäßigen Einschreitens heftig kritisiert werden: „Die Gewaltspirale dreht sich"[3]; „Pfefferspray gegen gewaltbereite Corona-Demonstranten"[4].

Was aber konstruiert Russland daraus? Um Kritik im Fall Nawalny abzuschmettern und davon abzulenken, weist Russland in der OSZE explizit auf Einschränkungen in der Versammlungsfreiheit in Österreich hin.[5]

Gerade jetzt in den Februartagen zeigt ein Blick über den Tellerrand, wie – wieder einmal – ungerechtfertigte, brutale und erschütternde Staatsgewalt wirklich aussieht, wie nämlich die russische Führung Staatsgewalt handhabt. Da geschieht Dramatisches: Der russische Oppositionspolitiker Aleksiej Nawalny wird in Moskau unmittelbar nach seiner Rückkehr aus Deutschland verhaftet, angeklagt und verurteilt. Er ist 2020 nach langem Tauziehen mit den russischen Behörden zur Behandlung der Nowitschok-Vergiftung in der Berliner Charité-Klinik ausgeflogen worden. Nun wird er nach seiner mutigen Rückkehr unmittelbar nach der Ankunft in einer improvisierten Gerichtsverhandlung in einer Polizeidienststelle abgeurteilt, zur Umgehung einer ansonsten nach 48 Stunden notwendig werdenden Aufhebung des Gewahrsams. Ein rechtswidriger Vorgang, wie russische Experten betonen.[6]

Er wird beschuldigt, gegen Auflagen einer früheren Bewährungsstrafe verstoßen zu haben: dass er sich nämlich – wohlgemerkt während seines Aufenthalts in Deutschland zur Behandlung des in Russland erfolgten Giftanschlages – nicht bei den Behörden regelmäßig gemeldet habe. Ein Irrwitz, aber für die russischen Behörden ein probates Mittel, um ihn zu verurteilen: „Die Unverfrorenheit des russischen Unrecht- und Geheimdienststaates raubt den Atem"[7]. 30 Tage Haft werden dafür verhängt und Nawalny damit für den Staat greifbar gehalten. Es folgen eine weitere Verurteilung zu dreieinhalb Jahren Haft und weitere Prozesse. Es sind Versuche, den bedrohlichsten Oppositionellen in die Knie zu zwingen: „‚Kafkaesker' zweiter Prozess, Nawalnys Arzt plötzlich gestorben"[8].

Der Blick in andere Länder zeigt ähnliche Gewaltexzesse: So zum Beispiel der Putsch der Streitkräfte in Burma (Myanmar) am 1. Februar. Er gipfelt in der Festsetzung beziehungsweise Verhaftung der bisherigen Regierungschefin und Friedensnobelpreisträgerin (1991) Aung San Suu Kyi sowie von Vertretern der Regierungspartei und von Kabinettsmitgliedern. Die Machtübernahme durch das Militär zeigt: unerträgliche Staatsgewalt, in diesem Fall durch das Militär. Es wird jedoch auch die Meinung geäußert, dass die Regierungschefin dem Militär in der Vergangenheit zu weit entgegengekommen sei, zu viel „Appeasement" betrieben habe, um Gewalt zu vermeiden.[9]

Demokratie kann aber nicht auf Anbiederung aufbauen. Der ehemalige Bundespräsident Heinz Fischer hat sinngemäß in einem Interview gesagt: Demokratie muss erkämpft werden, Tag für Tag.

Es folgen Proteste der Bevölkerung, sehr mutig angesichts der Repressionen, Gewalt und Verhaftungen. Und mit der Länge des Widerstands durch die Bevölkerung steigt die Brutalität des Machtapparats, es gibt Hunderte Tote, auch Kinder! Anfang April stehen die Zeichen auf Bürgerkrieg: „UN-Gesandte warnt vor ‚Blutbad' und Bürgerkrieg in Burma"[10]. Später, nach vier Monaten Demonstrationen und mehr als 800 Toten, hat sich der Widerstand gewandelt: Mit Streiks und Blockaden wird versucht, das Militär in die Knie zu zwingen. Politisch wird von der Opposition eine Nationale Einheitsregierung gebildet, selbstredend wird diese vom Militär nicht anerkannt. Aus wirtschaftlichen Gründen verhalten sich viele Staaten eher zurückhaltend in ihrer Kritik am Juntaregime.[11] Eine gerichtliche Verurteilung von Aung San Suu Kyi wird Anfang Dezember erfolgen. Und das Militärregime wird mit allen Mitteln versuchen, den Widerstand der Bevölkerung zu brechen: „Das Regime will den Widerstand mit Gewalt brechen: Es brennt Dörfer nieder, foltert Gegner zu Tode, hindert Ärzte und NGOs, kranken und hungernden Menschen zu helfen. Eine humanitäre Katastrophe droht."[12] In einer ORF-Ö1-Nachrichtensendung am 26. Dezember wird berichtet werden, dass bis dahin mehr als 1.300 Menschen durch das Militär zu Tode gekommen sind.

Eine weitere dramatische Demonstration von Staatsgewalt zeigt sich in Belarus (Weißrussland): Die Wahlfälschung bei den Wahlen im Vorjahr und das Festhalten von Diktator Alexander Lukaschenko an der Macht führen seit dem getürkten Wahlsieg zu Protestaktionen, vielen gewaltsamen Verhaftungen, Folter und erzwungenen Geständnissen. Die totalitäre Gewalt wird immer mehr durch besondere Aktionen demonstriert. Ein auch für das Ausland nicht mehr zu negierender vorläufiger Höhepunkt folgt im Mai: Der belarussische Diktator erzwingt am 23. Mai die Umleitung eines Passagierflugzeugs der Fluggesellschaft Ryanair und dessen Landung in Minsk. Die Maschine ist routinemäßig auf dem Weg von Athen nach Vilnius unterwegs und wird zur Landung in Minsk gezwungen. Der

Grund: Zwei Passagiere sind an Bord, die in den Augen des Diktators gegen sein Land terroristische Aktivitäten setzen. In Wahrheit sind die nach der Landung verhafteten Personen ein Blogger, der in der Vergangenheit gegen das diktatorische Regime angeschrieben hat, und seine russische Freundin. Im Fernsehen wird ein offensichtlich durch Folter erzwungenes Geständnis des Bloggers als Beweis für die Richtigkeit der Aktion gezeigt.[13] Und noch etwas wird für Oppositionelle damit klar, mehr als jemals zuvor: Offensichtlich gibt es auch im Ausland keine Sicherheit. Die Reaktion, besonders im Westen und in Amerika, ist deutlich, handelt es sich doch um eine Flugzeugentführung durch eine feindliche Staatsmacht. Es werden Sanktionen ausgesprochen, die nicht die Bevölkerung, sondern das Regime treffen sollen. Landungen der weißrussischen Fluglinie in der Europäischen Union werden untersagt. Dass damit Weißrussland noch näher zu Russland getrieben wird, ist unumgänglich. Entsprechend reagiert die russische Führung mit finanzieller Unterstützung an Weißrussland, die allerdings ihren Preis hat: die immer tiefergehende (Wieder-) Anbindung an Russland.[14, 15]

Damit ist es aber noch nicht genug: Es gibt mutige Frauen, die gegen das Regime auftreten und dabei ihre Männer vertreten, die schon vor der Wahl verhaftet worden sind, um dem Regime nicht gefährlich werden zu können. Eine davon ist Maria Kolesnikowa: Sie zerreißt ihren Pass, als Lukaschenkos Geheimdienst sie ins Ausland verfrachten will. Nach einem Jahr in Untersuchungshaft wird sie am 6. September – zusammen mit ihrem Anwalt – schuldig gesprochen und zu elf Jahren Strafkolonie verurteilt: „Elf Jahre Strafkolonie für die Ikone der Opposition in Belarus"[16]. Viel ist nicht bekannt geworden über diesen Prozess: „Das Urteil ist schnell gefallen in diesem Prozess, von dem sehr wenig an die Öffentlichkeit dringen durfte. Die Verhandlung hatte vor etwa einem Monat begonnen. Sie fand hinter verschlossenen Türen statt."[16]

Dramatische Schicksale und Bilder, die sich gleichen: brutale Staatsgewalt in beiden Staaten.

Aleksiej Nawalny formt nach seiner Verurteilung mit Blick zu seiner Frau mit den Händen ein Herz

Maria Kolesnikowa formt im Glaskasten des Gerichts ein Herz aus Händen

Das gemeinsame Symbol dieser mutigen Menschen ist das mit den Händen geformte Herz. Aleksiej Nawalny formt nach seiner Verurteilung mit Blick zu seiner Frau mit den Händen ein Herz: „In guten wie in schlechten Zeiten."[17] Das Herz ist nicht nur ein Liebesbeweis, sondern auch „das Zeichen jener Frauen im benachbarten Belarus (Weißrussland), die nach der Inhaftierung ihrer Ehemänner und Mitstreiter deren Rollen übernahmen […] und zu Gegenspielerinnen von Machthaber Lukaschenko wurden."[17] Vom Prozess gegen Maria Kolesnikowa in Belarus ist lediglich ein kurzes Video vom Anfang des Prozesses nach außen gedrungen, „in dem Kolesnikowa, im schwarzen Kleid mit roten Lippen, im Glaskasten des Gerichts tanzt und ein Herz aus Händen formt. Es ist das Symbol einer Unnachgiebigen, das sie auch nach der Verkündung des Urteils wählt: ein Herz in Handschellen, ein Lächeln hinter Glas."[16]

Zumindest für Nawalny gibt es so etwas wie Genugtuung. Er wird von der Europäischen Union mit dem Menschenrechtspreis der Europäischen Union ausgezeichnet: „Der inhaftierte russische Oppositionsführer erhält den prestigeträchtigen Sacharow-Preis. […] Der nach dem verstorbenen russischen Dissidenten und Physiker Andrej Sacharow benannte Preis wird vom Europaparlament seit 1988 an Persönlichkeiten oder Organisationen verliehen, die sich für Menschenrechte und Demokratie einsetzen."[18]

Die dem Bericht „Terra incognita im Schatten Moskaus"[19] entnommene Zusammenstellung zeigt die wechselvolle und ohnehin nicht von großen Freiheiten für die Menschen gekennzeichnete Geschichte von Belarus: Das heutige Russland, die Ukraine und Belarus haben ihren Ursprung in der Kiewer Rus (im 9. Jh.). Später (im 13. Jh.) wird Belarus von Litauen okkupiert und gehört zum Großfürstentum Litauen, dann (im 16. Jh.) ist es Teil der von Polen dominierten Polnisch-Litauischen Union. Ende des 19. Jahrhunderts wird es dem russischen Imperium zugeschlagen. Mit dem Frieden von Brest-Litowsk verzichtet Lenin 1918 auf Weißrussland. Weißrussland wird unabhängig, aber nur für ein halbes Jahr! Schon Anfang 1919 wird es zur belarussischen Sowjetrepublik. Erst 1991, mit dem Zusammenbruch der Sowjetunion, entsteht wieder ein unabhängiger Staat – zum zweiten Mal in seiner Geschichte. Für den Namen Belarus gibt es eine interessante Erklärung: Rus stammt wahrscheinlich vom altfinnischen rüösi (die Ruderer), Bela, von Bely abstammend, wird mit „weiß", aber auch „westlich" übersetzt – Belarus ist also das „Westliche Rus"[19].

Wie sehr die Menschen – auch Leistungssportler – unter dem Druck des Regimes in Belarus stehen, zeigt sich bei den Olympischen Sommerspielen im Juli in Tokio: Nach Kritik an ihrem Trainerstab – weil sie für einen Wettbewerb nominiert wird, für den sie gar nicht trainiert hat – wird eine belarussische Sprinterin unvermittelt von den Wettbewerben abgezogen. Sie soll gegen ihren Willen in die Heimat zurückgebracht werden. Es gelingt ihr, am Flughafen in Tokio der erzwungenen Ausreise zu entkommen. Polen gewährt ihr humanitäres Asyl. Sie wird auch vom IOC unterstützt.[20] Nach Amnesty International sei das Geschehen kein Einzelfall für Belarus[21]: Im vergangenen Jahr seien 95 Athletinnen und Athleten inhaftiert, sieben wegen politischer Vergehen angeklagt worden. Im August 2020 hätten mehr als mutige 1.000 Sportler einen offenen Brief unterzeichnet und von der Regierung das Ende von Misshandlungen und Festnahmen gefordert. Ohne Erfolg, wie man sieht.

Das Regime in Belarus wird im Verlauf des Jahres noch viel deutlicher zeigen, wozu Machthaber fähig sind, um ihre Position abzusichern: Organisierte Menschenverfrachtung von Flüchtlingen an die polnische Grenze, um mittels Migrantenströmen in die Europäische Union diese zu destabilisieren, ist für Lukaschenko ein probates Mittel, um Druck zu erzeugen. Druck, der zur Zurücknahme der Sanktionen der Europäischen Union gegenüber Belarus führen soll.

Nochmals ein Schwenk zu Russland: Ende Dezember wird in Russland die Menschenrechtsorganisation Memorial International, die Ende der 1980er-Jahre gegründet worden ist, vom Höchstgericht aufgelöst werden: „Moskau zerschlägt Menschenrechts-NGO"[22]. Im ORF-Ö1-Mittagsjournal am 30. Dezember wird ein Politologe aus Russland dazu berichten, dass damit eine neue Phase der Schwächung der Zivilgesellschaft einhergehen werde. Und dass das Höchstgericht in seiner Entscheidung dem Willen des Präsidenten folge, sei ohne Zweifel anzunehmen. Memorial International ist vor mehr als 30 Jahren gegründet worden, um die Schicksale der Stalin-Ära aufzuarbeiten und die Menschen bei ihrer Suche nach Information zu Verwandten und Bekannten aus dieser Zeit zu unterstützen. Es gibt dazu eine Datenbank mit mehr als drei Millionen Personen. Die Organisation versteht sich aber auch als eine mahnende Stimme gegen das Vergessen und politische Unterdrückung. Aber: „Die Arbeit von Memorial – die NGO veröffentlichte auch Listen politischer Gefangener – verträgt sich nicht mit Putins Erzählung von der glorreichen russischen Vergangenheit und Gegenwart. Wird hier die Geschichte gekittet? Weltweit hagelte es Proteste – von der UNO abwärts."[23]

Zurück nach Österreich zu den Tagen im Februar und den teils gewalttätigen Demonstrationen. Angesichts der geschilderten Geschehnisse, und sie stellen nur einen Ausschnitt dar, bleibt festzustellen: Trotz aller Polemik und in etlichen Fällen zu Recht geäußerter Kritik ist es wohltuend zu beobachten, in welcher Form und Verhältnismäßigkeit bei uns mit Ordnungsmacht umgegangen wird.

Zu dieser Zeit haben wir alle aber noch keine Vorstellung davon, in welchem Ausmaß uns gewalttätige Aufmärsche und Demonstrationen gegen die Covid-19-Maßnahmen der Regierung im Spätherbst und Winter begegnen werden.

Präsenzunterricht mit Nasenbohrer-Tests

Schon Anfang Jänner – das Ende der Weihnachtsferien steht bevor – wird auf eine Wiederaufnahme des Präsenzunterrichts an den Schulen gedrängt. Zu diesem Zeitpunkt – wir befinden uns seit 26. Dezember 2020 im dritten Lockdown – ist aber noch völlig offen, wann die Schulen tatsächlich wieder werden öffnen können. Zurzeit ist der Schulbetrieb auf Distance Learning ausgerichtet: Der Unterricht in den Schulen kann seit November vorigen Jahres wieder nur sehr eingeschränkt stattfinden, die Oberstufen der Mittelschulen sind seitdem permanent im Distance-Learning-Modus. Das bereitet Experten und Schulpsychologen ebenso wie Eltern und Lehrern zunehmend große Sorgen: „Exakt 181 Tage hätten die Jugendlichen im vergangenen Jahr in der Schule verbringen sollen. Tatsächlich sind es gerade einmal 91 gewesen. Durch Corona ist in den Oberstufen die Hälfte der Schultage vor Ort entfallen. In den Volksschulen und Unterstufen ist es immerhin ein Drittel gewesen. Im neuen Jahr droht es noch eine Weile weiterzugehen."[1] Und immer öfter treten Experten in den Diskurs ein, die davor warnen, das Infektionsrisiko im Schulalter zu unterschätzen.

Mit Beginn des zweiten Semesters im Februar ist es so weit: Die Schulen öffnen mit definierten Bedingungen (Einschränkungen) und mit zweimal wöchentlich angesetzten Tests für die Schüler und einem wöchentlichen Testangebot für die Lehrer. Der Schulbetrieb startet im Schichtbetrieb. In den Unter- und Oberstufen ist Montag und Dienstag die eine Gruppe (Hälfte) jeder Klasse in der Schule anwesend, Mittwoch und Donnerstag die zweite Gruppe. Die darauffolgende Woche werden die Gruppen gewechselt. Freitags gilt für alle weiter Distance Learning.

Für die Schüler kommen vereinfacht handhabbare Antigen-Tests zum Einsatz. Es sind Selbsttests, bei denen von den Schülern selbst die Abstriche gemacht werden. Diese werden dann mit einer Indikatorlösung versetzt und nach 15 Minuten wird ein Ergebnis angezeigt. Dieser Test wird wenig charmant auch Nasenbohrer-Test genannt. Aus meinem persönlichen familiären Umfeld kann ich – vermutlich sind die Ausführungen exemplarisch für viele Schulen – anhand eines konkreten Beispiels den Alltag an einer Schule schildern: Sowohl am Montag als auch am Mittwoch wird die erste Unterrichtsstunde für die Antigen-Tests verwendet, die Vorbereitungen zur Austeilung der Test-Kits erfolgt durch die Schuladministration. Die Instruktionen, Überwachung der Durchführung und Abnahme der Testergebnisse werden durch die Lehrer am Beginn der Unterrichtsstunde durchgeführt. Es muss vorab überprüft werden, ob die Einverständniserklärungen der Eltern zum Testen vorliegen; wenn dem nicht so ist, müssen diese organisiert werden. Zusätzlich werden in gleicher Weise auch jene Schüler getestet, die nicht am Unterricht teilnehmen, sondern lediglich beaufsichtigt werden.

Gemeinsam mit Maskenpflicht und regelmäßigem Lüften im Unterricht als zusätzliche Instrumente, um das Infektionsgeschehen in Schach zu halten, wird damit ein Paket geschnürt, das – wir sind am Beginn des Sommersemesters – vielleicht einen gangbaren Weg aufzeigt. Natürlich sind auch diese ergänzenden Maßnahmen im Unterricht zu managen. Es ist ein Versuch, erst die Erfahrung wird zeigen, ob dieser Weg gelingt. Die Sinnhaftigkeit dieses Mix an Maßnahmen wird in einer Modellrechnung durch den CSH Vienna in Zusammenarbeit mit der AGES theoretisch evaluiert.[2] Später wird sich herausstellen, dass dieser Mix an Maßnahmen mehrheitlich gut funktioniert, trotzdem die Zuverlässigkeit der Nasenbohrer-Tests infrage gestellt wird.

Tatsächlich wird die Treffergenauigkeit der Antigen-Tests als relativ niedrig bezeichnet – laut Experten liegt sie unter 50 Prozent. Das sollte nicht unter den Tisch gekehrt werden. Nach der ersten Testwoche im Schulbetrieb in Wien und Niederösterreich werden bei rund 470.000 Getesteten nur 198 positive Testergebnisse gezählt. Schlussendlich werden von diesen 198 Schülern im anschließenden PCR-Test tatsächlich 80 Prozent als infiziert festgestellt.[3] Nach Expertenmeinung solle dabei aber nicht übersehen werden, dass ein negatives Testergebnis nicht gewährleisten würde, dass das Kind mit Sicherheit nicht infiziert sei. Das liege eben in der relativen Unempfindlichkeit der Tests. Gemäß Modellrechnungen würde – die regelmäßige Anwendung vorausgesetzt – dann ein großer Effekt zur Verhinderung von Infektionen eintreten, wenn eine Wirksamkeit der Tests von 80 Prozent gewährleistet wäre. Eine solche Wirksamkeit sei aber nicht nachgewiesen.[3]

Überraschend ist, dass von Elternseite – wenn auch nur von einer Minderheit – diese Teststrategie abgelehnt wird, trotzdem damit der von allen geforderte Präsenzunterricht ermöglicht wird. Und zwar von Eltern, die fürchten, dass ihren Kindern physische oder psychische Schäden zugefügt werden, weil man sie auf das Coronavirus testet. Die Absonderung eines positiv getesteten Schülers empört diese.[4] Unglaublich! Auf der einen Seite wird vehement die Abhaltung von Präsenzunterricht gefordert, aber unterstützende und mit viel Aufwand des Schulpersonals durchgeführte Maßnahmen, um diesen doch etwas gesicherter zu ermöglichen, werden abgelehnt!

Denn der logistische Aufwand ist enorm: Pro Woche sind an die zwei Millionen Tests durchzuführen. Die Test-Kits müssen für jeden Tag organisiert und verteilt werden. Und die ohnehin schon durch den Schichtbetrieb eingeschränkten Unterrichtszeiten werden durch den Zeitaufwand für die Tests – diese erfolgen während der Unterrichtszeit – weiter minimiert. Wenn es gut läuft, wird auch das Lehrpersonal regelmäßig (täglich) mit FFP2-Masken versorgt.

Diese Umstände sollen jedoch nicht das Bemühen desavouieren, das Infektionsgeschehen an den Schulen besser in den Griff zu bekommen und im Auge zu behalten. Kein Test ist die schlechteste Variante.

Und wahrscheinlich wird damit doch ein besserer Schutz der Schüler und damit auch der Eltern sowie des Lehrpersonals erzielt, weil ein Teil der ansonsten nicht erkannten Infizierten und potenziellen Überträger herausgefiltert wird. Jedenfalls sind diese Testungen in der aktuell heißen Diskussionsphase über das Für und Wider der Schulöffnungen ein Instrument, um die Gemüter abzukühlen und die Ängste zu mildern. Denn wir befinden uns mitten in der Pandemie, ohne konkrete Aussicht auf eine schnelle Erholung und noch weit entfernt von einer Vollimmunisierung des Lehrpersonals.

Auch das kontrovers diskutierte Thema einer freiwilligen – organisatorisch ohnehin nicht umsetzbaren – Wiederholung des Schuljahres wird damit entschärft. Denn ein mögliches Reizthema ist zweifellos: „Corona: Schuljahr wiederholen?"[5] Massive Lernverluste, soziale Isolation und die Gefahr eines Schulabbruchs gilt es zu vermeiden – das Schlagwort dazu lautet: „Tests sollen das Schuljahr retten"[1].

Nach Ostern wird, bedingt durch die hohen Infektionszahlen und den Lockdown im Osten Österreichs, in diesen Bundesländern der Präsenzunterricht wieder unterbrochen. Die Nasenbohrer-Tests werden auch für die Schüler fortgesetzt, die lediglich zur Beaufsichtigung von den Eltern in die Schule geschickt werden. Und ab 17. Mai findet in ganz Österreich wieder Präsenzunterricht in allen Klassen statt!

Wegen der geringeren Zuverlässigkeit der Nasenbohrer-Tests wird im Bildungsministerium der Plan entwickelt werden, für den Herbst vermehrt auf PCR-Tests zu setzen. Diese seien, so Experten, wesentlich genauer, um Infektionen möglichst sicher ausfindig zu machen und damit Clusterbildungen vorzubeugen. Ihr Einsatz soll auch von der Infektionslage abhängen.[6]

MÄRZ

Impfpass für alle

Schon im Jänner bringt Griechenland erstmals die Idee eines Impfpasses auf. Verständlich, zählt doch Griechenland – wie Österreich und andere Länder, die sich später ebenfalls dafür erwärmen – als Urlaubsdestination zu jenen Ländern, die massives Interesse an einem einigermaßen wirtschaftlich zufriedenstellenden Sommertourismus haben. Ende Februar machen Meldungen über einen Impfpass die Runde und die Zeitungen sind damit gut gefüllt, genährt durch die Politik und einen entsprechenden Vorstoß in einer Videokonferenz des EU-Rates der Regierungschefs am 25. Februar: „Die Grenzen sind dicht, ein Pass soll sie öffnen"[1]; „Mit Grünem Pass in den Sommer"[2]; „Grüner Pass soll den Sommerurlaub retten"[3]. Und das alles bei zu dieser Zeit gerade einmal 4,6 Prozent Geimpften in Österreich und wieder steigenden Infektionszahlen. Daher wird national der Impfpass nicht nur für die bereits mit einer Impfung versehenen Menschen, sondern auch für jene, die aufgrund einer ausgestandenen Covid-19-Erkrankung als immun gelten, und für Getestete mit negativem Testergebnis favorisiert. Offensichtlich wollen die Verantwortlichen den Menschen eine Perspektive eröffnen. Denn alle sind schon von der Pandemie erschöpft und frustriert. Zwar ist man noch recht vage und spricht zu diesem Zeitpunkt auf EU-Ebene lediglich von der Schaffung eines gemeinsamen Impfzertifikats, das von den Ländern umgesetzt werden soll. Besonders jene Länder, die vom Tourismus abhängen, streben in Richtung Impfpass als Türöffner für Tourismus und Hotellerie. Und die österreichische Idee – „Der rot-weiß-rote Weg zum Grünen Pass"[4] – kann durchaus als Hinweis verstanden werden, dass wieder einmal nationalen Alleingängen der Vorzug gegeben wird. Ob eine EU-weite Einigung über einheitliche Informationen, die ein solches Dokument enthalten muss, gelingt, ist zu diesem Zeitpunkt noch nicht absehbar. Wer – wenn es nicht gelingen sollte – schlussendlich den Schwarzen Peter zugeschoben bekommt, wird spannend. Das würde vermutlich einmal mehr zum Anlass genommen werden, die Vorteile der Europäischen Union zu hinterfragen. Keine leichte Zeit für Gemeinschaftssinn.

Ein Blick zurück in die historische Entwicklung des Passwesens eröffnet interessante Aspekte. Der Aufsatz „Nicht ohne meine PTC"[5] gibt einen spannenden Einblick in seine Geschichte: Zuerst sind es Dokumente, die dem Reisenden Schutz und Aufnahmeempfehlung in der Fremde gewähren sollen. Beschrieben werden sowohl die Person als auch Ziel und Zweck der Reise. Wenn wir heute von »Pass«wörtern sprechen, sind damit ebenfalls Beschreibungen – in neutralisierter Form in Form von Codes – gemeint, die in ähnlicher Weise zum Beispiel den Zugang zum virtuellen Raum, zu Dokumentationen und Informationen ermöglichen. Wobei der Begriff „Fremde"[5] über die zeitliche Entwicklung hin verschieden verstanden worden ist. Schon im 18. Jahrhundert ziehen die Staaten, auch zur Klarstellung ihrer territorialen Zuständigkeit, die Passgenehmigung an sich. Die Bezeichnung „Fremde"[5] betrifft alles außerhalb der engeren Heimat. Kreisämter fungieren in der

Habsburgermonarchie als staatliche Behörden. Daran ist die zunehmende Auflösung der Bindung der Untertanen an die Scholle des Grundherrn zugunsten eines staatlichen Passsystems erkennbar. In weiterer Folge werden Binnenzölle zur Schaffung eines einheitlichen Binnenmarktes abgebaut, es entsteht eine Zollunion, in der die habsburgischen Kernländer zusammengefasst sind. Wir schreiben 1775! Anlassbezogene Passkontrollen innerhalb dieser Zollunion lösen Grenzkontrollen ab: Nicht Grenzen, sondern der Beweggrund ist nun ausschlaggebend und Gegenstand der Kontrolle. An den Grenzen großer Städte, den sogenannten Linien, werden die Pässe eingezogen und für die Dauer des Aufenthalts wird eine Art Passierschein ausgestellt. Im Zuge der Industrialisierung und Urbanisierung nach den Napoleonischen Kriegen, also mit Zunahme der Arbeitsmigranten, wird das Passwesen verstärkt. Ab den 1840er-Jahren, mit dem Einsatz der Eisenbahn und damit verstärkter Mobilität, kommen Jahrespässe für bestimmte Bahnstrecken auf. In den 1850er-Jahren wird der Binnenpass abgeschafft, der Reisepass ist nur mehr bei Überschreiten der Staatsgrenze erforderlich. Innerhalb der sogenannten Europäischen Passunion – ein Gebiet, dem 1871 das Deutsche Reich, Österreich-Ungarn, Großbritannien, Frankreich, Belgien, Luxemburg, die Niederlande und Italien angehören – wird die Passpflicht generell aufgehoben. Also: Worüber wir uns mit dem Schengener Abkommen freuen, nämlich den Wegfall der Passpflicht bei Überschreiten der Grenzen innerhalb der Europäischen Union, hat schon einen Vorläufer zu einer viel früheren Zeit gehabt. Mit dem Ersten Weltkrieg zerfällt diese westeuropäische Passunion, nationalstaatliche Regelungen folgen und haben bis zum Schengener Abkommen den Vorzug. Erst 1990, mit dem Schengener Durchführungsabkommen, entsteht innerhalb der Europäischen Union wieder ein gemeinsamer Passraum. Passkontrollen im Inneren werden ausgesetzt, die Außengrenzen verstärkt kontrolliert. Die jüngsten Entwicklungen – die Flüchtlingskrise 2015/16 sowie die Coronakrise und ihre Reisebeschränkungen zur Eindämmung des Virus – haben wieder nationalstaatliche Regelungen favorisiert. Zur Erinnerung: Seuchen und Pandemien haben in der Geschichte schon immer zu strengen Maßnahmen im Personenverkehr und zur Absonderung von Personen und Personengruppen geführt. Man erinnere sich an die Ausgrenzung der Leprakranken, davon spricht schon die Bibel.

Zurück zum Grünen Pass und EU-Impfzertifikat als Legitimation für Reisende während der Zeit der Pandemie. Ob es tatsächlich gelingt, bis Juni – so der Plan[6] – ein EU-Impfzertifikat auf die Beine zu stellen, ist jetzt im März noch nicht absehbar. Politisch wird in Österreich jedenfalls dafür Stimmung gemacht und Aussichten werden plakativ in die Welt gesetzt: „Mit Grünem Pass ab April zurück in die Normalität"[7]; „Grüner Pass kommt Ende April"[8].

Allerdings muss noch geklärt werden, welche Impfstoffe für den Grünen Pass überhaupt Gültigkeit haben. Sind es nur die in der Europäischen Union zugelassenen oder auch andere, wie zum Beispiel die chinesischen Impfstoffe oder der russische Impfstoff? Werden einzelne Staaten Alleingänge machen wie schon bei der Besorgung des Impfstoffs?[9]

Zusätzlich müssen psychologische Hürden überwunden werden. Zu dieser Zeit hat die Impfung noch das Image eines Privilegs. Dass mit dem Impfpass nur jene, die geimpft sind beziehungsweise schon eine Corona-Erkrankung überstanden haben, Zugang zu Veranstaltungen, Restaurants etc. haben könnten, ist daher umstritten. Das Schreckgespenst einer Zweiklassengesellschaft – Geimpfte und (noch) nicht Geimpfte mit unterschiedlichen Zugangsmöglichkeiten – wird gezeichnet. Es gibt zum Teil nicht nachvollziehbare Vorbehalte:

Denn worin besteht der vermeintliche Vorteil für Nichtgeimpfte, wenn den Geimpften die Möglichkeit eines Restaurantbesuchs versagt bleibt? Forderungen nach dem gleichen Recht für alle sind wohl eher einer Neidgesellschaft geschuldet denn sinnvoll begründbar. Harte Bretter, die gebohrt werden wollen für eine sinnvolle und allgemeine Akzeptanz. Und wir ahnen noch nicht, was uns in diesem an Überraschungen reichen Jahr noch alles erwarten wird. Aber dazu später.

... to go

Inzwischen schreiben wir März und sind im fünften Monat des Lockdowns. Zeiten des Lockdowns sind herausfordernde Zeiten für die Selbstdisziplin. In dem Artikel „Die Verturnschuhung der Gesellschaft"[1] wird das Problem auf den Punkt gebracht: Alles wird beliebig, der persönliche Kontakt und Erfahrungsaustausch wird durch Onlinekontakte ersetzt, nicht nur der Kaffee im Kaffeehaus um die Ecke, auch das Essen und vieles mehr ist schon über einen langen Zeitraum im To-Go-Modus. Fast alles wird als »to go« und »Takeaway« verfügbar gemacht. Das bedeutet aber Kontaktverlust!

Um doch etwas Restaurantfeeling zu genießen, wird in diesen Zeiten des Lockdowns, in denen weder Restaurants noch Kaffeehäuser geöffnet haben, eine Alternative aufgezeigt: Unter dem Titel „(K)urlaubs-Feeling: Mitten im Lockdown von einem richtigen Kellner Essen serviert zu bekommen – möglich ist das derzeit nur im Rahmen einer Kur"[2] wird der Kuraufenthalt beworben! Natürlich ist der Aufenthalt mit einschränkenden Rahmenbedingungen verbunden, wie zum Beispiel einem Covid-19-Test nach Ankunft und Quarantäne im Zimmer bis zur Vorlage des (negativen) Ergebnisses, der Einhaltung der Abstandsregeln und einer FFP2-Maskenpflicht.

In einer Rehabilitationsklinik – das ist zwar definitiv nicht eine Kureinrichtung, aber es herrschen die Verpflegung betreffend doch ähnliche Rahmenbedingungen – hat mein persönlicher »Reality-Check« gezeigt: Für das »ausgewählte Publikum«, nämlich die Patienten, herrschen wirklich ganz spezielle Bedingungen. Ich darf diese einzigartige Situation im März im Nachgang zu einer Operation bei einem mehrwöchigen Aufenthalt in einer Rehabilitationsklinik ausprobieren. Das optimale Bemühen des Veranstalters und des Personals ist gegeben und alles funktioniert bestens. Das möchte ich den Ausführungen vorausschicken.

Das nachstehende Bild vermittelt einen ungefähren Eindruck über die distanzierte Atmosphäre, trotz der schon erwähnten Bemühungen.

Der »Gast« sitzt isoliert an einem Tisch, der nächste Tisch ist wegen der aktuellen Vorgaben in zwei Meter Entfernung aufgestellt. Eine richtige Unterhaltung ist damit unterbunden und aus Gründen der Ansteckungsgefahr auch nicht erwünscht. Die gegenüberliegende Hälfte des Tisches ist durch eine Plexiglasscheibe getrennt; eigentlich überflüssig, da die Zwei-Meter-Abstandsregelung ohnehin die gleichzeitige Belegung mit zwei Personen unmöglich macht. Der Tisch wird in zeitlicher Abfolge wechselseitig belegt, Personal wie Besucher erscheinen selbstverständlich mit FFP2-Maske und achten auf die Einhaltung der Abstandsregeln.

Ein Erlebnis der besonderen Art!

»Nimm Platz« in Zeiten des Lockdowns

Ob tatsächlich so etwas wie »Restaurantfeeling« aufkommen kann, ist eine persönliche Einstellungsfrage. Jedenfalls braucht es viel Optimismus beziehungsweise Humor, um das zu empfinden.

Zurück zum Lockdown: Durch die Lockdown- und Homeoffice-Gegebenheiten wird es schwierig, eine Struktur für die Gestaltung des Alltagslebens aufrechtzuerhalten. Die Überforderung nimmt zu.

In dem Artikel „Die Königsdisziplin"[3] wird bestätigt, wie schwierig es ist, in Zeiten des Lockdowns Formen und Verhaltensweisen aufrechtzuerhalten, die wir uns in normalen Zeiten zurechtgelegt haben und die uns, wie ein Autopilot, durch den Alltag geleitet haben. Experten raten, die Zeit über den Tag und über die gesamte Woche sinnvoll zu strukturieren. Diese Struktur, die auch eine gewisse Erwartbarkeit und damit Sicherheit beinhalte, gebe den Menschen Halt. Wichtig sei ein geregelter Tagesablauf, körperliche Ertüchtigung, Haltungswechsel. Kräfte, die in der Krise helfen, dieser zu trotzen.

Der Appell „Zieht euch wieder ordentlich an!"[4] ist – bedingt durch die Homeoffice-Situation – umso wichtiger. Ich zitiere aus dem Artikel: „Endlich befreit von den Zwängen der Mode: Wer im Home-Office werkt, bei der Videokonferenz das Bild deaktiviert und am Abend nicht ausgehen darf, braucht sich über sein textiles Erscheinungsbild kaum noch den Kopf zu zerbrechen".

Später, im Sommer, werden die Ergebnisse einer Erhebung über die Effekte des Lockdowns auch dahin gehend überraschen: Im Lockdown sind im Schnitt pro Tag 25 Minuten weniger für die Körperpflege aufgewendet worden![5]

Impfstoff – Wer sind die Guten?

Dass zum Zeitpunkt der Bestellungen – für die EU-Staaten durch die Europäische Kommission koordiniert und von den Mitgliedsstaaten geordert – noch nicht absehbar gewesen ist, welche Impfstoffe wie schnell in der Europäischen Union zugelassen sein werden und wie deren Produktion und Verfügbarkeit sich gestalten wird, ist klar. Die Bestellungen erfolgen 2020 quasi auf Verdacht. Es werden Verträge und Vereinbarungen geschlossen.

Die doch überraschend schnelle Verfügbarkeit erster Impfstoffe bereits mit Ende 2020 führt zu einer ersten Euphorie. Im weiteren Verlauf folgen aber etliche Rückschläge. Das betrifft sowohl die Vorbereitungen in den Ländern zum Roll-out für die Impfungen als auch die georderten Mengen und vereinbarten Lieferzeiten. Auch vermeintliche Unsicherheiten in der Wirksamkeit und Sicherheit der Impfstoffe beunruhigen die Menschen. Das erforderliche Handling der Impfstoffe (Lagerbedingungen und entsprechende logistische Vorkehrungen) ist entscheidend dafür, wer mit der Verimpfung beauftragt werden kann. Impfzentren haben hierzu andere Möglichkeiten als der viel zitierte Hausarzt, der aber wiederum näher bei den Menschen ist.

Bis zum Ende des Monats März zeigt sich ein sehr instabiles Bild: Während für den Impfstoff von BioNTech/Pfizer – zu der Zeit »gefühlt der Audi« unter den Impfstoffen, jedoch teuer und sehr aufwendig in der Lagerung – die Lieferkapazitäten und die Lieferzeiten sich als stabil erweisen, erlebt der Impfstoff von AstraZeneca eine richtige Hochschaubahnfahrt. Leichtere Handhabung (Lagerungsbedingungen) und günstigerer Preis stehen einer instabilen Lieferkapazität gegenüber. Dieser Impfstoff ist aber die bevorzugte Wahl all jener Länder, die bei der Bestellung im Jahr 2020 besonders den Preis als relevantes Argument gesehen haben. Bereits mit Beginn des Jahres in großen Mengen im Vereinigten Königreich verimpft, stocken die Lieferungen in die Europäische Union immer wieder beziehungsweise ist man von den vertraglich vereinbarten Liefermengen, auch für die nächsten Monate, offensichtlich weit entfernt. Die niedrigen Impfraten in den Staaten der Europäischen Union werden im großen Umfang den Lieferausfällen dieses Impfstoffes zugeschrieben. Ein politisches Hickhack zwischen der Europäischen Kommission und dem Konzern wegen Nichterfüllung vertraglicher Vereinbarungen – Stichwort: „EU verhängt Exportverbot über AstraZeneca"[1] – und innerhalb der Europäischen Union unter den Mitgliedsstaaten über die Vorgänge in der Impfstoffbeschaffung ist die Folge. Auch die Beurteilung der Wirksamkeit und Sicherheit des Impfstoffs ist von einem Auf und Ab geprägt. Wird er zuerst von der EMA, die für die Zulassung der Impfstoffe innerhalb der Europäischen Union zuständig ist, wegen fehlender Datenlage für Menschen ab 65 Jahren als nicht geeignet beurteilt, wird später gerade die Eignung für ältere Menschen als hervorstechendes Merkmal gesehen. In weiterer Folge wird der Impfstoff aufgrund berichteter aufgetretener Probleme durch Nebenwirkungen bei einzelnen Personen in einigen Mitgliedsstaaten zwischenzeitlich ausgesetzt beziehungsweise nur mehr für Personen ab 60 Jahren als sicher beurteilt. Berichtet wird von eventuell mit der Impfung in Zusammenhang stehenden Todesfällen infolge Gehirnvenenthrombosen. Impfprogramme werden wiederholt auf den Kopf gestellt. Österreich hält, so wie auch die EMA, vorerst an der allgemeinen Verwendbarkeit fest.[2] Die Feststellung der EMA, dass in seltenen Fällen Thrombosen ausgelöst werden können – die Schlagzeile dazu lautet: „AstraZeneca-Impfung kann laut EMA Blutgerinnsel verursachen"[3] –, wird unterschiedlich bewertet. Einzelne Länder differenzieren mit Hinblick auf die Altersgruppen in der Anwendung, andere setzen den Impfstoff generell aus. Für Österreich ist es auch eine nüchterne Kosten-Nutzen-Rechnung: Auf der einen Seite stehen die durch einen Totalausfall dieses Impfstoffs entstehenden Verzögerungen im Impfprogramm und damit einzukalkulierende schwere Erkrankungen mit Todesfolgen infolge von Infektionen, auf der anderen Seite im Vergleich dazu die offensichtlich doch wesentlich geringere Wahrscheinlichkeit von ernsthaften Komplikationen durch den Impfstoff.

Die beiden anderen Impfstoffe, Moderna und Johnson & Johnson, spielen aufgrund der viel geringeren Produktionskapazitäten im Kampf um Impfdosen zu diesem Zeitpunkt noch keine entscheidende Rolle. Letzterer kommt erst später und in relativ geringen Mengen dazu, wird aber noch vor seinem Einsatz aufgrund aufgetretener Thrombosen vorsorglich vorläufig nicht verwendet und erst nach weiteren Untersuchungen von der EMA definitiv freigegeben.

Der Druck auf die politischen Entscheidungsträger ist enorm und steigt mit jeder weiteren Lieferverzögerung von Impfstoffen. Richtiggehend grotesk entwickeln sich Ende März, Anfang April die Überlegungen zur möglichen Verwendung des russischen Impfstoffs Sputnik V in Österreich und in der Europäischen Union. Die Schlagzeile „Sputnik V – Kauf steht wohl kurz bevor"[4] signalisiert die vermeintliche Hoffnung auf zusätzliche Impfstoffmengen für Österreich. Und das, obwohl eine Zulassung der EMA nicht verfügbar und offensichtlich auch nicht zeitnah absehbar ist. Der Impfstoff wird als allgemein gut verträglich und wirksam beschrieben, gleichzeitig wird aber die mangelnde Information zur Datenlage für eine ausreichende Beurteilung auf europäischer Ebene hervorgehoben: „Was Sputnik V wirklich kann"[5]; „Berlin will Sputnik V ordern"[6]. In Ungarn wird der Impfstoff schon seit Jahresbeginn verwendet. Einzelne Staaten – wie zum Beispiel die Slowakei und Tschechien – liebäugeln mit einer nationalen Notfallzulassung. Deutschland und Österreich, die Interesse an dem Impfstoff zeigen, könnten für Russland und Sputnik V als Eisbrecher innerhalb der Europäischen Union fungieren. Verhandlungen mit Russland über die Lieferung einer beträchtlichen Menge sind im Gange. Es herrscht enormer Zeitdruck: „Sputnik V: Nur bis zum Sommer sinnvoll"[7] stellt die Generaldirektorin für die Öffentliche Gesundheit für Österreich fest. Der EU-Binnenmarktkommissar, in dessen Zuständigkeit auch die Impfstoffbeschaffung fällt, hält aber fest: „Wir können bis Mitte Juli 70 Prozent vollständig impfen. Sputnik V ist zu langsam für die EU."[8] Gemeint ist damit eine EU-Zulassung und ein den EU-Standards entsprechender und dokumentierter Produktionsprozess.

Und es mehren sich kritische Berichte: „Das slowakische Sputnik-Dilemma"[9]. Hintergrund sind offensichtliche Ungereimtheiten in den Daten der vom Premierminister im Alleingang georderten Impfdosen und mangelnde Transparenz zur Übereinstimmung mit dem in Russland zugelassenen Impfstoff. „Todesfälle nach Sputnik-V-Impfung"[10]: Erstmals wird über Todesfälle berichtet, der Entwickler des Impfstoffs stellt jeden Zusammenhang mit dem Impfstoff in Abrede, allerdings ohne weitere Details preiszugeben. Und die EMA stellt klar: „EU-Zulassung in weiter Ferne"[11]. Intransparenz und möglicherweise auch berechtigtes mangelndes Vertrauen in den Staatsapparat werden, ungeachtet der zweifelsfrei anerkannten wissenschaftlichen Fähigkeiten der russischen Experten, der Politik angelastet: „Wladimir Putins Sputnik-Show: Wegen großen Erfolgs abgesagt"[12]. Es werden bereits Parallelen zu den Dopingfällen und der Verschleierungstendenz der russischen Behörden bei den Olympischen Spielen 2014 in Sotschi gezogen.

Später wird für Österreich der neue Gesundheitsminister Wolfgang Mückstein in seinem Antrittsstatement bei seiner Angelobung am 19. April feststellen, dass es keine nationale Zulassung für Sputnik V ohne Zulassung durch die EMA geben werde (Bericht in der ORF-Nachrichtensendung Zeit im Bild 1 am 19. April). Eine mögliche Zulassung durch die EMA scheint jedoch nicht aktuell. Und im Mai wächst die Erkenntnis: „Sputnik V ist offenbar kein einheitliches Vakzin, sondern eine Handelsmarke. Deshalb dürfte Moskau wohl nie einen Antrag auf die Zulassung des Impfstoffs in Europa stellen."[13] Im weiteren Verlauf wird es in Österreich um Sputnik V wieder sehr still.

Was bleibt, ist eine enorme Verunsicherung der Menschen. Was ist der Politik geschuldet, was ist aus wissenschaftlichen Erkenntnissen zu folgern? Wir, die Bürger, bleiben ratlos zurück. Auch insofern, als wir zu dieser Zeit (noch) keine Auswahlmöglichkeit eines Impfstoffs haben und die Impfprogramme nun einmal wesentlich von den verfügbaren Impfstoffen gesteuert sind.

Etwas Entspannung kommt auf, als infolge Nachverhandlungen der Europäischen Kommission zusätzlicher Impfstoff von BioNTech/Pfizer für die Europäische Union verfügbar wird. Für Österreich bedeutet das für die nächsten Monate immerhin eine Million zusätzliche Impfdosen. Seit langer Zeit kommt erstmals wieder Optimismus auf, dass bis zu Beginn des Sommers doch ein Großteil der Impfwilligen zumindest ihren ersten Stich der Grundimmunisierung bekommen wird.

Rien ne va plus im Suezkanal

Nichts geht mehr! Der Suezkanal mit einer Gesamtlänge von 193 km, einer Tiefe von 24 m und einer Mindestbreite von 200 m ist die kürzeste Verbindung auf dem Wasserweg zwischen Europa und Asien.

Am 23. März geschieht das Unvorstellbare: Das voll beladene Containerschiff Ever Given, mit 400 Metern Länge, 59 Metern Breite und einem Tiefgang von 14 Metern ein wahrer Koloss, läuft in der Nacht während eines starken Sandsturms in der Nähe der Stadt Suez auf Grund. Es verkeilt sich im Suezkanal so unglücklich, dass die Wasserstraße komplett blockiert wird.

Satellitenaufnahme: Schlepper und Baggerschiffe bei der Ever Given – Aufnahme vom 27. Mai 2021

Innerhalb weniger Tage stauen sich mehr als 400 Schiffe auf beiden Seiten! Entgegen vieler Befürchtungen gelingt es, das Containerschiff binnen einer Woche wieder flottzumachen: „Bagger und Schlepper befreien Ever Given"[1]. Dennoch sind infolge der Unterbrechung massive Verzögerungen in den Frachtzustellungen und deren Weiterleitung zu erwarten, laut Bericht in den ORF-Nachrichten am 4. April unter anderem auch für den Hafen Wien. „Stau in Ägypten kommt mit zweiwöchiger Verzögerung bei uns an"[2]. Der Wiener Hafen gehört als Binnenhafen zu den Hinterlandhäfen Europas. Im Gegensatz dazu gehören zum Beispiel Rotterdam und Hamburg zu den Hochseehäfen.

Mit dieser Blockade drängt sich ein Umstand wieder ins Gedächtnis, der schon in der Vergangenheit hohe politische Bedeutung für die Anrainerstaaten, allen voran Ägypten, gehabt hat: der Suezkanal als Flaschenhals. Der Bericht „Nadelöhr der Weltwirtschaft"[3] führt uns zurück in das Jahr 1956 zur ersten Krise, als der ägyptische Präsident Nasser am 26. Juli die Verstaatlichung des Suezkanals verkündet. Am 29. Oktober 1956 greifen israelische Truppen ägyptische Stellungen auf der Sinai-Halbinsel an.

Die Blockade zeigt auch, wie schnell sich – abseits von der Covid-19-Krise – wirtschaftliche Engpässe in der Versorgung zu einem enormen ökonomischen Problem entwickeln können. „Mehr als 90.000 Frachtschiffe (Containerschiffe, Öl-, Gas- und Chemikalientanker, Bulker), Passagierschiffe (Fähren und Kreuzfahrtschiffe) sowie Serviceschiffe (z. B. Schlepper, Offshore-Versorgungsschiffe) sind pro Jahr auf den Weltmeeren unterwegs. Fischereischiffe sind darin nicht enthalten. 90 Prozent des Welthandels erfolgt derzeit auf dem Seeweg."[4]

Der eingangs angeführte Bericht[3] erläutert auch die enge Verbindung der technischen Konzeption des Suezkanals mit dem Namen Alois (Giardino Luigi) Negrelli, einem technischen Multitalent seiner Zeit. Er hat die wesentlichen Arbeiten zum Entwurf des Suezkanals geleistet. Bedauerlicherweise ist er 1858, noch vor dem Baubeginn, gestorben. Somit hat er leider die Realisierung eines seiner Lebenswerke nicht mehr erleben dürfen. Den Auftrag zum Bau des Suezkanals erteilt der damalige Vizekönig Ägyptens, Muhammed Said Pasha, dem französischen Diplomaten Ferdinand De Lesseps. Der Bau beginnt 1859.

Alois Negrelli wird am 23. Jänner 1799 als Giardino Luigi Negrelli in Fiera di Primiero (deutsch: Primör) geboren. Ihm ist in seinem Heimatort, der im Valle de Primiero im Trentino gelegen und damit Ausgangspunkt für tolle Bergtouren in den Dolomiten der Pala Gruppe ist, ein eigenes Museum gewidmet. Es befindet sich in dem aus dem 15. Jahrhundert stammenden Palazzo delle Miniere, in damaligen Zeiten Sitz der Bergrichter. Ein Besuch lohnt schon allein wegen der Originaldokumente: Entwurfszeichnungen, handschriftliche Notizen und Dokumente eines regen Schriftverkehrs lassen diese Zeit vor dem Auge des Betrachters wiederaufersten. Negrelli hat schon als junger Praktikant bei der kaiserlichen und königlichen Baukommission Tirols seine ersten Erfahrungen gesammelt. Sein umfangreiches Wirken und sein Lebensweg werden in der von der Gemeinde herausgegebenen Broschüre „Luigi Negrelli. Eine Reise zur Entdeckung des Ingenieurs, der den Suezkanal entworfen hat"[5] mit viel Liebe zum Detail gewürdigt.

Zurück zur Ever Given: Schadenersatzforderungen, gerichtliche Verfahren und Rechtsstreitigkeiten sowie Ursachenforschung über technisches beziehungsweise menschliches Versagen, die zu der Notlage der Ever Given und damit zur Unterbrechung des Frachtverkehrs geführt haben, stehen im Raum. In solchen Fällen geht es immer um viel Geld. Im Sommer wird im ORF-Ö1-Frühjournal am 7. Juli erstmals über den Abschluss eines

Schadenersatzvertrags zwischen Ägypten und dem japanischen Eigentümer berichtet, die vereinbarte Schadenersatzsumme bleibt geheim. Bis dahin hat die Ever Given sinnbildlich »auf Eis« gelegen.

Ihr vorläufiges Ende findet die Geschichte mit der Meldung Ende Juli, dass die Ever Given in Rotterdam angekommen und die Ladung gelöscht worden ist.[6]

APRIL

Osterruhe – Lockdown für die Ostregion

Es bleibt dem Wiener Bürgermeister vorbehalten, das böse L-Wort, die bittere, aber notwendige Pille des harten Lockdowns, in ein glänzendes Zuckerlpapierl zu verpacken und so etwas schmackhafter zu machen: Osterruhe! Anfang März ist man – auch im Osten Österreichs – davon ausgegangen, dass mit Ende des Monats die Gastgärten öffnen würden und damit ein erstes Frühlingserwachen ermöglicht werden könnte. In Wien wird sogar beabsichtigt, eigene öffentliche Bereiche zu schaffen, um auch Wirte, die keinen Schanigarten ihr Eigen nennen, daran zu beteiligen. Bis Ende März zeigt sich aber ein besorgniserregender Anstieg von Covid-19-Infektionen, vor allem in den Bundesländern Wien, Niederösterreich und Burgenland. Offensichtlich ist dieser der britischen Variante B.1.1.7 des Virus geschuldet und führt zu einer immer dramatischeren Überlastung der Intensivstationen in den Krankenhäusern.[1]

Nach langem Ringen zwischen Bundespolitik, Wirtschaft und Wissenschaft, aber auch der betroffenen Landeshauptleute dieser Bundesländer untereinander, wird für die Zeit vom 1. April mit mehrmaliger Verlängerung bis schlussendlich Anfang Mai für die Ostregion (in Wien und Niederösterreich bis 2. Mai, im Burgenland bis 18. April) ein harter Lockdown verordnet. Dass für das Burgenland der Lockdown nicht im Gleichklang mit Wien und Niederösterreich endet, sorgt für Verwunderung, zeigt aber, wie sehr Entscheidungsträger – in diesem Fall die Landeshauptleute – unter Druck stehen und bemüht sind, der eigenen Bevölkerung entgegenzukommen. Umgekehrt ist die Situation im März am anderen geografischen Ende Österreichs: In Vorarlberg sind aufgrund vergleichsweise geringer Infektionszahlen schon Mitte März Lockerungen vereinbart worden. Gasthäuser können unter definierten Vorsichtsmaßnahmen besucht werden, ebenso kulturelle Einrichtungen. Diese Öffnungsschritte werden auch Ende März mit dem für den Osten ins Haus stehenden Lockdown nicht zurückgenommen. Das „Ländle als Modellregion für das ganze Land"[2] wird für zukünftige Öffnungsschritte postuliert. Erstmals ist für Österreich eine Dreiteilung Realität: Ein harter Lockdown gilt für die Ostregion, moderate einschränkende Maßnahmen in den anderen fünf Bundesländern – abgesehen von vorwiegend auf Bezirksebene verschärften Maßnahmen infolge lokaler explodierender Infektionszahlen. Und eben Vorarlberg. Denn „Verschärfungen für ganz Österreich *[Anm.: sind]* vorerst abgesagt."[3] Ein Konzept, dessen Wirksamkeit von Experten bezweifelt und allgemein unterschiedlich beurteilt wird: „Geteiltes Land. Eiertanz um Lockdown"[4]; „Osten verlängert den Lockdown"[5]. Wie unvorhersehbar die Situation tatsächlich ist, zeigt sich später: Allen Vorkehrungen zum Trotz müssen Ende April auch in Vorarlberg für bestimmte Regionen wieder Verschärfungen, wie zum Beispiel die Verhängung einer Testpflicht bei der Ausreise, eingeführt werden. Und zwar deshalb, weil die Infektionszahlen seit den Lockerungen im März stark angestiegen sind:

„Verschärfungen im Westen, skeptisches Abwarten im Osten"[6]. Die richtige Balance zu finden, ist wohl eine der schwierigsten Übungen in diesem Frühjahr der andauernden Änderungen der Infektionszahlen.

Eine Umfrage des OGM-Instituts am Ende des ersten Quartals zeigt indes: Die vermehrte Regionalisierung der Maßnahmen zur Bekämpfung der Pandemie wird durchwegs positiv aufgenommen.[7] Ein weiteres Ergebnis dieser Umfrage ergibt jedoch, dass das Corona-Management der Bundesregierung zunehmend ablehnend beurteilt wird. Sind es am Beginn der Krise 83 Prozent Zustimmung und nur 15 Prozent Ablehnung, sind es nun, etwas mehr als ein Jahr später, 64 Prozent Ablehnung und nur mehr 34 Prozent Zustimmung. Der Schulterschluss aller Parlamentsparteien im Frühjahr 2020 ist einer harschen Oppositionspolitik gewichen. Wobei zwischen sachlich begründbarer Kritik und populistischer Fundamentalopposition zu unterscheiden ist. Die Maßnahmen der Regierung werden scharf kritisiert und – je nach Sichtweise – als nicht ausreichend oder überschießend und grundsätzlich falsch beurteilt. In dem Interview „Pluralismus kann auch verwirren"[8] mit dem Sozialforscher Bernd Marin wird deutlich: Wirkungsvolles Handeln kann und soll nicht autoritären Regimen vorbehalten sein. Pluralismus sei wichtig, so Marin, könne aber auch verwirren. Zitat: „Wenn Fachleute und Politiker nicht über Strategie streiten, sondern über Fakten, verliert die Bevölkerung das Vertrauen, zu Recht." Es sei klar, dass sich stark kollektivistische Gemeinwesen in Ostasien sicher leichter täten, während sich unsere *[Anm.: Europas]* individualistischen Gesellschaften mit Gemeinschaftsdisziplin schwerer täten.[8]

Im April folgt Wolfgang Mückstein Rudolf Anschober an der Spitze des Gesundheitsministeriums, des in der Pandemie wohl am meisten geforderten Ministeriums, nach.

In dem Artikel „Die Folgen fehlender Wertschätzung"[9] ist unter anderem zu lesen, dass das Wichtigste für die Attraktivität eines Berufs seine gesellschaftliche Wertschätzung sei. Es wird beklagt: „Haben wir darauf vergessen, dass Arbeit, wenn sie erfüllend, sinnvoll, gerecht bezahlt und vor allem geschätzt ist, Leben ist?" Der Artikel ist als Appell gedacht, da handwerkliche Berufe und Dienstleistungen zu wenig geschätzt und gewürdigt seien, nur als Mühsal verstanden würden. Fachkräftemangel sei in diesem negativen Umfeld die Folge. Die Ausführungen sind aber durchaus auch für die herausfordernden Tätigkeiten im Banne der Pandemie heranziehbar. Sollten wir uns nicht öfter fragen: Erfahren Politiker Wertschätzung für ihre Arbeit? Oder siegt nicht doch immer öfter die Versuchung, sie anhand von symbolhaften und plakativen Insignien zu beurteilen? Wenn zum Beispiel beim Amtsantritt des neuen Gesundheitsministers seinem Schuhwerk – Sneakers statt eleganter Lederschuhe – vor allen inhaltlichen Vorstellungen seinerseits das vornehmliche Interesse gewidmet wird, ist das ein Alarmsignal.

Die verlorene goldene Stadt am Nil

Die Anfang April gemachte Entdeckung der verlorenen goldenen Stadt – jener historischen Stadt bei Luxor in Ägypten, deren theoretische Existenz den Wissenschaftlern schon lange bekannt ist – löst Begeisterung aus: „Größte Entdeckung seit Tutenchamun"[1] lautet die Schlagzeile. „Die Entdeckung dieser verlorenen Stadt ist die zweitwichtigste archäologische Entdeckung seit dem Grab von Tutenchamun"[1], so eine Professorin für Ägyptologie an der Johns Hopkins University in den USA. Eigentliches Ziel der Ausgrabungen ist lediglich gewesen, den Totentempel von Tutenchamun zu finden. In der ORF-Nachrichtensendung Zeit im Bild 2 am 14. April berichtet der Archäologe und Ausgrabungsleiter Zahi Hawass, dass diese Stadt schon 1391 v. Chr. erbaut worden sei. „Die gefundene Siedlung stamme aus der Zeit des Königs Amenophis III., der von etwa 1391 bis 1353 v. Chr. herrschte."[1]

Ulf von Rauchhaupt schreibt: „Sensationsfund in Ägypten. Die verlorene goldene Stadt. Ein Forscherteam des Archäologen Zahi Hawass hat eine bisher unbekannte antike Stadt entdeckt. Sie könnte Aufschluss über den Alltag der Menschen in einer der reichsten Perioden Ägyptens geben. Archäologen unter der Leitung des früheren Chefs der ägyptischen Antikenbehörde, Zahi Hawass, sind bei Luxor auf eine bislang unbekannte antike Stadt gestoßen. Die bis zu drei Meter hohen Mauerkomplexe aus Lehmziegeln liegen am Westufer des Nils am Fuße der Berge, in denen sich die Pharaonengräber des Tals der Könige befinden. Entlang der Grenze zum Fruchtland hatten sich die Herrscher der 18. und 19. Dynastie in der späten Bronzezeit gewaltige Grabtempel erbauen lassen."[2]

Der Fund wird als „eine ägyptische Version von Pompeji"[1] bezeichnet. Sogar der Fotovergleich bestätigt diese euphorische Bezeichnung.

Goldene Stadt bei Luxor (Ägypten)

Pompeji bei Neapel (Italien)

Eine Besonderheit der neu entdeckten goldenen Stadt Ägyptens liegt offensichtlich auch in ihrem außergewöhnlich guten Erhaltungszustand. Einrichtung und Alltagsobjekte wirkten, als hätten die Bewohner ihre Häuser erst gestern verlassen, berichten die Forscher.[1]

Welche Gründe haben die Menschen vor 3.000 Jahren gezwungen, die Stadt aufzugeben? Vielleicht Änderungen in den klimatischen Bedingungen, die Hungersnöte für Mensch und Vieh zur Folge gehabt haben? Eventuell militärische Konflikte oder politische Umbrüche, Invasionen feindlicher Heerscharen? Oder eine plötzliche Naturkatastrophe, etwa ein Erdbeben, ähnlich wie der Ausbruch des Vesuvs eine Naturkatastrophe gewesen ist, welche die Bewohner Pompejis völlig überraschend in ihrem Alltagsleben getroffen hat? Wer jemals Pompeji besichtigt hat, durch die Straßen der Stadt und die Überreste der Häuser geschlendert ist, wird sich mit Beklemmung vorgestellt haben: Menschen sind gemeinsam zusammengesessen, haben vielleicht gefeiert, irgendwo ist gerade Essen zubereitet worden, als plötzlich das Inferno mit voller Wucht über die Köpfe hereingebrochen ist. Keine Zeit zur Flucht.

Ähnliche Fragen beschäftigen mich, wenn ich das Foto der Überreste der goldenen Stadt betrachte. Wie hat sich das tägliche Leben der Menschen abgespielt, welche Interessen und Vorlieben haben sie gehabt? Dass viele Gegenstände des täglichen Lebens gefunden worden sind, deutet eher darauf hin, dass die Stadt unter Zurücklassung von Hab und Gut fluchtartig verlassen worden ist. Welche Menschenschicksale liegen hier im Staub der Geschichte? Tragödien wie in Pompeji? Vieles liegt noch im Dunkeln.

Schattenseiten der Liebe zur Natur in Zeiten der Pandemie

Die Salzburger Berg- und Naturwacht schlägt Alarm: „Die Pandemie lockt die Menschen ins Freie, der Druck auf einsame Fleckerl wird zum Problem für geschützte Landschaften."[1] In dem Beitrag wird auf die immer größer werdenden Probleme hingewiesen: geschützte Landschaften, Brutgebiete für seltene Vögel, Heimat seltener Pflanzen – für sie alle gilt: Naturschutzgebiete, ökologisch sensible Gebiete kommen unter Druck. Die Coronapandemie hat – verständlicherweise – die Sehnsucht nach Natur und dem »Raus aus den vier Wänden« verstärkt. Aber es ist auch die Bequemlichkeit, die Probleme schafft: „So wollen viele Menschen bei diesem Raus in die Natur möglichst nahe an den Ausgangspunkten ihrer Touren parken. Egal, ob es dort geeignete Stellflächen gibt oder nicht – und zerstören dabei mitunter sensible Feuchtwiesen und Ufergebiete."[1] Hinweise auf Landschaftsschutzgebiete würden ignoriert, Betretungsverbote – weil es sich zum Beispiel um Brutgebiete für seltene Vogelarten handelt – missachtet werden. Zusätzlich bringe der Trend zum Skitourengehen und Schneeschuhwandern im Winter Störungen für das Wild, das in dieser Zeit ohnehin durch Futtermangel und Futtersuche in einer Stresssituation ist.[1]

Das Verhalten unserer Zivilisationsgesellschaft, den Müll unsachgemäß beziehungsweise unerlaubt in den Wäldern zu lagern – er wird vielfach einfach »vergessen« –, verschärft das Problem noch zusätzlich.

Wahr ist aber auch, dass körperliche Betätigung – gerade in dieser herausfordernden Zeit der Pandemie – wichtig und vorteilhaft ist: „Regelmäßige körperliche Bewegung wirkt emotional stabilisierend und zeigt antidepressive sowie angstlösende Effekte."[2]

Für den Sommer kündigt sich weiteres Ungemach an. Missstimmungen, die schon vor der Pandemie bekannt gewesen sind, nun aber nochmals verstärkt werden, weil viele den

Urlaub in den heimischen Bergen beim Wandern verbringen. Es wird befürchtet, dass die Almen von Touristen und Freizeitsportlern gestürmt werden. In dem Bericht „Wo Wanderer auf Kuh trifft"[3] wird hervorgehoben: Wichtig seien der Respekt und das Wissen um den Lebensraum von Wild- und Nutztieren, es brauche entsprechende Rücksichtnahme und das notwendige Bewusstsein in der Bevölkerung.

Ausschnitt aus einer Informationstafel auf der Winklerner Alm, einer Almregion auf ca. 1.900 m Seehöhe. Sie liegt an der Südseite des Nationalparks Hohe Tauern in Kärnten an der Landesgrenze zu Osttirol.

Eine Almwanderung inklusive Begegnung mit unseren Vierbeinern ist, vor allem für Kinder, durchaus positiv und bereichernd: »Aha! Es gibt also doch nicht nur die lila Milka Kuh!« Vorsichtsmaßnahmen – Abstand halten, Hunde an die Leine etc. – können durchaus ernst, aber zugleich auch humorvoll vermittelt werden.

Es ist gut, wenn wir lernen, die Natur gerade in Zeiten wie diesen nicht nur zu schätzen, sondern auch zu schützen!

Klimawandel und neue Klimaziele

Mit der Initiative des neuen Präsidenten der USA, Joe Biden, für den virtuellen Klimagipfel Leaders' Summit on Climate (22. bis 23. April 2021) nimmt die Diskussion über den Klimawandel und notwendige Maßnahmen wieder an Fahrt auf. 40 Regierungschefs, darunter auch jene von China und Russland sowie die Vertretung der Europäischen Kommission und des Rates der Mitgliedsstaaten, sind eingeladen. Der Klimagipfel mag vielleicht den leichten Beigeschmack einer Politshow haben, aber die Initiative sollte nicht kleingeredet werden: Immerhin sitzen auch die Großmächte Russland und China mit am virtuellen Tisch. Und die Aufkündigung des Pariser Klimaabkommens durch den früheren US-Präsidenten Trump ist rückgängig gemacht. Damit liegt wieder eine ernsthafte Grundlage für weitere Vereinbarungen und ambitionierte Ziele auf dem Tisch.

Durch die dramatischen Konsequenzen der Coronakrise leiden andere Themen, so auch die Problematik des Klimawandels, unter mangelnder Aufmerksamkeit und Präsenz. Jetzt scheint das Thema Klimawandel, nicht zuletzt durch den Klimagipfel des amerikanischen

Präsidenten, wieder in den allgemeinen Fokus zu rücken. Die USA kündigen als Ziel an, das Jahr 2030 zur Erreichung der Pariser Klimaziele anzustreben. Und diese Veranstaltung wird von den USA auch als wichtiger Schritt auf dem Weg zur UN-Klimakonferenz im November in Glasgow (COP26) gesehen. Das steht schon mit der Presseaussendung des Weißen Hauses im März fest: „Briefing Room. President Biden Invites 40 World Leaders to Leaders' Summit on Climate. March 26, 2021. Statements and releases."[1]

In Österreich ist ein Klimaschutzgesetz in Vorbereitung, um bis spätestens 2040 Klimaneutralität zu erreichen. Der Weg dorthin ist mit Emissionshöchstwerten verknüpft.

Warum aber sind rasche Maßnahmen so wichtig?

Laut aktuellem „Gletscherbericht 2019/20"[2] des ÖAV haben Österreichs Gletscher im Durchschnitt 15 Meter an Länge eingebüßt! Das ist der Mittelwert der 81 sowohl 2019 als auch 2020 vermessenen Gletscher! Von 92 Gletschern, an denen 2020 die Änderungstendenz festgestellt worden ist, haben sich 85 zurückgezogen, sieben sind stationär geblieben. Stationär heißt, die Längenänderung beträgt weniger als ± 1 Meter. Die Gletscher sind stumme, aber deutliche Darsteller der klimatischen Veränderungen. „Um gezielte Anpassungsstrategien zu entwickeln, die im Zuge der Klimaerwärmung immer wichtiger werden, ist ein tiefes Verständnis der Gletscherwelt von zentraler Bedeutung."[3]

Auch der Eisschild in Grönland ist in Bedrängnis. Wenn dieser verschwindet, ist nach Auskunft von Forschern mit einem Anstieg des Meeresspiegels um sieben Meter zu rechnen! Für den Arktischen Ozean beläuft sich nach Berechnungen von britischen Wissenschaftlern der Eisverlust auf zig Billionen Tonnen Meereis, das seit 1994 aufgetaut ist.[4] Am 10. Mai wird der Arktische Rat, dazu zählen die fünf direkten arktischen Anrainerstaaten USA, Russland, Kanada, Dänemark und Norwegen sowie Island, Schweden und Finnland, zu seiner zweijährigen Tagung zusammentreffen. Aber es geht dabei nicht nur um den Klimaschutz: „Bei der Tagung der Anrainerstaaten der Arktis-Region steht zwar Klimaschutz ganz oben auf der Agenda. Vielmehr geht es aber auch um territoriale Ansprüche und das Rennen um Rohstoffe"[4]. Unter dem arktischen Meer mit seinen rund 14 Millionen Quadratkilometern an Ausdehnung werden große Mengen an Bodenschätzen vermutet: Edelmetalle, Gold, seltene Erden sowie 14 Prozent der weltweiten Erdöl- und 30 Prozent der Erdgasreserven. Durch die Eisschmelze – laut einer aktuellen Studie aus Dänemark schmelzen auf Grönland täglich acht Milliarden Tonnen Eis – werden in naher Zukunft neue Förderwege und Zugänge zu diesen frei.[5]

Wir erinnern uns: Der frühere US-Präsident Trump hat Dänemark (politisch gehört Grönland zu Dänemark) ein »unmoralisches Angebot« gemacht, nämlich Grönland zu kaufen. Dänemark sieht natürlich nicht einmal Verhandlungen darüber als sinnvoll an, der US-Präsident ist »verstimmt«.

In der Sitzung des Arktischen Rates, es ist die zwölfte Sitzung dieser Art, wird unter anderem der routinemäßige Wechsel in der Vorsitzführung behandelt. Russland folgt auf Island.[6] Ein gutes Omen für den Klimaschutz? Der Arktische Rat ist 1996 als multilaterales Gremium, das sich ausschließlich mit der Arktis befasst, gegründet worden. Eine seiner Hauptaufgaben ist die Umsetzung der Arctic Environmental Protection Strategy von 1991. Seine Beschlüsse sind allerdings nicht rechtsverbindlich.[7]

Zurück zu den Gletschern in den Bergen: Der besorgniserregende Schwund der Gletscher ist nicht eine Besonderheit der Alpen im Zentralraum von Europa. Nach dem Bericht „Die große Gletscherschmelze"[8] ist der Rückzug der Gletscher weltweit zu beobachten. In den letzten 20 Jahren haben sie 267 Milliarden Tonnen Eis verloren! Rund ein Fünftel des Anstiegs des Meeresspiegels ist darauf zurückzuführen. An der ETH Zürich ist in Zusammenarbeit mit der französischen Universität Toulouse ermittelt worden, dass damit die Fläche der Schweiz jedes Jahr sechs Meter unter Wasser gesetzt werden könnte. Die Forscher sprechen von etwa 200 Millionen Menschen, die an Orten leben, die bis Ende des Jahrhunderts unterhalb der Flutlinien des Meeres liegen könnten. Gleichzeitig könnten mehr als eine Milliarde Menschen innerhalb der nächsten drei Jahrzehnte von Wasserknappheit und Ernährungsunsicherheit betroffen sein.

Eine anschauliche und dramatische Schilderung solcher Auswirkungen ist in dem Roman „Die Geschichte des Wassers"[9] von Maja Lunde zu finden. In dem Roman wird die große Fluchtbewegung nach Norden beschrieben, weil die Länder im Süden Europas schon längst wegen anhaltender Dürre ausgetrocknet und unbewohnbar geworden sind: „Je trockener unser eigenes Land wurde, desto häufiger redete sie von den Ländern im Norden, wo es nicht nur ein seltenes Mal im Laufe der kalten Monate regnete, sondern auch im Frühjahr und Sommer. Wo es keine langanhaltende Dürre gab, sondern das Gegenteil. [...] Und die Dürre. Erst hieß sie Zweijahresdürre, dann Dreijahresdürre, dann Vierjahresdürre. Dies war das fünfte Jahr. Der Sommer schien endlos." Der Roman ist der zweite Teil ihres literarischen Klima-Quartetts. Auf grandiose Art verknüpft Lunde in den Geschichten die Schicksale von Menschen aus verschiedenen Zeiten, die aber indirekt miteinander im Zusammenhang stehen.

Noch ein Schlaglicht, gerichtet auf eine spezielle Situation: Beim Studium verschiedener Zeitschriften hat sich ein interessanter Artikel über die Bedrohung der heiligen Stätten der Bakonzo im Ruwenzori-Massiv durch den Klimawandel aufgedrängt.[10] Die Ruwenzori-Berge, ein Nationalpark in Westuganda an der Grenze zur Demokratischen Republik Kongo und seit 1994 UNESCO-Weltnaturerbe, sind die Heimat der Bakonzo, eines Volks mit etwa einer Million Einwohnern. Deren Kultur ist mit der Natur des Bergmassivs unmittelbar verbunden. Denn die Berge und deren mit Schnee und Eis überzogene Gipfel sind für die Bakonzos Kultstätten, seit Jahrhunderten feiern sie dort ihre Rituale. Durch das Abschmelzen und den rapiden Rückgang der Gletscher – von 1906 bis 2003 hat sich das Gletschergebiet von sechseinhalb Quadratkilometern auf einen Quadratkilometer verringert – gehen heilige Kultstätten verloren. Auch sonstige Naturkatastrophen wie Murenabgänge und Waldbrände zerstören ihre Kultstätten. Die CCFU, ein registrierter gemeinnütziger Verein mit Sitz in Kampala, hat etliche der heiligen Stätten der Bakonzos erforscht, um den Klimawandel und seine Auswirkungen auf ihre Kultur zu verstehen, aber auch, um gemeinsam mit ihnen über Schutzmaßnahmen wie Wiederaufforstungen zu beraten.

Was braucht es für die Zukunft? Forscher am Potsdam-Institut für Klimafolgenforschung haben mittels Simulationsrechnungen belegt, dass zur Eindämmung des Klimawandels technologische Faktoren zwar wesentlich beitragen, doch erst mit den menschlichen Faktoren ein ausreichend gutes Ergebnis erzielt werden kann.[11] Verändertes menschliches Verhalten kann demnach mehr als 20 Prozent zur CO_2-Reduktion beitragen. Einsparungen im Agrarsektor durch Verhaltensänderungen zählen ebenso dazu wie im Transportwesen: Fahrgemeinschaften, Reduktion der Lieferwege durch Verzicht von Produkten aus fernen Ländern. Brauchen wir zum Beispiel in Österreich im Supermarkt wirklich Erdäpfel aus Israel?

Werden wir das schaffen? Je intensiver die politische Diskussion wird, wenn es im weiteren Verlauf des Jahres um konkrete Pläne und die Umsetzung politischer Absichtserklärungen geht, umso eher werden auch gelegentlich Schreckgespenster vom Verzicht und die Angst vor Veränderung bemüht, Stichwort: Zurück zur Steinzeit. Im Gegensatz dazu stellt der Imaginationsforscher Walter Ötsch fest: „Die Menschen sind doch bereits für die Sache gewonnen: Studien zeigen, dass das Klima mittlerweile die größte Sorge in der Bevölkerung ist. Für konkrete soziale Veränderungen braucht es nur eine Minderheit von vielleicht 20 Prozent, dann kommt die Kugel schon ins Rollen.“[12]

Es mutet heute skurril an, dass der CO_2-Anstieg und damit einhergehende Klimawandel noch vor etwas mehr als einem Jahrhundert als positiv bewertet worden sind. Dazu gibt der Bericht „Wer die Erderwärmung entdeckte“[13] Auskunft: Svante Arrhenius, schwedischer Physiker und Chemie-Nobelpreisträger, hat 1895 als Erster das vom Menschen emittierte Kohlendioxid für die Klimaerwärmung als relevant erkannt und daraus gefolgert: „Der Anstieg des CO_2 wird zukünftigen Menschen erlauben, unter einem wärmeren Himmel zu leben.“ Er hat dem eingangs erwähnten Bericht[13] nach dem Klimawandel also durchaus positive Seiten abgewonnen, nachdem er die Bedeutung des vom Menschen emittierten Kohlendioxids für das Klima erkannt hat. Arrhenius ist aber nicht irgendein verschrobener Weltverbesserer in einem wissenschaftlichen Elfenbeinturm. Die Arrhenius-Gleichung[14] ist auch im 21. Jahrhundert bei Naturwissenschaftlern und Technikern angewandtes Wissen. Mit ihr wird näherungsweise eine quantitative Temperaturabhängigkeit bei physikalischen und vor allem chemischen Prozessen beschrieben, bei denen auf molekularer Ebene eine Aktivierungsenergie überwunden werden muss.

Seine falsche Einschätzung der Konsequenzen des Temperaturanstiegs und eines damit einhergehenden Klimawandels betreffend ist tröstlich festzustellen: Auch ein Nobelpreisträger kann (und darf) irren!

Dass CO_2 ein Treibhausgas ist, das zu Klimaveränderungen führen kann, hat übrigens schon 1859 der irische Naturwissenschaftler John Tyndall nachgewiesen.[13]

MAI

Schottland – unbeugsam und unabhängig

Unter diesem Titel wird im ORF-WELTjournal am 5. Mai, dem Vorabend der Wahlen in Schottland, ausführlich über die aktuelle Situation, über Sehnsüchte, Erwartungen und Befürchtungen berichtet. Der Historiker Sir Tom Devine nennt in einem Interview drei wesentliche Institutionen, die Schottland aus der Geschichte heraus bestimmen: das Rechtssystem, das Bildungssystem und die Schottisch-Protestantische Kirche. Diese Einschätzung erfolgt nicht durch jemand x-Beliebigen, Devine zählt zu den Top 20 in „*The Herald's* 'Scottish Power 100: The 100 Most Powerful and Influential People in Scotland'"[1].

Die Wahl am 6. Mai, gemeinsam mit jener in Wales, wird auch außerhalb des Vereinigten Königreiches aufmerksam beobachtet, wohl eine Konsequenz aus dem endgültigen Brexit am Beginn des Jahres. Wird doch eine mögliche absolute Mehrheit für die regierende SNP von dieser gleichsam als Auftrag für ein weiteres Unabhängigkeitsreferendum Schottlands – weg vom Vereinigten Königreich und zurück in die Europäische Union – gesehen. Schon 2014 tritt die SNP für ein Unabhängigkeitsreferendum ein, um damit den Austritt Schottlands aus dem Vereinigten Königreich voranzutreiben. London allerdings argumentiert, dass nur ein Verbleib im Vereinigten Königreich auch den Verbleib in der Europäischen Union garantiere. Das Unabhängigkeitsreferendum endet mit einer Mehrheit gegen den Austritt Schottlands. Der Rest ist Geschichte.

Woher kommt der Name Schottland? Ab dem 4. Jahrhundert besiedelt der keltische Stamm der Scoten die Westküste des heutigen Großbritannien. Von diesen leitet sich der Name Schottland ab. In weiterer Folge schließen sich 945 n. Chr. die verschiedenen Stämme wegen der Einfälle der Wikinger zum Königreich Scotia zusammen.[2]

Besonderes Zeichen des schottischen Nationalbewusstseins: Hinterglasmalerei mit der einzigartigen Darstellung eines dudelsackpfeifenden Engels in der Kapelle auf Fort George, der Festungsanlage aus dem 18. Jh. am Eingang des Moray Firth

In einem Interview im ORF-Ö1-Morgenjournal am 6. Mai betont ein Vertreter der SNP, dass Schottland mit Österreich und Dänemark in der flächenhaften Ausdehnung vergleichbar sei und somit auch aus diesem Vergleich herrührend als eigenständiges Mitglied der Europäischen Union durchaus lebensfähig sei. Argumente für eine bevorzugte Anbindung an Europa gebe es viele, beispielhaft dafür seien auch die vielen Pferde, die in einem Gegenwert von ca. 400 Millionen Euro jährlich von der Insel exportiert werden, ebenso wie der Whiskey, der in die ganze Welt exportiert werde. Als »Bonmot« erwähnenswert ist seine Erklärung zur bevorzugten Ansiedelung der Whiskeybrauereien in den Highlands: Ursprünglich sei dies mit der Idee verbunden gewesen, sich durch diese naturgegebenen Verstecke den Steuereintreibern besser entziehen zu können. Steuerflucht, ein historisch behaftetes Thema!

Als „Schicksalswahlen für ein Königreich"[3] und als „Schottlands Rache für die Brexit-Lüge"[4] werden die Wahlen in den Schlagzeilen bezeichnet.

Die Wahlen gehen mit einer eindeutigen, aber nicht mit einer absoluten Mehrheit für die SNP aus. Damit finden zwar die Bestrebungen der SNP zur Abspaltung vom Vereinigten Königreich aus ihrer Sicht eine Bestätigung, im Vergleich zu einer absoluten Mehrheit ist jedoch die Legitimation für ein mögliches zweites Referendum auf längere Zeit gesunken. Fast ein wenig bedauernd wirkt daher die Schlagzeile: „Neue schottische Zeitrechnung"[5].

Betreiber wie Gegner setzen auf Zeit. Realistisch ist neuerliches Unabhängigkeitsreferendum wohl erst dann, wenn Schottland die durch die Covid-19-Pandemie hervorgerufenen Probleme und Verwerfungen hinter sich zurückgelassen hat. Denn wie sehr ein Unabhängigkeitsreferendum zum politischen Spielball wird, wird sich später im Sommer zeigen. Die britische Regierung überrascht mit einer in der Sunday Mail angekündigten Meinungsänderung: nämlich ein neues Referendum über die Unabhängigkeit Schottlands nicht mehr kategorisch abzulehnen, sondern unter bestimmten Umständen zuzulassen. Dass diese Stellungnahme des Staatsministers gerade zu einem Zeitpunkt erfolgt, zu dem Umfragen zeigen, dass aktuell 48 Prozent gegen und nur 45 Prozent der Bevölkerung für eine Abspaltung sind (Bericht ORF-Ö1-Morgenjournal am 2. August), ist wohl kein Zufall.

Die Zukunft wird es weisen. Denn es zeigt sich, dass die Schotten bei der Frage der Unabhängigkeit ähnlich gespalten sind, wie auch der Brexit zu einer Spaltung der Bevölkerung geführt hat.[6]

Fischerbootblockade in Jersey – Randnotiz oder Menetekel?

Jersey, im Ärmelkanal in der Bucht von Saint-Malo gelegen, ist mit ca. 100.000 Einwohnern (gemäß einer Volkszählung von 2011) die bevölkerungsreichste der Kanalinseln. Sie ist Kronbesitz und damit direkt der britischen Krone unterstellt, aber nicht Teil des Vereinigten Königreiches, und liegt nur 14 Meilen von der französischen, jedoch 100 Meilen von der britischen Küste entfernt.[1] Seit 2016 bezieht Jersey 95 Prozent seiner Elektrizität über ein Unterwasser-Stromkabel von Frankreich.[2]

Der Streit zwischen England und Frankreich um die Fischgründe und zulässigen Fischfangquoten ist legendär. Er hat schon in den Verhandlungen zum Brexit eine wesentliche Rolle gespielt, wenn es auch eher um symbolische denn tatsächliche wirtschaftliche Belange gegangen ist. Aber was in der Europäischen Union den Alpenländern der Schutz der Förderungen für die Landwirtschaft ist, ist den Briten und Franzosen der Schutz ihrer Fischer. Ein Politikum!

Was ist geschehen? Bisher hat der „Bay of Granville"-Vertrag den Fischfang geregelt, allerdings ist er durch den Brexit obsolet geworden. Nun braucht es neue Vergabelizenzen. Die Anträge französischer Fischer für den Fischfang vor der Insel sind teilweise zurückgewiesen worden. Daraufhin blockiert Frankreich Anfang Mai mit ca. 50 Fischerbooten den Hafen von Saint Helier. Im Gegenzug entsendet das Vereinigte Königreich die Royal Navy zur Patrouille, um die französische Blockade aufzubrechen. Die HMS Severn und die HMS Tamar werden vor Ort beordert. Erstere ist auch gegen russische Schiffe in britischen Hoheitsgewässern eingesetzt worden, die HMS Tamar ist mit modernster Überwachungs- und Waffentechnologie ausgerüstet.[2] Am Vorabend der landesweiten Regionalwahlen im Vereinigten Königreich ist diese Zurschaustellung wohl kein Zufall.

„Fischer gegen Marine: ‚Krieg' um Jersey wieder abgeblasen"[3] lautet die griffige Schlagzeile. Frankreich droht, das Unterwasser-Stromkabel zu Jersey zu kappen. Schlussendlich ziehen Fischerboote und Marine wieder ab.

Eine Randnotiz angesichts der aktuellen Krisen und Probleme in diesen ersten Maitagen, wie zum Beispiel die Ausschreitungen mit Toten in Kolumbien oder die Bedrohung der Ukraine im Osten durch Russland. Besonders betroffen machen die dramatischen Zahlen an täglichen Neuinfektionen mit dem Covid-19-Virus in Indien. Sie bringen das Land an den Abgrund der medizinischen Versorgung: „Die zweite Coronawelle hat den Subkontinent mit seinen fast 1,4 Milliarden Menschen noch viel massiver erwischt als die erste. Ein Massensterben setzte ein, der Sauerstoff für Beatmungsgeräte ging großflächig aus."[4]

Diese Auseinandersetzung um Fischgründe und Fischereirechte macht aber deutlich, wie schnell sich innerhalb Europas, im konkreten Fall zwischen dem EU-Mitgliedsland Frankreich und dem »Nicht mehr«-EU-Mitgliedsland Vereinigtes Königreich, tiefe Gräben auftun können. Differenzen, die sogar dazu veranlassen, Marineschiffe der Royal Navy zur Einschüchterung auffahren zu lassen, um die vermeintlichen Interessen zu schützen.

Der Konflikt zeigt exemplarisch, was zwischen zwei europäischen Ländern geschehen kann, wenn nur mehr jeder auf seinen Interessen beharrt und es keine gemeinsamen Regeln und Gerichte, wie sie innerhalb der Europäischen Union funktionieren, gibt, um Konflikte zu lösen. Dann sind auch gewaltsame Konflikte in Europa wieder möglich.[5]

Politisches Kleingeld ist noch nie eine gute Währung gewesen! Wie schnell aus Freunden Feinde werden, aus Nachbarn Gegner, wie sich unversöhnlicher Hass aufbaut, hat sich in den 1990er-Jahren im Konflikt der Nachfolgestaaten in Ex-Jugoslawien gezeigt.

Momentan ist man gerade in Nordirland dabei, mit Brandsätzen und Molotowcocktails die mühsam aufgebauten Beziehungen und gemeinsame Prosperität der beiden Hälften Irlands wieder zu zerstören.

Später, im November, wird sich zeigen, dass der Konflikt um die Fischereilizenzen noch immer nicht ausgestanden ist: „Paris wirft London vor, französische Fischer bei der Erlaubnis zum Fang in britischen Gewässern aus politischen Gründen zu benachteiligen. Frankreich hat angekündigt, einige Häfen für britische Boote zu sperren und Fischer aus dem Vereinigten Königreich schärfer zu kontrollieren, falls es keine Einigung gibt. Auch Lastwagen sollen genauer überprüft werden. London weist die Anschuldigungen zurück und droht mit Gegenmaßnahmen, die die ganze EU betreffen würden."[6] Zwar sind ohnehin mehr als 90 Prozent der Lizenzen für französische Kutter im Einvernehmen zwischen Frankreich und Großbritannien erteilt worden, mehrere Dutzend französische Boote warten aber noch auf eine Lizenz. Die Sichtweise darüber, ob diesen auch eine Lizenz zusteht, ist unterschiedlich.[7]

Es zeigt sich einmal mehr, wie emotional aufgeladen der Konflikt zwischen Großbritannien und der Europäischen Union ist: Es geht um die Fischfanglizenzen für französische Fischer, aber auch um das Nordirland-Protokoll. Dieses regelt die Grenze zwischen der Europäischen Union und Großbritannien in der Irischen See, um einen Grenzbalken innerhalb der irischen Insel zu vermeiden. Diese gemeinsam ausverhandelte Grenze wird im Herbst von London abgelehnt. Es droht eine weitere Eskalation: „Brexit. Nachdem es weder bei den Fischfangrechten noch beim Nordirland-Protokoll Fortschritte gibt, droht eine gefährliche Eskalation im ungelösten Streit zwischen London und Brüssel."[8]

Kein Ende des Schreckens

Diese Überschrift eines Kapitels in dem Buch „Israel/Palästina"[1] von Dolores M. Bauer steht sinnbildlich für das Elend und Leid der beiden Völker. Das Buch ist bereits 2002 aufgelegt worden, aber die Ereignisse am 10. Mai des heurigen Jahres und der folgenden Tage zeigen: Es hat sich nichts wirklich geändert in diesen beinahe 20 Jahren. Die Berichte in den Nachrichten und Zeitungen bestätigen das auf erschreckende Weise. Es sieht fast so aus, als ob die Artikel – schon aus früheren Anlässen längst geschrieben – nur noch an die aktuelle Situation angepasst werden müssten.

Das zieht sich seit der Gründung des Staates Israel 1947 durch die Geschichte: Streit um Land, das (vergebliche) Hoffen und Drängen auf eine Zweistaatenlösung, Siedlungsbau, Besetzung. Aktuell werden als explosives Konglomerat für die gewaltsam aufflammenden Unruhen die geplanten Zwangsräumungen von Wohnungen palästinensischer Familien in Ostjerusalem und der Jerusalem-Tag Israels am 10. Mai, mit dem in Israel der Eroberung des Ostteils der Stadt Jerusalem im Sechstagekrieg 1967 gedacht wird, angeführt. Vor allem aber wird das Eindringen israelischer Soldaten während des Ramadan in die al-Aksa-Moschee am Tempelberg auf Palästinenserseite als Provokation empfunden. Immer wieder Tempelberg!

Diese Vorgänge bieten auf beiden Seiten die Möglichkeit für die Hardliner, sich zu positionieren. Für den regierenden Premier Israels als starken Führer, ungeachtet aller aktuellen politischen Probleme, und für die Hamas als „Rächerin der Enterbten"[2]. Damit steht die israelische Armee zur Verteidigung des israelischen Volks auf der einen Seite, die radikal-islamische Terrororganisation, die 2007 die Palästinenserorganisation Fatah aus dem

Gazastreifen vertrieben hat[3], auf der anderen Seite. Jene Hamas, die schon am 18. August 1988 einen „Pakt der ‚Islamischen Widerstandsbewegung‘"[4] veröffentlicht hat, der „die Vernichtung des Staates Israel und die Ermordung der Juden"[5] vorsieht. Der Gazastreifen, hauptsächlich aus Sand und Dünen bestehend – nur 14 Prozent seiner Fläche sind für die Landwirtschaft nutzbar –, ist mit 360 km² etwas kleiner als Wien und etwas größer als Malta. Die Einwohnerzahl beträgt 1,918 Millionen Menschen (Stand 2018).[6]

Und es geht wieder um Angriffe und Vergeltung, um Provokation auf beiden Seiten, Racheakte und Auslöschung, um Zerstörung. Die Befürchtung einer dritten Intifada, eines dritten Palästinenseraufstands – nach jenem im Dezember 1987 und dem im Jahr 2000 – ist allgegenwärtig: „Droht in den Palästinensergebieten eine neue Intifada?"[7] Mit Fortdauer der Kämpfe wird immer mehr die Gefahr eines neuen Kriegs im Nahen Osten befürchtet, da die Spannungen auch außerhalb des Gazastreifens und Jerusalems anwachsen. Das vom Iran favorisierte Bündnis mit Syrien, der Hamas und der Hisbollah im Libanon weckt Befürchtungen.[8]

Die 1993 unter der Leitung von Israels Premier Rabin und PLO-Chef Arafat unterzeichneten ersten Osloer Friedensabkommen[3] sind in unendlich weite Ferne gerückt. Ob man sich überhaupt noch daran erinnert? Erinnern will? Premier Rabin ist 1995 von einem jüdischen Fanatiker ermordet worden.

Raketen aus Gaza Stadt in Richtung Tel Aviv
am 11. Mai 2021

Ab 10. Mai fliegen wieder Raketen aus dem Gazastreifen auf Tel Aviv, Aschkelon, Jerusalem und andere Städte.

Können wir uns ein solches Leben unter Raketenbeschuss überhaupt vorstellen? „90 Sekunden hat man in Tel Aviv Zeit, um diesen *[Anm.: einen Schutzbunker]* zu erreichen. In Südisrael, näher am Gazastreifen, ist die Flugzeit der Raketen kürzer."[9] Kinder werden darin geübt, dass sie zum Schlafen in das „Bunkerzimmer"[9] gehen, sofern es überhaupt eines gibt. Über die Woche weiten sich die Gefechte aus, schon in dieser einen Woche vom 10. bis 16. Mai gibt es über 100 Tote, darunter auch Kinder. Tote auf beiden Seiten, bei mehr als 2.000 Raketenangriffen der Hamas und immer heftigeren Vergeltungsschlägen der israelischen Armee. Die Bedrohung wächst, die Unruhen könnten sich auf das Westjordanland ausweiten. In mehreren Städten kommt es zu Gewaltaktionen, auch zwischen Juden und Muslimen, die als israelische Bürger bisher weitgehend friedlich zusammengelebt haben.[10] Besonders in Lod, einer arabisch-jüdischen Kleinstadt im israelischen Kernland, gehen nächtens arabische und israelische Randalierer aufeinander los, mit ungeheurer Zerstörungswut. Synagogen brennen, ein muslimischer Friedhof wird geschändet. Auch hier Tote.[10]

In den Medien wird die Zulässigkeit der israelischen Vergeltungsschläge als Akt der Selbstverteidigung gegenüber der Terrororganisation Hamas, aber nicht gegenüber dem palästinensischen Volk betont. Dazu ist die Sichtweise der Leiterin des Büros der Heinrich-Böll-Stiftung in Ramallah interessant zu hören. Das Büro besteht seit 1999 und ist verantwortlich für die Arbeit in den besetzten palästinensischen Gebieten und in Jordanien.[11] Sie berichtet im ORF-Ö1-Morgenjournal am 15. Mai über die Situation der jungen Palästinenser, ihre Hoffnungslosigkeit, Enttäuschung und Verzweiflung nach so vielen Jahren ohne Aussicht auf eine Lösung. Sie glaubten nicht mehr an die palästinensische Autonomiebehörde, sondern daran, dass die Hamas mit deren Raketenangriffen das einzige Mittel sei, um die Aufmerksamkeit im Ausland zu erzwingen.

Und die Hamas zögert nicht, diese Stimmung für sich und ihre Interessen zu missbrauchen.

Aber was macht das mit den Menschen auf beiden Seiten? Ich habe keine persönliche Erfahrung, suche Hilfe bei einem literarischen Text: Norbert Gstrein beschreibt in dem Roman „In der freien Welt"[12] die Freundschaft des Schriftstellers Hugo aus Österreich mit dem amerikanischen Juden John, der in San Francisco lebt und dort ermordet wird. Der Roman erzählt von den seelischen Verwundungen, den Ängsten und Sorgen von John um seine in Israel lebende Tochter, aber auch von seinem Stolz, für Israel gekämpft zu haben. Etliches spiegelt sich in seinen Gedichten wider, vor allem aber kommen die aufgewühlten Gefühle in seinen Bildern zum Ausdruck. Und das spannungsgeladene Verhältnis zu dem Palästinenser Marwan, der anlässlich einer Dichterlesung auf John trifft, ist ebenfalls Teil der Geschichte.

Am 21. Mai, mehr als zwei Wochen und mehr als 240 Tote später, wird zumindest eine Waffenruhe geschlossen.

Haben wir nicht die Hoffnung gehabt, dass uns die Bekämpfung der Covid-19-Pandemie als weltweite Bedrohung wieder näher zueinander bringt? Es scheint nicht so.

19. Mai – Vorprogrammiertes Ende des Lockdowns in Österreich

Der 19. Mai als der neue „Nationalfeiertag der Herzen" – so wird dieser Tag im ORF-Ö1-Morgenjournal euphorisch bezeichnet – ist tatsächlich ein bemerkenswertes Datum: Schon beim Gang zur Bäckerei am frühen Morgen fallen auf dem Weg dorthin das geöffnete Café und die frisch lackierten und einladend aufgestellten Tische und Sessel davor wohltuend auf. Die Tristesse der geschlossenen Restaurants und Cafés, die sich auch optisch schon breitgemacht hat, scheint verflogen. Wir können es richtiggehend fühlen: Ein Aufatmen geht durch das Land.

Optimismus verströmen auch die Schlagzeilen der Tageszeitungen an diesem besonderen Tag. Die Presse: „Österreich öffnet – schon endgültig?"[1] Kurier: „30.000 Gründe, außer Haus zu essen. Österreich sperrt auf."[2] Wiener Zeitung: „Die Tore zur Freizeit öffnen sich wieder nach mehr als einem halben Jahr."[3] OÖ Nachrichten: „Österreich sperrt auf"[4].

Wer hätte am 2. November vorigen Jahres, als der Lockdown begonnen hat, gedacht, dass diese harte und einschränkende Zeit so lange dauern würde? Seit mehr als einem halben Jahr haben Gast-, Kultur- und Sportstätten, Fitnesscenter, Tanzstudios, Kinos etc. durchgehend geschlossen, mit Ausnahme der Modellregion Vorarlberg, dort ist schon Mitte März geöffnet worden. Auch der Wiener Prater sperrt wieder auf!

Das Ende des Lockdowns für den 19. Mai wird von der Bundesregierung schon Anfang Mai in Aussicht gestellt, um für Betriebe und Institutionen die geforderte Planungssicherheit zu gewährleisten. Die Infektionszahlen haben es Anfang Mai noch nicht vermuten lassen. Daher zeigt sich ein allgemeines Aufatmen, die aktuellen Infektionszahlen bestätigen momentan diesen Schritt. Ein paar konkrete Zahlen zur Veranschaulichung: Am Vorabend der Aufhebung des Lockdowns werden 582 Neuinfektionen registriert, 275 Personen befinden sich auf den Intensivstationen in den Krankenhäusern und die berühmte Sieben-Tage-Inzidenz (Zahl der Ansteckungen pro 100.000 Einwohner in sieben Tagen) ist auf 65 gesunken (Mitteilung im ORF-Ö1-Mittagsjournal am 18. Mai). So gut sind die Werte seit September vorigen Jahres nicht mehr gewesen. Selbst Simulationsexperten sind vorsichtig optimistisch, dass dies der letzte Lockdown gewesen sein könnte. Ein Risiko wird allerdings in weiteren Mutanten des Covid-19-Virus vermutet, wie zum Beispiel in der aktuell in England aufkeimenden indischen Variante. Noch weiß niemand, ob und wie sich diese niederschlagen werden.

Aber jetzt im Mai geht der Trend in eine gute Richtung. Es ist die Kombination verschiedener Maßnahmen, die Wirkung zeigt: Auf der einen Seite gibt es die Impfungen – mehr als drei Millionen Menschen haben zumindest die erste der beiden Teilimpfungen erhalten. Auf der anderen Seite unterstützen die saisonalen Effekte – „draußen statt drinnen" lautet in diesen Tagen das von der Politik verkündete plakative Motto – und die Beibehaltung geforderter Verhaltensmaßnahmen die Senkung der Infektionszahlen.[5] Rundum macht sich ein positives Grundgefühl breit, eine erste Evaluierung der Lockerungsmaßnahmen zwei Wochen nach den umfangreichen Öffnungsschritten zeigt eine Sieben-Tage-Inzidenz von 27,6.[6] Wie lange schon haben wir auf solche Zahlen gewartet!

Eine wesentliche Aufgabe kommt den sogenannten Eintrittstests zu. Hier steht inzwischen schon ein recht gutes Sortiment an »Waffen« zur Verfügung: PCR-Tests mit Rachenabstrich, in Wien vor allem PCR-Gurgel-Tests (auch zu Hause mit Videodokumentation möglich), Antigen-Schnelltests mit externer Probenahme (z. B. Apotheke, Teststraßen) und Antigen-Selbsttests für daheim. Bei Bedarf werden Antigen-Schnelltests sogar in Gasthäusern angeboten. Für die Antigen-Selbsttests mit Selbstregistrierung – auch Wohnzimmer-Tests genannt – werden in den Bundesländern die entsprechenden Grundlagen für ihre rechtliche Anerkennung geschaffen.

Die neue 3G-Regel – 3G steht für geimpft, genesen oder getestet – wird als Türöffner und Vorläufer zum Grünen Pass anerkannt und akzeptiert. Zwar ist der Grüne Pass zu diesem Zeitpunkt noch nicht real, aber er soll am 4. Juni eingeführt werden. Bis dahin braucht es die individuellen Nachweise. Erstaunlich, dass nun auch die Hotellerie und Gastronomie die Eintrittstests als umsetzbar anerkennt – im vergangenen Herbst wird dagegen noch Sturm gelaufen. Die Impfbereitschaft steigt – nicht zuletzt wohl deshalb, um formale Notwendigkeiten wie Testen und Quarantäneaufenthalte zu vermeiden. Auf EU-Ebene wird am 20. Mai der europäische Grüne Pass in Form eines Covid-19-Zertifikats beschlossen, er wird am 1. Juli in Kraft treten. Damit soll das Reisen über Grenzen hinweg wieder erleichtert werden.

Die Schulen kehren österreichweit am Montag, dem 17. Mai, zum normalen Präsenzunterricht zurück. Alle sind gemeinsam in der Klasse, kein Distance Learning, kein Schichtbetrieb, aber natürlich mit Schutzmaßnahmen (FFP2-Maske, Abstand halten – schwierig, in einer vollen Schulklasse umzusetzen) und dreimaligem Testen pro Woche. Trotz dieser Hürden überwiegt die Freude: „Erster ‚normaler‘ Tag: 1,1 Millionen sind zurück"[7].

Im Hochgefühl der Öffnungen und der Rückkehr zu etwas mehr Normalität nicht zu vergessen sind jene Menschen, die in dieser Zeit des Lockdowns in schwierigen Phasen ihres Lebens vollkommen von sozialen Kontakten abgeschnitten gewesen sind. Jene, die an Corona schwer erkrankt sind, aber auch jene, die wegen anderer schwerer Erkrankungen – zum Beispiel einer Krebserkrankung – diese Zeit in Krankenhäusern, aufgrund der Infektionsgefahr isoliert von Familie und Freunden, zugebracht haben. Wie viel zusätzliches Leid hat das verursacht!

Welttag der Bienen

Schon vor 4.000 Jahren haben die Sumerer in Tontäfelchen eine Rezeptur für Honig zur Wundbehandlung verewigt: „Zermahle Flussstaub zu einem Pulver, dann knete es in Wasser und Honig und gebe heißes Zedernöl hinzu."[1] In dem Bericht „Nicht nur Zuckerwasser"[1] zeigt der Autor die verschiedenen Arten der Wirkung von Honig auf. Angesichts der zunehmenden Resistenz von Bakterien gegen Antibiotika wende man sich auch aus medizinischer Sichtweise wieder vermehrt der Wunderwaffe Honig zu. Zusätzlich verweist er auf den im Annual Review of Entomology 66 im Jänner 2021 publizierten Aufsatz „Honey as a functional food for Apis mellifera" von May Berenbaum. Damit zeigt er neben den medizinischen Anwendungen für den Menschen einen weiteren Aspekt auf: Honig ist voll mit Wirkstoffen und damit für die Bienen selbst ebenso von Nutzen. „Er verlängert das Leben, fördert die Wundheilung, hilft durch den Winter – durch Erhöhung der Kältetoleranz –, baut manche Pestizide ab."[1]

Die Verarmung an Naturlandschaften infolge ihre Umwandlung in Kulturlandschaften und deren Behandlungen mit Pestiziden zur Ertragssteigerung lässt uns zunehmend bewusst werden, wie wichtig die Bienen als Bestäuber sind. Sie sind von grundlegender Bedeutung für die Diversität und damit für die Menschheit. Der 20. Mai ist von den Vereinten Nationen zum Welttag der Bienen ausgerufen worden.

Maja Lunde hat in ihrem Roman „Die Geschichte der Bienen"[2] als weiterer Roman ihres literarischen Klima-Quartetts eine eindrucksvolle Geschichte über ein Zukunftsszenario ohne Bienen geflochten. Der Roman beschreibt unter anderem eine Situation im Jahr 2098. In der chinesischen Provinz Sichuan bestäubt Hua von Hand die Blüten, Bienen gibt es schon längst nicht mehr: „Das kleine Plastikgefäß war gefüllt mit dem luftigen, leichten Gold der Pollen, das zu Beginn des Tages exakt abgewogen und an uns verteilt wurde, jede Arbeiterin erhielt genau die gleiche Menge. Nahezu schwerelos versuchte ich, unsichtbar kleine Mengen zu entnehmen und in den Bäumen zu verteilen. Jede einzelne Blüte sollte mit dem kleinen Pinsel bestäubt werden, der aus eigens zu diesem Zweck erforschten Hühnerfedern hergestellt worden war. Die Bienen waren bereits in den 1980er-Jahren verschwunden, lange vor dem Kollaps. Die Pflanzenschutzmittel waren schuld gewesen, und wenige Jahre später, als die Pestizide nicht mehr verwendet wurden, kehrten die Bienen zurück, doch zu diesem Zeitpunkt hatte man bereits mit der Handbestäubung begonnen. So erzielte man bessere Ergebnisse, auch wenn für diese Arbeit unglaublich viele Menschen benötigt wurden, viele, viele Hände."

Für dieses Horrorszenario brauchen wir aber gar nicht so weit in die Zukunft zu blicken! Es ist erschreckend, worüber berichtet wird[3]: In Harvard sei bereits die Monolithic Bee – eine Minidrohne – entwickelt worden. Teilweise surrten in den USA und Japan statt der Bienen schon heute die Propeller von Drohnen über den Feldern. Am Japan Advanced Institute of Science and Technology seien Drohnen entwickelt worden, die Pollen aus Düsen versprühen oder als Seifenblasen auf Blüten regnen lassen! Eine von Drohnen abhängige Agrarwirtschaft, eine bedrohliche Vorstellung! Nur die Biodiversität wird auch in der Zukunft in der Lage sein, frische und nährstoffreiche Lebensmittel für die Versorgung zu sichern. Drei von vier Kulturpflanzen weltweit, deren Früchte beziehungsweise Samen für den menschlichen Verzehr bestimmt sind, hängen zumindest teilweise von Bestäubern ab. In Österreich gibt es rund 700 Wildbienenarten. Wird das auch so bleiben?

Warum ist das erwähnenswert? Die Covid-19-Krise beherrscht aktuell unser Denken und dominiert unsere Aufmerksamkeit. Doch es wird eine Zeit nach der Covid-19-Krise geben. Die Klimakrise hingegen wird uns auch morgen und noch mehr in der nahen Zukunft beschäftigen. Pestizide, wie zum Beispiel Neonicotinoide als Mittel gegen den Kartoffelkäfer, gefährden und dezimieren die Bienenbestände. Doch gibt es auch einen Hoffnungsschimmer: Der Europäische Gerichtshof fällt am 6. Mai gegenüber einem Konzern ein Grundsatzurteil zum Verbot der Verwendung bestimmter bienenschädlicher Pestizide.[4]

Einen faszinierenden Einblick in das Leben der Bienen, den Tanz als ihre geheime Sprache und die Struktur des Bienenstaats bietet unter anderem das Krone-Magazin „Das Wunder Bienen"[5].

Dem Erforscher der Bienenspra-
che, dem Nobelpreisträger (1973)
Prof. Karl von Frisch (1886–1982)
aus Wien, der in Brunnwinkl bei
St. Gilgen am Wolfgangsee schon
ab 1912 Feldversuche durchgeführt
und hier die Tanzsprache der Bienen erforscht hat, ist in Brunnwinkl
ein ehrendes Andenken gewidmet.

*Brunnwinkl in der Gemeinde St. Gilgen (Salzburg): zweite
Heimat des Nobelpreisträgers Karl von Frisch und auch heute
noch eine idyllische Bucht am Wolfgangsee*

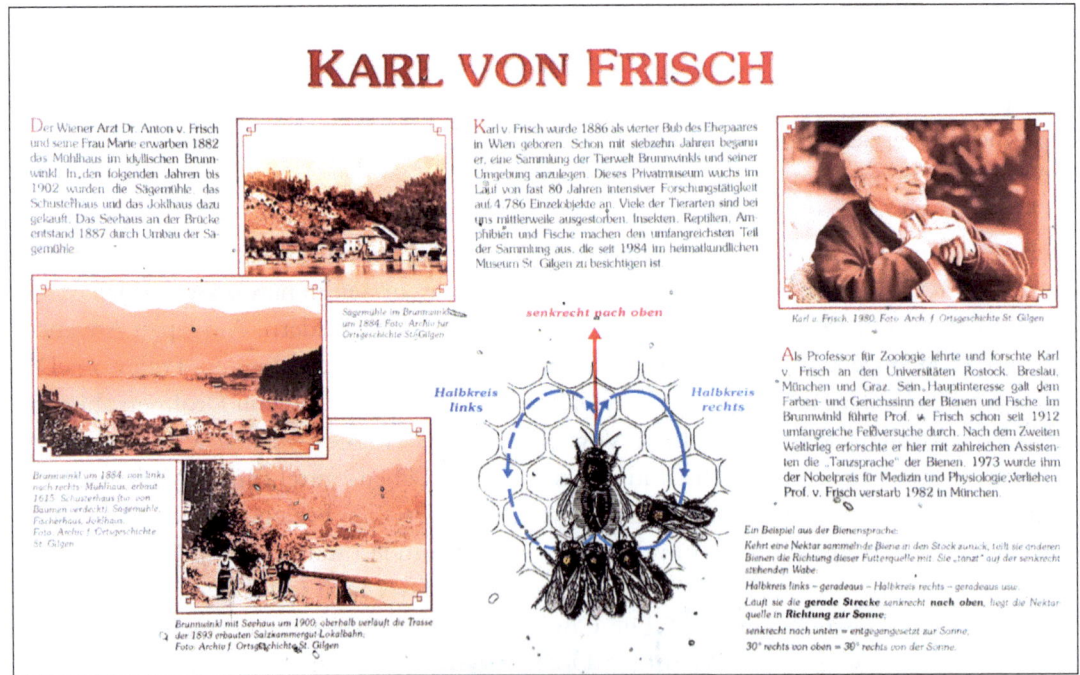

Gedenktafel Prof. Karl von Frisch in Brunnwinkl

Übrigens: Ein Teelöffel Honig ist jene Menge Honig, die das Lebenswerk einer Biene darstellt! Wir sollten achtsam damit umgehen. Es stimmt mich immer traurig, wenn in Hotels fertig abgepackte Honig-Einheiten zum Frühstück angeboten, aber nicht zur Gänze
aufgebraucht werden und so wertvolle Restmengen schlussendlich im Mülleimer landen.

JUNI

Stapellauf für den QR-Code als Grüner Pass

Trotz erheblicher »Geburtswehen« wird sich der Grüne Pass in Form eines QR-Codes etablieren. Neben den rechtlichen Voraussetzungen braucht es auch die technischen Lösungen. Dass die Aufgabenstellung – Zusammenführung aller relevanten Daten für die unterschiedlichen 3G Situationen – nicht einfach lösbar ist, ist zu erwarten.

Aber der Reihe nach: Ursprünglich schon für März in Aussicht gestellt, wird später die Einführung für Ende April angepeilt. Schlussendlich fehlen dann aber die gesetzlichen Voraussetzungen. Für das notwendige Gesetz braucht es die Zustimmung auf National- rats- und Bundesratsebene, hier spielen vielfach unterschiedliche politische Interessen hinein.[1] Der juristische Knoten löst sich aber doch auf: In einem zweiten Anlauf Anfang Mai stimmt auch der Bundesrat zu.

Ab 19. Mai, gemeinsam mit den allgemeinen Öffnungen nach dem Lockdown, gelten die 3G-Regeln: geimpft, getestet, genesen, vorerst aber immer noch ohne QR-Code. Es folgt der Stichtag 4. Juni für Österreich als wahrscheinlicher Starttermin für eine einheitliche und allumfassende Anwendung.

Auf europäischer Ebene ist Anfang Juli für das europäische Zertifikat vorgesehen.

Doch auch der 4. Juni hält nicht: „Der digitale Covid-Status-Nachweis dürfte sich verzögern. Es gibt Unklarheiten beim Datenaustausch der Geimpften und beim Zugriff auf Datenbanken"[2]. Schließlich gibt es mit dem 21. Juni den lang herbeigesehnten QR-Code auch für Geimpfte, zuerst nur als Dokument zum Ausdrucken. Das wird als doch bescheidenes Ergebnis im Vergleich zum geäußerten Digitalisierungsanspruch gesehen: „Grüner Pass am Handy: ‚Da wäre mehr gegangen'"[3]. Später wird es einfacher: Wer mag, kann den QR-Code in gedruckter Form auf Papier oder in digitaler Form verwenden. Er gilt für Geimpfte und von einer Covid-19-Infektion Genesene, aber auch für jene mit einem Nachweis eines negativen Testergebnisses.

Der Grüne Pass als QR-Code kann helfen, ein Stück Normalität zurückzugewinnen. Und es wird sich zeigen, ob wir »Europa können«. Denn ob dieses Dokument in allen EU-Staaten gleichermaßen gilt, bleibt offen. Es droht – wieder einmal – im Bedarfs- beziehungsweise Anlassfall der nationale Alleingang und damit ein weiteres Wirrwarr.[4] So gibt es unterschiedliche Festlegungen in den Mitgliedsstaaten, ab welcher Zeitspanne nach erfolgter Impfung der freie Zugang zu Veranstaltungen, Restaurants etc. ohne zusätzlichen Nachweis möglich ist. Ein Beispiel (Stand Juni): In Österreich gilt der 22. Tag ab der ersten Impfung als Stichtag für den freien Zugang, in Frankreich hingegen ist der Stichtag mit zwei Wochen nach der zweiten Impfung festgelegt. Da von den gleichen durch die EMA in der Europäischen Union zugelassenen Impfstoffen ausgegangen werden kann, wäre es doch naheliegend, ein einheitliches Datum durch ein übergeordnetes Gremium, wie zum Beispiel die EMA, zu definieren. Die unterschiedlichen Zugänge lassen vermuten, dass nicht überall die Fachexpertise maßgebend ist, sondern eher politische Lenkungsmaßnahmen ausschlaggebend sind. Schade, wenn dem so ist.

Es wird noch komplizierter: Die Angabe der Anzahl der erfolgten Impfungen in den Impfzertifikaten sorgt für Verwirrung: Bei Genesenen, die nur eine Impfung erhalten haben – dies wird im Juni allgemein als ausreichend angesehen –, sorgt die Angabe 1/2 für Verwirrung im Vergleich zur Angabe 2/2 im Zertifikat für (doppelt) Geimpfte. Erst Mitte August wird für den Status genesen + geimpft der Vermerk 1/1 eingetragen werden. Damit gilt dann jemand entsprechend dem nationalen Impfgremium als vollständig geimpft.[5] Ob das aber in anderen Ländern auch so gehandhabt wird, ist wiederum eine Angelegenheit des jeweiligen Landes. Einfach ist es nicht, sich in dem Dschungel von nationalen Besonderheiten und Vorgangsweisen zurechtzufinden.

Dennoch: Trotz aller zum Teil berechtigten Ungeduld über die Verzögerungen und Schwierigkeiten in der Umsetzung ist der nachstehenden Meinung voll zuzustimmen: „Zertifikate samt des EU-konformen QR-Codes gibt es seit Donnerstag *[Anm.: gemeint ist der 10. Juni]* immerhin für Genesene und Getestete, aber noch nicht für Geimpfte. Das dauert noch etwas. Na und? Als ob es irgendein IT-Projekt gäbe, das auf Anhieb funktioniert. Das Modell wurde (nach einem Jahrzehnt des Tiefschlafs) ambitioniert vorangetrieben. Dafür darf man das Gesundheitsministerium, das in dieser Krise nicht immer bella figura gemacht hat, ruhig einmal loben."[6]

Ein versöhnlicher Appell in einem Land der notorischen Kritiker und Zweifler.

EURO 2020 – Die verschobene Fußball-Europameisterschaft

Mit dem Anpfiff für das Auftaktspiel am 11. Juni in Rom geht für die Welt des Fußballs ein lang gehegter Traum in Erfüllung. Zum 60-jährigen Jubiläum – die Premiere hat am 6. Juli 1960 in Paris mit dem Auftaktspiel Frankreich-Jugoslawien stattgefunden – ist die Austragung der Fußballeuropameisterschaft 2020 ursprünglich in 13 Städten von ebenso vielen Ländern geplant gewesen. Daraus ist wegen der Covid-19-Pandemie nichts geworden. Die EURO 2020 findet mit einem Jahr Verspätung von Juni bis Juli 2021 statt, zwar noch immer in Zeiten der Pandemie, aber mit doch aktuell gemäßigten Infektionszahlen. Und die EURO 2020 wird trotz Pandemie und Reisebeschränkungen und trotz der weit verstreuten Spielstätten vom UEFA-Präsidenten natürlich positiv bewertet: „Fußball-EM als großer Schritt zurück in Richtung Normalität"[1]. Schlussendlich bleiben 2021 bei dem immer noch als EURO 2020 bezeichneten Turnier elf Städte als Austragungsorte übrig: Amsterdam, Baku, Budapest, Bukarest, Glasgow, Kopenhagen, London, München, Rom, Sankt Petersburg und Sevilla.

Um eine Vorstellung über die Covid-19-bedingten Beschränkungen der zulässigen Zuschauerzahlen in den einzelnen Stadien zu haben, werden einige Daten einer »Coronadurchwachsenen« Statistik[2] vorgestellt: Am härtesten trifft es London – das Wembley-Stadion hat eine Kapazität von 90.652 Plätzen, die geplante Zuschauerzahl beträgt 22.500. Nur für das Finale und für die beiden Halbfinalspiele, die ebenfalls in London stattfinden, ist eine Auslastung der Sitzplätze geplant. Am anderen Ende der Skala steht Kopenhagen mit einer Kapazität von 38.190 Plätzen im Stadion Parken, dem größten Stadion Dänemarks, die geplante Zuschauerzahl beträgt 11.250. Die größte Anzahl von Zuschauern, nämlich 61.000 bei einer Kapazität von 67.155, ist für Budapest geplant, die geringste Anzahl für Kopenhagen mit den schon erwähnten 11.250, knapp gefolgt von Glasgow mit 12.000 (Kapazität 52.500). Das älteste Stadion ist das Hampden-Park-Stadion in Glasgow, das erste Spiel in diesem Stadion hat 1903 stattgefunden. Das Baby ist die Puskás Aréna in Budapest, sie ist 2019 eröffnet worden, nur die Säulen an der Fassade stammen noch von dem 1953 errichteten Puskás-Stadion.

Egal ob WM, EM, Afrika Cup oder Copa América, dessen Wettbewerbe zeitgleich zur EURO 2020 stattfinden: Fußball ist eine länderübergreifende und völkerverbindende Idee.

Im Olympischen Park des Olympischen Museums in Lausanne, Sitz des IOC

Ob es im Februar die Alpinen und Nordischen Skiweltmeisterschaften sind, die mehr oder weniger unter Ausschluss von Publikum ausgetragen worden sind, oder ob es nun um die Europameisterschaft im Fußball geht: Dass Sport auch in Zeiten der Pandemie seine Berechtigung hat, ist zu Zeiten geschlossener Sportstätten auch Amateuren schmerzlich bewusst geworden, für die Profis ist es umso mehr selbstredend. Letztere sind auf die aktuelle Situation aber durchaus vorbereitet, haben doch schon seit langer Zeit wegen der Pandemie Meisterschaftsspiele vor leeren Rängen stattgefunden. Und die EURO 2020 ist ohne Zweifel „Europas größte Fußball-Show"[3]. Trotz limitierter Zuschauerzahlen auf den Tribünen ist die Stimmung – die Seele des Fußballs und der zwölfte Mann für die Spieler – gut.[4] Allerdings schwebt über der Europameisterschaft das Damoklesschwert von Covid-19-Infektionen, innerhalb der Mannschaften und auch über den Zuschauern in den Stadien. Das kann für einzelne Spieler oder ganze Teams sehr schnell zu einem Problem werden und sogar Titelfavoriten in Bedrängnis bringen. Spanien kann davon schon vor dem Beginn der EURO 2020 ein Lied singen: Infolge einer Infektion müssen Ersatzspieler nominiert werden, es wird sogar eine eigene Blase für eine Ersatzmannschaft aufgeboten.[5]

Das zählt jedoch alles nicht, wenn die Wirklichkeit die Mannschaften so brutal durchrüttelt wie schon am zweiten Tag der EURO 2020. Im Spiel Dänemark – Finnland bricht ein dänischer Spieler vor aller Augen mit einem Herzstillstand zusammen. Angst und Entsetzen machen sich breit. Gott sei Dank geht die Sache gut aus. Der von mir überaus geschätzte Guido Tartarotti hat das Wesentliche so treffend zum Ausdruck gebracht, dass ich daraus, ohne weitere Worte zu verschwenden, zitieren möchte: „Die Welt des Sports ist eine künstliche Welt, wie die Welt des Theaters. Aber manchmal lässt sich das echte Leben nicht verdrängen. Wenn ein Spieler auf dem Feld bewusstlos zusammenbricht und reanimiert werden muss, sind Tore, knappe Abseitsentscheidungen oder nicht gegebene Elfmeter völlig egal."[6]

Dennoch: Vor allem für London und das Wembley-Stadion wird schon im Verlauf der Spiele gemutmaßt, dass die Delta-Variante des Virus, die sich besonders in Großbritannien rasch ausbreitet, zum Problem werden könnte: „Wembley-Spiele als Brandbeschleuniger?"[7]; „London zittert um das Endspiel"[8]; „Wembley und die heikle Zuschauerfrage"[9]. Die täglichen Schlagzeilen geben Zeugnis für die immer größer werdende Beunruhigung. Für Austragungsorte in Ländern, in denen die Infektionszahlen wegen der Delta-Variante wieder rasch ansteigen, wird die Zahl der zugelassenen Zuschauer aufgrund der Gefahr möglicherweise entstehender Cluster von Coronainfektionen kritisch hinterfragt. Denn es wird befürchtet, dass infizierte Besucher nach ihrer Rückkehr wieder vermehrte Infektionen in ihren Heimatländern verursachen werden. Besonders London als Austragungsort sowohl für die Semifinalspiele als auch für das Finale mit geplanten Zuschauerzahlen von jeweils 65.000 wird als potenzielle Virenschleuder gefürchtet. Bereits in der dritten Turnierwoche stellt die ECDC einen erheblichen Anstieg an Infektionen im Vergleich zur Vorwoche fest. Und es wird eine noch viel größere Dunkelziffer vermutet.[10] Ausdrücklich und eindringlich fordert auch die EU-Kommission die UEFA auf, sichere Spiele zu gewährleisten und die Zuschauerzahlen entsprechend zu beschränken. Allerdings zieht sich die UEFA auf die Position zurück, sich an den von den Regierungen und den Gesundheitsbehörden der Länder erlassenen Bestimmungen zu orientieren.[9] Es drängt sich eine gewisse Ähnlichkeit mit Pilatus aus der Bibel auf, bekannt für seinen Spruch »Ich wasche meine Hände in Unschuld«. Was die hohen Infektionszahlen für London als geplanten Veranstaltungsort für die Semifinalspiele und das Finalspiel bedeuten, kann erahnt werden. Der Druck auf die Regierung ist enorm: Wie trotz des hohen Infektionsrisikos in London eine mögliche Verlegung der Finalspiele in ein anderes Land abwehren? Dazu wird von den Landsleuten mit dem unüberhörbaren Schlachtruf „It's coming home" der Druck, die Spiele in London jedenfalls durchzuziehen, noch erheblich verstärkt. Dieser Schlachtruf geht zurück auf das Lied „Football's Coming Home" von Lightning Seeds mit Text von David Baddiel und Frank Skinner, komponiert für die Fußball-Europameisterschaft 1996. Der Text nimmt Bezug auf den Weltmeistertitel der Engländer im Jahr 1966 und die seitdem anhaltende lange Durststrecke, verbunden mit dem Gefühl, dass England wohl nie mehr solche Höhenflüge erreichen werde.[11]

Eine immer wieder spannende Frage ist, ob Sport in der Größenordnung einer Europa- oder Weltmeisterschaft oder Olympiade losgelöst von Politik funktioniert. Die EURO 2020 jedenfalls nicht. Leider bekleckert sich die UEFA nicht mit Ruhm. Im Gegenteil, sie wird heftig kritisiert. Was ist geschehen? Der Wunsch aus München, für das Gruppenphasenspiel Deutschland – Ungarn das Münchner Stadion als Austragungsort als Reaktion auf eine neue gesetzliche Regelung in Ungarn in den Farben des Regenbogens erstrahlen zu lassen, wird von der UEFA mit Verweis auf ihre unpolitische Agenda untersagt. Der Anlass für den Wunsch ist ein Gesetz in Ungarn, das am 15. Juni vom ungarischen Parlament beschlossen worden ist, mit dem offensichtlich sexuelle Minderheiten stigmatisiert werden. Die EU-Kommission und viele Mitgliedstaaten haben sich ausdrücklich und vehement gegen das Gesetz ausgesprochen. So wird der Fußball zur Bühne für die Politik, im konkreten Fall für einen Schlagabtausch der EU-Kommission mit Ungarn: „Eine Schande: Ungarn im Dauerclinch mit der EU"[12]. Auch der französische Staatssekretär für europäische Angelegenheiten äußert sich bedauernd zur Position der UEFA. Er vermisse ein starkes Symbol für das Einstehen für die Werte, für welche die UEFA eigentlich stehen sollte.[13] In dem Bericht „Warum die Toleranz unter dem Regenbogen wichtig ist"[14] wird betont: Mit den Farben des Regenbogens sollte ein Zeichen für die Anerkennung von Homosexualität und damit auch ein Zeichen der Toleranz in der Gesellschaft und deren Weiterentwicklung gesetzt werden.

Mit dieser Entscheidung verrät, so der Politikwissenschaftler und Autor von Sport-Büchern Peter Filzmaier in dem Interview „Der unpolitische Fußball ist eine gefährliche Lebenslüge"[15], die UEFA ihre in den eigenen Statuten festgelegten drei wesentlichen Grundsätze: Frieden, Völkerverständigung und das Vorgehen gegen jede Form von Diskriminierung. Die Diskriminierung auszunehmen, um sich als unpolitisch darzustellen, sei, so Filzmaier, komplett unglaubwürdig.

Schade! Eine vertane Chance für Sympathiegewinn, zudem die UEFA ohnehin schon wegen der verschiedenen Spielstätten quer durch Europa und des damit einhergehenden Reisetourismus kritisiert wird, die Klimaziele zu konterkarieren.

Zurück zum Sportlichen: Finnland und Nordmazedonien sind erstmals bei einer Europameisterschaft dabei. Für Österreich ist es nach 2008 und 2016 die dritte Teilnahme. Die EURO 2020 wird zu einem im In- und Ausland anerkannten und gewürdigten Erfolg für die österreichische Nationalmannschaft: Erstmals seit 1954 gelingt ihr bei einer Europameisterschaft der Aufstieg in das Achtelfinale, noch dazu überzeugend. Das letzte Spiel in der Gruppenphase am 21. Juni gegen die Ukraine bringt mit einem Sieg den begehrten zweiten Gruppenplatz. Das historische Ereignis soll mit der Darstellung der Ergebnistabelle aus der Gruppenphase[16] auch an dieser Stelle gewürdigt werden.

Gruppe C						
Niederlande	3	3	0	0	8:2	9
Österreich	3	2	0	1	4:3	6
Ukraine	3	1	0	2	4:5	3
Nordmazedonien	3	0	0	3	2:8	0

Ein historischer Tabellenstand: Der Punktestand in Gruppe C nach Abschluss der Gruppenphase

In der anschließenden K.-o.-Phase, im Achtelfinale der Europameisterschaft, ist der Traum allerdings zu Ende. Das österreichische Nationalteam scheitert an einem erklärten Favoriten, der sehr starken italienischen Mannschaft. Sie ist bis zu diesem Spiel seit 30 Spielen ohne Gegentreffer. Österreich verliert nach einem beeindruckenden Schlagabtausch – „Österreichs heroischer Kampf"[17] – in der Verlängerung mit 1:2. Dieses Spiel der Spiele aus Sicht des österreichischen Nationalteams findet im Wembley-Stadion in London, „Englands

Kathedrale des Fußballs"[18], statt. Dazu einige historische Highlights: Die alte Arena – unverwechselbar mit ihren zwei herausragenden Türmen – ist von 1923 bis 2000 Austragungsort vieler Großveranstaltungen. Seit 2007 bietet das neue Stadion mit dem optisch hervorstechenden Bogen einen würdigen Rahmen für Großveranstaltungen. In den beiden Stadien haben insgesamt schon zweimal Olympische Spiele stattgefunden: 1948 und 2012. Größen der Musikwelt, ob Rolling Stones, Michael Jackson oder Elton John, David Bowie oder Queen, sie alle haben hier ihre Auftritte gehabt. Und nun die österreichische Fußballnationalmannschaft![19]

Unerwartet und für diese Gruppe bemerkenswert: Die Niederlande, überragender Gruppenerster der Gruppe C und Mitfavorit für den Europameistertitel, scheitert im Achtelfinale.

Zum Abschluss noch ein versöhnliches Quiz mit Augenzwinkern: Der Europameister 2020 lautet A) Österreich; B) Deutschland; C) Weder-Noch? Die richtige Antwort lautet: C. Der neue Europameister heißt Italien!

Ein Sommer wie damals?

In den 1980er-Jahren hat der holländische Showmaster Rudi Carrell ein Liedchen vom verregneten Sommer geträllert. Obwohl schon mehrere Jahrzehnte alt, scheint der Refrain des Lieds heuer Ende Mai, Anfang Juni – zumindest meteorologisch – noch immer gültig: Gemäß ZAMG ist der heurige Frühling – meteorologisch endet dieser am 31. Mai – der kälteste seit 1987, also seit mehr als 30 Jahren. Die Temperaturen liegen ca. 1,5 bis 2 Grad Celsius unter dem Durchschnitt (Bericht in der ORF-Nachrichtensendung WIEN HEUTE am 30. Mai). Als Kontrast dazu werden die Juniwochen allerdings sehr heiß, mit Tropentagen auch für Wien. Nach Aufzeichnungen der ZAMG wird dieser Juni in Österreich der drittwärmste und zweitsonnigste seit Beginn der Aufzeichnungen im Jahr 1767.[1]

Aber die Frage nach einem richtigen Sommer ist angesichts der Pandemie ohnehin nicht so sehr eine Frage der Wetterkapriolen. Es geht vielmehr darum, welche Art von Urlaub angesichts der Covid-19-Pandemie heuer überhaupt möglich sein wird. Lange Zeit steht das sehr im Ungewissen.

Wegen der unsicheren Entwicklung des Infektionsgeschehens ist noch im März Tristesse angesagt: „Reisebüros im Dauerwinterschlaf"[2]. Doch nach so langer Zeit ohne Abwechslung und Tapetenwechsel träumt man von Abenteuern, interessanten Ausflügen in unbekannte Gegenden unserer schönen Erde oder vielleicht auch von einem Tauchurlaub im Roten Meer. Die nächste Buchung wird richtiggehend herbeigesehnt – von reisehungrigen Konsumenten genauso wie von den Reisebüros –, aber es gilt: „Dem Fernweh mit Sicherheit nachgeben"[3]. Noch drastischer formuliert es ein Reiserechtsexperte: „Corona ist ein allgemeines Lebensrisiko geworden"[4].

Konzepte und Strategien werden entwickelt, wie der Sommer einigermaßen sicher gestaltet werden könnte. Die Zeitungsschlagzeilen für einen möglichen Sommerurlaub und die Rahmenbedingungen dazu lesen sich über Monate hinweg wie eine Fieberkurve: „Wie der Corona-Sommer aussehen könnte"[5]. Denn im April erscheint der Sommerurlaub wegen der unklaren Regeln rund um die möglichen Öffnungsschritte noch wie ein »Sprung ins kalte Wasser«. Aber „Madeira lockt Touristen mit ‚grünem Korridor'"[6], gemeint ist eine Einreise ohne Tests für jene, die entweder gegen das Covid-19-Virus geimpft sind oder aufgrund einer überstandenen Infektion nachweislich genügend Antikörper gebildet haben. Zu den für Mai in Aussicht gestellten Öffnungen wird schon Ende April der Köder ausgeworfen: „Wer ohne Hürden einreisen kann"[7]. Werden tatsächlich und auf Dauer die seit Dezember geltenden strikten Vorgaben für Einreisende aus EU-Ländern gelockert? Wird dann ausschließlich nach der ECDC-Einstufung der Risikogebiete entschieden? Die ECDC stuft die Staaten wöchentlich anhand einer Farbenskala ein. Das wäre eine echte Rückbesinnung auf die Vorzüge der Europäischen Union.

Die Realität aber zeigt: Die einzelnen Staaten fällen ihre Entscheidungen wieder nach nationalen Gesichtspunkten. In Österreich werden farblich abgestimmt drei Fälle dargestellt: Die Farbe Grün gilt für Länder mit geringem epidemiologischem Risiko und Gelb gilt für sonstige Staaten und Gebiete. Rot gilt schließlich für Länder mit Virus-Varianten.[8] Schon Anfang Juli werden sich dabei Unterschiede zur Einstufung auf europäischer Ebene zeigen: Das österreichische Außenministerium stellt die Karte für alle Gebiete innerhalb der Europäischen Union auf Grün, nur für Länder wie Indien, Südafrika oder England erscheint die Farbe Rot für Reisewarnungen. Die ECDC-Karte hingegen weist auch Länder wie Portugal und weite Teile Spaniens mit Rot aus.

Ende Mai, Anfang Juni zeigt sich ein Hoffnungsschimmer am Horizont. Niedrige Infektionszahlen sowie sinkende Belegungen der Intensivstationen in den Krankenhäusern lassen hoffen, dass es doch ein guter Sommer wird. Wie der Sommer die Pandemie beeinflusst, versuchen unter anderem Forscher aus Oxford zu berechnen[9]: Gemäß deren Studie verringere der Einfluss der saisonalen Effekte, das heißt sinkende Infektionszahlen bei steigenden Temperaturen, die Reproduktionszahl im Durchschnitt um 40 Prozent. Allerdings gebe es nicht *den* saisonalen Effekt, sondern vielmehr werde eine Kombination von Faktoren zum Rückzug des Virus führen. Das sind pharmazeutische Maßnahmen – Impfung – genauso wie das Einhalten von Abstandsregeln und das Tragen von Masken in stark frequentierten Bereichen. Allerdings könne es trotzdem zu vermehrten Anstiegen an Infektionen kommen.

Es ist gar nicht so einfach, sich gut auf den Urlaub vorzubereiten: Genaue Erkundigung über geltende Coronaregeln bei Auslandsreisen, Abklärung eventuell notwendiger Eintrittstests für Bäder und Kulturveranstaltungen sowie für Restaurantbesuche, Überprüfung der aktuellen Regeln für Geimpfte, Genesene oder Getestete (Schlagwort: Freiheiten für alle mit einem 3G-Nachweis). Das sind Themen, die die Erholung Suchenden in dieser Zeit beschäftigen. Und über all dem schwebt die Frage im Raum: Wird es wirklich ein »Sommer, wie er früher einmal war«? In Österreich soll der Sommerurlaub mit einem zeitlichen Zwei-Stufen-Plan (10. Juni und 1. Juli) für die geplanten umfangreichen Öffnungsschritte für Gastronomie, Hotellerie, Kultur und Sport ermöglicht werden. Optimismus macht sich breit: „Im August haben wir schon 70 Prozent Auslastung"[10]; „Ein Sommer, (fast) wieder wie damals"[11]. Selbst für die Nachtgastronomie – besonders wichtig für die Jugend, die bisher sehr unter den Beschränkungen zu leiden gehabt hat – zeigen sich positive Ausblicke: „Clubs sollen noch im Sommer öffnen"[12].

Doch bereits Ende Juni beschäftigt die Delta-Variante des Covid-19-Virus die Wissenschaftler als Mahner vor zu umfangreichen Lockerungen. In Ländern wie Portugal, Spanien, Russland, Israel und Großbritannien, in denen zu dieser Zeit bereits vorwiegend die Delta-Variante auftritt, erfolgt eine teilweise Rücknahme von Reisefreiheiten: „Delta-Welle erzwingt Kurswechsel".[13]

In Österreich hingegen werden die mit 1. Juli erlassenen Lockerungen der Beschränkungen am 22. Juli ausgeweitet. Der Impffortschritt – mit Stichtag 28. Juni sind 59 Prozent der Bevölkerung ab zwölf Jahren teilimmunisiert, 37 Prozent sind vollständig immunisiert – lasse das zu, wird in dem Artikel „Warum trotz der Delta-Variante gelockert wird"[14] erläutert.

Aber im Juli werden wegen der vielen Neuinfektionen die klassischen Urlaubsländer Spanien und Portugal sowie Zypern wieder zu Risikogebieten erklärt und Reisewarnungen ausgesprochen. Erneut entsteht ein von den individuellen Einschätzungen in den Mitgliedsstaaten dominierter Fleckerlteppich an Maßnahmen und Reisebeschränkungen. Die Europäische Union und eine gemeinsame Vorgangsweise sind vergessen: „Der EU droht zweiter Chaos-Sommer"[15]. Unterschiedliche Regelungen sind die Folge: Italien verlangt zusätzlich zum 3G-Nachweis eine Registrierung bei der Einreise, ebenso Kroatien, auch Spanien geht bei der Einreise eigene Wege, bei der Einreise nach Frankreich aus Großbritannien gilt trotz zweifacher Impfung eine 14-tägige Quarantäne.[16]

Der Sommerurlaub 2021 droht entgegen allen Hoffnungen und Erwartungen wieder zu einem »Trip ins Ungewisse« zu werden. Das Anlaufen einer vierten Infektionswelle wegen der Delta-Variante des Virus, Infektionscluster, die auf Reiserückkehrer und die Nachtgastronomie zurückgeführt werden, alles Umstände, die dazu führen, dass der Redakteur in der ORF-Ö1-Nachrichtensendung Morgenjournal am 23. Juli mit der bedauernden Feststellung schließt, dass dieser Sommer wohl „kein Sommer wie damals mehr wird".

Wie schaut die Buchungssituation in Österreich aus? Eine Untersuchung[17] Anfang August zeigt, dass für den Sommer und Herbst vor allem internationale Gäste ausbleiben. Der überwiegende Teil der Gäste stammt aus Österreich selbst und aus Deutschland, bereits weit abgeschlagen folgen jene aus den Niederlanden und Tschechien. Dennoch wird es Ende September erfreuliche Nachrichten geben. Unter dem Motto „Renaissance der Sommerfrische"[18] wird die Buchungslage besonders für den August sehr positiv bilanziert werden: „Von den Nächtigungszahlen her sei ‚er der beste August aller Zeiten' gewesen. Der Rekordwert von 2019 konnte um 2,3 Prozent überboten werden, der Pandemie-August 2020 wurde um 14,8 Prozent übertroffen. […] Deutsche Gäste und Einheimische hätten für volle Betten gesorgt." Dennoch gibt es eine »Träne« in der frohen Botschaft: „Nach wie vor zu leiden habe der Städtetourismus."[18] In Summe zeigt sich im November gemäß den Daten einer WIFO-Analyse jedenfalls und allen Unkenrufen zum Trotz ein positives Resümee: „Die Sommerbilanz fällt gut aus: Ein Fünftel mehr Umsatz als 2020."[19] Laut der im Bericht[19] zitierten WIFO-Analyse liegen die Einnahmen zwischen Mai und September um 22 Prozent höher als im Vergleichszeitraum 2020, aber um 18,2 Prozent niedriger als 2019. Bei den Nächtigungen ergibt sich ein Plus von rund 18 Prozent gegenüber 2020 im Vergleich zu einem Minus von 17,2 Prozent gegenüber 2019. Das im Bericht gezogene Resümee lautet: „Die Monate Juli–September hätten sich besser entwickelt als 2020, im August und September 2021 sei die Nächtigungszahl sogar über jener von 2019 gelegen (plus 2,8 Prozent bzw. plus 1,8 Prozent), heißt es in der […] Wifo-Analyse."[19]

In diesem Zusammenhang auch wichtig zu erwähnen: Laut WIFO-Experten ist Österreich eines der tourismusintensivsten Länder der Welt! Nur Kroatien, Malta, Zypern und Island sind noch mehr vom Tourismus abhängig.[20]

Gerade in Zeiten der Krise und der allgemeinen Besorgnis tut es gut, den Blick nach vorn zu richten, unsere Seele braucht diese »Farbtupfer«. Die folgenden Bilder von den soeben genannten »Big Five« sollen als Sonnenstrahlen unser Gemüt aufhellen. Sie sollen Hoffnung und Zuversicht geben für eine nächste Reise, wenn wir diese schwierige Zeit hinter uns gelassen haben!

Island: Breiðamerkurjökull, eine große Gletscherzunge des Vatnajökull im Südosten Islands

Kroatien: Hum, in der Nähe von Buzet in Istrien, mit ca. 30 Einwohnern die kleinste Stadt der Welt

Zypern: Ruinen von Salamis, der antiken Stadt im Osten der Insel

Malta: Bunte Fischerboote im Hafen von Marsaxlokk

Österreich: Urlaubsregion Wolfgangsee – Blick vom Leonsberg (1745 m) zum Wolfgangsee mit Strobl samt Bürglstein und Schafberg. Ein Blick abseits von den Klischeebildern!

Wetterextreme – Todbringender Tornado in Tschechien, Hitzekuppel mit bis zu 50 °C im Westen der USA und Kanadas

Es wird immer wieder betont, dass die Covid-19-Pandemie irgendwann vorüber sein wird, nicht aber die Klimakrise, in der wir uns befinden. In diesen Tagen Ende Juni führt uns das die Natur wieder drastisch vor Augen.

In der Nacht vom 24. auf den 25. Juni fegt ein Tornado über das südliche Tschechien hinweg. Er schlägt eine 26 km lange und 700 m breite Schneise der Verwüstung, einzelne Dörfer werden fast vollständig zerstört, Autos wie Spielzeugautos herumgewirbelt. Es gibt sechs Tote und mehrere Hundert Verletzte.[1] Ein Naturereignis, das nicht zum ersten Mal in Erscheinung getreten ist, sein Auftreten bleibt aber unberechenbar.

Was ist ein Tornado, was ein Hurrikan? Und wo treten Taifune und Zyklone auf? Als Hurrikan werden tropische Wirbelstürme im nördlichen Atlantischen Ozean bezeichnet, also tropische Stürme, welche die Meere und Küsten östlich und westlich des amerikanischen Doppelkontinents betreffen. Stürme, die Ost- und Südostasien beziehungsweise den nordwestlichen Teil des Pazifiks betreffen, werden Taifun genannt. Als Zyklon werden Wirbelstürme im Indischen Ozean und im südlichen Pazifischen Ozean bezeichnet.[2]

Tornados sind kleinräumige Wirbelstürme, die sich bei großen Temperaturunterschieden entwickeln. Unter einer Gewitterwolke steigt Warmluft spiralförmig nach oben, die Drehbewegungen werden immer schneller, bis irgendwann an der Unterseite der Wolke durch Wasserdampf eine Art Schlauch sichtbar wird, der zur Erde führt. In der Regel erreichen sie Windgeschwindigkeiten um die 120 km/h, im Extremfall mehrere Hundert Stundenkilometer. Sie entstehen blitzschnell und sind deshalb schwer vorhersagbar, treten eher in flachen Regionen auf, da sie ein ungestörtes Einströmen benötigen. In Österreich ist vor allem der Osten gefährdet[3].

Der Tornado in Tschechien erreicht 300 km/h und wird in die Klasse 4 der Fujita-Skala eingestuft.[4] Dabei ist wichtig zu beachten, dass die Definitionen der einzelnen Schadensklassen bei dieser Skala auf amerikanische Bauweisen von Gebäuden und Größen von Fahrzeugen (zum Beispiel von Wohnmobilen) abstellen. Diese unterscheiden sich jedoch erheblich von den europäischen Verhältnissen. Daher gibt es auch die TORRO-Skala, die gegenüber der Fujita-Skala weitere Untergliederungen beinhaltet.[5] Spezielle Sonderbauten, wie zum Beispiel Atomkraftanlagen, sind in diesen Schadensklassen nicht enthalten.

Tornados treten in Österreich immer wieder auf, sie sind nicht ein Phänomen unserer Tage: Schon am 10. Juli 1916 fordert ein Wirbelsturm über Wiener Neustadt 35 Todesopfer. Der ein Kilometer breite und drei bis fünf Kilometer hohe Windschlauch hinterlässt eine 20 Kilometer lange Spur der Verwüstung.[6] Weitere Wirbelstürme mit Windgeschwindigkeiten bis 300 km/h hat es 1994 im Bezirk Güssing und 1998 zweimal in der Steiermark gegeben.[7]

Ein gleichermaßen bedrohliches wie dramatisches Wetterphänomen zeigt sich auf der anderen Seite der Nordhalbkugel. In diesen letzten Junitagen legen Temperaturen von bis zu 50 Grad Celsius an mehreren Tagen in Folge die nordwestlichen Bundesstaaten der USA, Washington und Oregon und in Kanada die Provinz British Columbia, vor allem die Region um Vancouver, lahm. Die extreme Hitze führt zu vielen Toten. Man spricht von einer „Hitzekuppel", unter der die Region liegt: „Hitzekuppel legt Nordamerika lahm"[8]. Das bedeutet, dass der Hochdruck in der Atmosphäre die heiße Luft festhält, sie kann nicht entweichen. Ein Wetterphänomen, das laut Wetterexperten in der Washington Post in dieser Intensität statistisch gesehen nur einmal alle paar Tausend Jahre zu erwarten ist.[9]

Zum absoluten und tragischen Hotspot als 50-Grad-Hitzepol wird Lytton, 250 Kilometer nordöstlich von Vancouver. 90 Prozent des Dorfs verbrennen. Mit den 49,6 Grad Celsius in Lytton wird ein Allzeitrekord für Kanada verzeichnet. In ganz British Columbia brechen, viel früher als üblich, gewaltige Waldbrände aus.

Das weckt Erinnerungen an eine Rundreise in British Columbia und Alberta im Jahr 2017 und die zu dieser Zeit stattfindenden Waldbrände: Rußpartikel schwirren in der Luft, in der Ferne flackern die Feuer – anhand nachstehender Fotoaufnahme kann die gespenstische Situation nachempfunden werden. Zuerst ist gar nicht klar, ob wegen der starken Rauchentwicklung die Seilbahn von Banff zu dem bekannten Aussichtsberg Sulphur Mountain überhaupt in Betrieb genommen werden kann. Durch Gegenden zu fahren, in denen ganze Landstriche links und rechts der Straße abgebrannt sind, vorbei an teilweise noch glosenden Feuern an den Baumstümpfen entlang der Straße, löst eine innere Unruhe und Beklemmung aus. Wie das Gefühl ist, ohnmächtig zusehen zu müssen, wenn durch solche Brandkatastrophen Haus und Hof verloren gehen, kann nur erahnt werden.

Es sind der aufsteigende Rauch und der Widerschein der Buschfeuer in den Tälern rund um Banff in British Columbia, die die Luft flimmern und rötlich gefärbt erscheinen lassen. Blick von der Aussichtsplattform des Sulphur Mountain bei Banff.

Dabei gehört Vancouver, direkt an der Südwestküste Kanadas am Pazifik gelegen, im Allgemeinen zu den kanadischen Städten mit den mildesten Temperaturen und moderaten Wetterverhältnissen.

Die Kuroshioströmung – auch Japanstrom genannt – sorgt für Wärme von der Pazifikseite. Außerdem hält im Rücken der Stadt der Gebirgszug der Coast Mountains im Winter die sehr kalte Luft aus dem Osten ab.[10] Kuroshio – auf Deutsch Schwarze Strömung – ist eine Oberflächen-Meeresströmung im westlichen Pazifik und ist die Verlängerung des in nördlicher Richtung fließenden pazifischen Nordäquatorialstroms zwischen Luzon auf den Philippinen und der Ostküste Japans.[11]

Anflug auf Vancouver mit Blick auf den Stanley Park

In dem zuvor erwähnten Bericht der Washington Post[9] wird unter anderem festgestellt, dass der vom Menschen verursachte Klimawandel diese Art von außergewöhnlichen Ereignissen wahrscheinlicher gemacht habe.

Damit sind wir wieder beim Klimawandel. Den Zusammenhang der Ereignisse bestätigt die WWA in ihrer Studie „Rapid attribution analysis of the extraordinary heatwave on the Pacific Coast of the US and Canada June 2021"[12]. Gemeinsam mit dem Gesamtbericht wird eine Zusammenfassung unter dem Titel „Western North American extreme heat virtually impossible without human-caused climate change"[13] mit Ausgabedatum 7. Juli 2021 veröffentlicht. Darin werden – hier im Überblick dargestellt – unter anderem folgende Feststellungen getroffen: Die Temperaturen seien so extrem und außerhalb der bisher bekannten Bandbreite gewesen, dass man aus statistischer Sicht am ehesten von einem 1000-jährigen Ereignis sprechen müsse. Eine der Annahmen für den extremen Temperaturanstieg sei, dass nicht lineare Interaktionen im Klima die Wahrscheinlichkeit solcher Extremtemperaturen wesentlich vergrößert hätten, und zwar weit mehr als die bisher bekannten graduellen Erhöhungen an Extremtemperaturen. Das bedürfe weiterer Untersuchungen. Der von Menschen verursachte Klimawandel habe diese 1000-jährige Wahrscheinlichkeit im Vergleich zu der Situation ohne Klimawandel zumindest um das 150-Fache vervielfacht. In Summe sei diese Hitzewelle noch immer als selten bis sehr selten einzustufen, aber ohne menschliche Klimabeeinflussung wäre sie theoretisch eigentlich unmöglich. Mit einer globalen Erwärmung von 2 Grad Celsius sei in der Zukunft mit solchen Ereignissen alle fünf bis zehn Jahre zu rechnen. Da die Erwärmung sich fortsetze, werde die Wahrscheinlichkeit für ihr

Auftreten aber zunehmen. Gemäß der Studie gehören Hitzewellen zu den tödlichsten Gefahren für die Menschen. Zum Beispiel fehlten vielfach entsprechende Klimaanlagen im
privaten Bereich, weil wir auf solche Temperaturen nicht vorbereitet und somit dafür nicht
eingerichtet seien. So weit die WWA. Die WWA-Initiative – 2014 gegründet – ist eine
Kooperation von Klimawissenschaftlern an der University of Oxford (Vereinigtes Königreich), der KNMI in den Niederlanden, der IPSL/LSCE in Frankreich, der ETH Zürich,
der IIT Delhi in Indien, der Princeton University und dem NCAR in Amerika sowie von
Spezialisten im Red Cross/RCCC in verschiedenen Staaten.[12]

Warum ist das für Österreich wichtig? Wer die Region British Columbia bereist, stellt
fest, dass dieses Gebiet landschaftlich durchaus mit Österreich vergleichbar ist: viel Wald –
man fährt stundenlang durch Wälder –, Flüsse und Seen, Gletscher, nur eben alles »XXXL«
im Vergleich zu Österreich. Wenn aber in Kanada solche Extremtemperaturen nicht mehr
ausgeschlossen werden können, dann ist zu vermuten, dass bei Entwicklung einer ähnlichen
Witterungslage – stabile Hochdruckgebiete, die sich über Wochen aufbauen und nicht vom
Fleck rühren – dies auch in Österreich passieren kann, vermutlich passieren wird. Darauf
weist der wissenschaftliche Leiter des Klimaforschungsprogramms StartClim hin.[14] Start-
Clim[15] ist 2002 gegründet worden und widmet sich seit 2008 speziell dem Thema der Anpassung an den Klimawandel. Es ermöglicht österreichischen Forschern Studien zum Klimawandel und dessen Auswirkungen. Diese setzen sich oft in Folgestudien fort.

Noch einmal ein Blick nach Amerika: Sogar noch im Dezember wird uns eine Meldung aus den USA aufschrecken: „Tornados in den USA – mehr als 70 Tote in Kentucky.
Schwere Unwetter mit einer Serie von Tornados hatten mehrere Bundesstaaten im Südosten und im Zentrum der USA getroffen. Aus vier weiteren Staaten wurden auch Todesopfer gemeldet."[16] Das Sturmsystem sei die jüngste einer ganzen Reihe von Naturkatastrophen in diesem Jahr verheerender Stürme, schwerer Überflutungen und großflächiger
Waldbrände in den USA. US-Präsident Biden sehe die Häufung und Heftigkeit der Katastrophen als eine Folge des Klimawandels.[16]

JULI

Der Wettlauf gegen die Delta-Variante

Der Monat Juli wird zu einem Monat, in dem der am Beginn der Urlaubssaison herrschende Optimismus mehr und mehr von Zweifeln befallen wird. Österreich steht am Beginn des Monats mit niedrigen Fallzahlen da, die das Anlegen strengerer Zügel zur Infektionsvermeidung sehr schwierig machen. Gleichzeitig besteht dadurch die Gefahr, sich in falscher Sicherheit zu wiegen. Modellrechnungen der Stadt Wien lassen für den Herbst eine weitere Corona-Welle befürchten.[1] Experten machen deutlich, dass wir uns vor allem infolge einer nicht ausreichenden Durchimpfungsrate noch nicht auf der sicheren Seite befinden.

Im Juli wachsen die Infektionszahlen im Vergleich zum Juni besonders in Ländern wie Großbritannien, Spanien, Portugal und Zypern wieder deutlich an. Das mögliche Szenario ist schon aus dem Jänner in unguter Erinnerung: Die Ausbreitung der gefährlicheren britischen Mutante in England hat im März zu dem befürchteten Anstieg und der dritten Welle an Infektionen in Zentraleuropa geführt. Für die nun dominierende Delta-Variante, auch indische Mutation genannt, ist das Ansteckungsrisiko allen Berichten zufolge noch gefährlicher. Außerdem gilt der Schutz durch die Impfung, zumindest wenn erst eine Teilimpfung erfolgt ist, als nicht gesichert. Nach dem Covid-Prognose-Konsortium, das die Bundesregierung berät, soll bis Ende Juli die Delta-Variante des Virus vermutlich mehr als 90 Prozent der Infektionen ausmachen und es sei mit großer Wahrscheinlichkeit mit einer vierten Welle an Infektionen zu rechnen (Bericht im ORF-Ö1-Morgenjournal am 8. Juli).

Ende Juli werden infolge des erhöhten Infektionspotenzials der Delta-Variante erstmals warnende Vergleiche mit den Windpocken gezogen. Gemeint ist: Das Ansteckungsrisiko ohne hygienische Schutzmaßnahmen ist sehr hoch.[2] Keine guten Prognosen für einen ruhigen und entspannten Herbst!

Damit nicht genug deutet die Schlagzeile „Lambda-Variante erreicht Europa"[3] auf möglicherweise zusätzliches Ungemach hin: Die 2020 in Peru festgestellte Lambda-Variante des Virus wird in der nordwestspanischen Region Kantabrien nachgewiesen und somit ihr Auftreten nun auch für Europa bestätigt.

Aber nicht nur in Europa ist Feuer am Dach. Die Delta-Variante des Virus trifft zu dieser Zeit Südostasien besonders stark. Länder wie Thailand, Laos, Vietnam und Kambodscha stehen einem gewaltigen Problem gegenüber. Teilweise fehlt es schlicht an Sauerstoff für Covid-19-Patienten, wie beispielsweise in Indonesien und Burma. Die Impfraten sind sehr bescheiden, die Infrastruktur ist vielfach schlecht ausgerüstet. Viele Todesfälle sind die Folge.[4]

Auch für Afrika schlägt die WHO wegen der geringen Durchimpfungsrate Alarm. Nur 1,5 Prozent sind zu dieser Zeit vollständig geimpft, die Infektionszahlen steigen in 19 Ländern, so zum Beispiel in Algerien, Botswana, Burundi und Südafrika, insbesondere eben wegen der Delta-Variante. Die Covid-19-Sterblichkeitsraten steigen ebenfalls. Es mangelt an Impfstoff.[5]

In Österreich veranlasst das Ansteigen der Infektionszahlen den Gesundheitsminister am 24. Juli zu der Warnung, dass wir vor einer vierten Welle an Infektionen stehen. Gleichzeitig werden erste Szenarien für den Herbst, insbesondere auch für den Beginn der Auffrischungsimpfungen (dritte Impfung), bekannt. Das Impfgeschehen soll zu den Hausärzten verlagert werden. Besonders in Wien ist man auf Ebene der Stadtverwaltung zu dieser Zeit noch eher skeptisch, da die Erfahrungen gezeigt hätten, dass das Impfen durch den Hausarzt bisher nicht der große Renner gewesen sei.[6] Die Großstadt Wien hat auf das Konzept der Impfstraßen gesetzt.[7]

Gleichzeitig werden die Vorschriften wieder bundesländerweise unterschiedlich, teils verschärfend, gestaltet. „Regelwerk wird wieder zum Fleckerlteppich"[8]. Wegen der unterschiedlichen Infektionszahlen wird seit dem 10. Juni das Infektionsrisiko von der Corona-Ampel-Kommission erneut unterschiedlich eingestuft: hohes Risiko für Salzburg, mittleres Risiko für Wien und Vorarlberg, geringes Risiko für die restlichen Bundesländer. Unterschiedlich sind folglich auch die Regelungen für die Maskenpflicht (Mund-Nasen-Schutz oder FFP2-Maske) und die Anwendung der 3G-Regel.

Besonders betroffen sind – wieder einmal – die Nachtgastronomie und der Handel sowie Veranstaltungen. Im Visier steht das potenzielle Infektionsgeschehen, hervorgerufen durch Reiserückkehrer und Menschenansammlungen in Klubs und Discos. Daher werden ab dem 22. Juli die Regeln für die Nachtgastronomie wieder verschärft: Für den Besuch braucht es eine Impfung oder einen PCR-Test. Ein Umstand, der die Betreiber befürchten lässt, dass ein drastischer Gästerückgang die Folge sein wird und damit viele Lokale zusperren werden.[9] Nur kurz ist das allgemeine Aufatmen gewesen! Geimpft bedeutet ab Mitte Juli, dass bei zwei vorgesehenen Impfungen auch die Zweitimpfung absolviert sein muss, um ein Restaurant oder Kaffeehaus besuchen zu können. Zudem bleibt die Registrierungspflicht für Restaurants und Veranstaltungen aufrecht.[10] In Wien gehen die politischen Entscheidungsträger schon Anfang Juli verstärkt auf Nummer sicher. Wohl auch im Wissen darum, dass das Infektionsgeschehen in einer Großstadt eine andere Dynamik entwickelt als im ländlichen Raum, werden verschiedene Maßnahmen festgelegt: Weiterhin gilt die Verpflichtung zum Tragen eines Mund-Nasen-Schutzes im gesamten Handel und nicht nur in Geschäften des täglichen Bedarfs. Dabei wird auf die Besonderheit Wiens mit Bevölkerungsschichten mit abweichenden geringeren Durchimpfungsraten hingewiesen, zum Beispiel auffällig in Bezirken mit hohem Migrationsanteil und möglicherweise daraus resultierenden Verständigungsproblemen. Ab Anfang Juli gilt die Testpflicht für Kinder ab sechs Jahren. Sie wird von verschiedenen Seiten heftig kritisiert. Die Ausweitung auf Kinder unter zwölf Jahren wird von der Stadtverwaltung damit begründet, dass sich in dieser Gruppe neue Varianten unentdeckt ausbreiten könnten, da eine Impfung erst ab zwölf Jahren vorgesehen ist.[11]

Wir erinnern uns an die „Osterruhe" Anfang April: Damals hat Wien, um das Anwachsen des Infektionsgeschehens zu brechen, gemeinsam mit Niederösterreich und dem Burgenland erfolgreich den Sonderweg eines weiteren harten Lockdowns beschritten.

Das Ansteigen der Infektionszahlen wird gleichzeitig zum Anlass genommen, in der Gastronomie die Einhaltung der 3G-Regeln und deren Kontrollen durch die Betreiber von Restaurants, Bars und Cafés eindringlich einzufordern. Verschärfte Kontrollen mit empfindlichen Strafen bei Nichteinhaltung werden angekündigt, da vielfach ein etwas lascher Umgang mit diesem Instrument zur Pandemiebekämpfung festgestellt wird.[12] In meinem eigenen Umfeld – urlaubsbedingt fernab der Großstadt – stelle ich durchwegs fest, dass Restaurant- und Hüttenbetreiber sich bemühen, dieser Aufforderung nachzukommen.

Ziehen wir einen Vergleich zum Sommer 2020: Damals, nach dem ersten Lockdown, haben wir die naive Hoffnung gehabt, dass das Gröbste vorbei und die Pandemie schon Geschichte sei. Die Verbreitung der Infektion durch Virus-Mutanten ist zu dieser Zeit noch nicht auf unserem täglichen Radar. Wir haben mit dem ersten Ausbruch der Pandemie zu kämpfen, auch mit dem Verstehen der Hintergründe und der Abfolge der Pandemie. In dem Roman „Der Wal und das Ende der Welt"[13] erzählt der Autor von einem jüdischen Banker in London und seinem Angestellten Joe, der Hauptfigur. Joe ist aus London geflüchtet und hat sich vor einer todbringenden Grippevirus-Pandemie in einem kleinen Küstenort abgeschottet. Zuvor ist mit dem von Joe entwickelten Computerprogramm Cassie das Verhalten der Menschheit bei einer Pandemie infolge eines grippeähnlichen Virus mit Millionen Toten simuliert worden. Eine der Annahmen in der Simulation ist, dass der Mensch ausschließlich einem instinktiven Egoismus folgt. Daraus wird ein unumkehrbarer Zusammenbruch des Systems gefolgert. Aber der Roman schließt hoffnungsvoll: Der Zusammenbruch der Weltwirtschaft infolge des Ausfalls der Lieferketten und der Versorgung mit Energie und Wasser findet nicht statt. Obwohl Fiktion, kommt der Inhalt des Romans – fünf Jahre nach seinem Erscheinen – in den Schilderungen des Pandemiegeschehens der Wirklichkeit im Frühjahr 2020 beklemmend nahe. Der Roman schließt mit dem Auslaufen der Pandemie nach einer Welle, so wie wir im Sommer 2020 vielleicht auch gehofft haben. Das Ansteigen und Abflauen der Pandemie über mehrere Wellen ist von Experten aber schon damals nicht ausgeschlossen worden.

Nun, im Sommer 2021, bereiten uns die Experten darauf vor, dass uns die Pandemie noch zumindest bis in den Sommer 2022 begleiten werde.[14] Sie gehen davon aus, dass auch im kommenden Herbst und Winter Verschärfungen der einschränkenden Maßnahmen notwendig sein könnten. Zum Beispiel das Tragen eines Mund-Nasen-Schutzes in Innenräumen, Personenbegrenzungen bei Veranstaltungen, Testpflicht für Nichtgeimpfte. Es werde auf die richtige Balance zwischen Einschränkungen und Freiheiten ankommen. Die Hoffnung wird vor allem darauf gesetzt, dass mit einer Vollimmunisierung einer weiteren Corona-Welle im Herbst ein Riegel vorgeschoben werden kann. Das bedeutet aber, es muss eine massive Beschleunigung der Impfungen über den Sommer erfolgen, um bis zum Herbst einen Großteil der Bevölkerung geimpft zu haben. In dem Bericht „Endgültige Normalität frühestens in einem Jahr"[14] wird von einem Soll von 85 Prozent ausgegangen, um eine starke Infektionswelle zu vermeiden. Das erscheint aber allen Experten als nicht realisierbar. Mit Stand 21. Juli sind 56 Prozent der Bevölkerung voll immunisiert (Bericht im ORF-Ö1-Morgenjournal am 21. Juli).

Offensichtlich vorbei sind die Zeiten, als die Freude über den ersten Stich in den sozialen Foren mit Freunden geteilt worden ist. „Die Zeiten, in denen die Impfung selbst als Jackpot galt und Nicht-Geimpfte neidvoll auf Immunisierte blickten, sind scheinbar vorbei. Der bis vor kurzem weit verbreitete Impfneid ist dem Impfüberdruss gewichen."[15]

Um dem entgegenzuwirken, wird das Impfangebot in den Bundesländern ausgeweitet, den Menschen der Zugang erleichtert, komplizierte Anmeldungen über das Internet und Terminvereinbarungen werden ausgesetzt. Dieses Konzept scheint sich positiv auszuwirken: „Impfung ohne Termin kommt an"[16]. Ein Vertreter des nationalen Impfgremiums und ein Psychologe erläutern im ORF-Ö1-Morgenjournal am 21. Juli, dass mehrere Faktoren entscheidend seien, um die Impfrate weiter zu steigern. Mit einem niederschwelligen Impfangebot könne es gelingen, Menschen, die sich nicht der Mühe einer Anmeldung unterziehen wollen, zur Impfung zu bringen. Das Wegfallen der Voranmeldung, Impfmöglichkeiten an Orten, wo die Menschen anzutreffen sind – zum Beispiel im Einkaufszentrum –, wie auch die mögliche Auswahl des Impfstoffs könnten helfen, zwar nicht Impfgegner, aber doch Impfskeptiker zur Impfung zu bringen. Denn es gäbe eine erhebliche Anzahl von Menschen, die nicht grundsätzlich gegen eine Impfung seien, die jedoch einen erhöhten Aufwand scheuen würden. Als besonders wichtig wird die korrekte und einheitliche Information durch Fachleute gesehen.

Impfbusse drehen in den Bundesländern ihre Runden – das plakativ gewählte Stichwort dazu lautet „Impfung on tour" –, um es den Menschen möglichst leicht zu machen, sich eine Impfung zu holen. So steht in Salzburg am 25. Juli, dem Tag der Eröffnung der Salzburger Festspiele, der Impfbus direkt vor dem Festspielhaus (Meldung in der ORF-Nachrichtensendung SALZBURG HEUTE). Chapeau! Auch eine gelungene PR-Aktion! Der Impfbus in Wien startet in Favoriten, in einem der sogenannten Flächenbezirke. Das Motto lautet: „Hinkommen, impfen, weitergehen"[17]. Über den Sommer wird das Impfangebot allerorts ausgebaut, der niederschwellige Zugang in vielen durchaus unüblichen Formen gefördert. In Wien kommt sogar an der Alten Donau, einem beliebten Freizeitareal für Sonnenbadende und Wassersportler, ein Impfboot zum Einsatz. Sogar im Wiener Stephansdom wird beim Kirchgang ein Impfangebot gemacht, Dompfarrer Toni Faber spricht von der „Liebe zu Gott, zu den Mitmenschen und sich selbst" (ORF-Nachrichtensendung WIEN HEUTE am 15. August).

Der Bekämpfung der Impfflaute durch Gewinnspiele ist in diesem Buch ein eigenes Kapitel gewidmet.

Es ist ein wahrer Wettlauf gegen die Pandemie!

Im Olympischen Park des Olympischen Museums in Lausanne, Sitz des IOC

Gleichzeitig nimmt die Diskussion über die Notwendigkeit einer Impfpflicht – zumindest für bestimmte Berufsgruppen – an Fahrt auf.

Olympische (Geister-)Sommerspiele in Tokio mitten in der Pandemie

Im Olympischen Museum in Lausanne ist der Geschichte der Olympischen Spiele von der Antike bis zu den Festspielen in unserer modernen Welt, ihren Besonderheiten und der Entwicklung der Wettkämpfe mit einer fantastischen Dauerausstellung mit großen digitalen Schau- und Hörbildern breiter Raum gegeben. Aber: Olympische Spiele in Zeiten einer weltweiten Pandemie?

Olympische Spiele, die von einzelnen Ländern aus politischen Gründen boykottiert worden sind, hat es schon mehrfach gegeben: Wir erinnern uns an den Boykott der Olympischen Spiele in Moskau 1980. Diese werden unter anderem von den USA, der Bundesrepublik Deutschland (1980 gibt es noch kein wiedervereinigtes Deutschland), Kanada und Japan boykottiert. Vier Jahre später, 1984, es sind die Spiele in Los Angeles, nehmen die (damalige) UdSSR und mit ihr auch die überwiegende Zahl der damaligen Ostblockstaaten nicht an den Spielen teil. Wohl eine Retourkutsche zum Verhalten des Westens 1980.

Wie aber hat die Spanische Grippe, zu der heute oftmals Vergleiche gezogen werden, die Olympischen Spiele beeinflusst? 1916 fallen die Spiele wegen des Ersten Weltkriegs aus. 1920 bei den Olympischen Spielen in Antwerpen – es ist die Zeit kurz nach Abflauen der Spanischen Grippe – werden die Kriegsverlierer nicht eingeladen. Unter dem sehr bezeichnenden Titel „Festival der Entbehrung"[1] wird berichtet, dass sich in den Archiven kein Hinweis auf die Spanische Grippe und allfällige Einschränkungen infolge dieser finde. Wohl aber über Politik: „Viele Menschen hatten ihr Leben verloren. Die Politik verschärfte die Zensur, um die Stimmung nicht weiter sinken zu lassen. Das ist wohl einer der Gründe, warum wir in den Archiven so gut wie nichts über die Nachwehen der Spanischen Grippe auf Olympia gefunden haben", so der Historiker Bram Constandt von der Universität Gent.

In Tokio 2021 gibt es eine neue Variante von Sanktionen: Nachdem 2019 die WADA Russland wegen Doping-Manipulationen (Austausch von Urinproben bei der Olympiade in Sotschi 2014) für vier Jahre ausgeschlossen hat, wird im Dezember 2020 von den Sportrichtern des CAS die Sperre halbiert und entschärft. In Tokio und bei den Winterspielen 2022 werden lediglich die russische Hymne und Fahne verboten. Es erklingt stattdessen das Klavierkonzert Nummer 1 von Peter Tschaikowsky und es wird die olympische Fahne gehisst. Die Teilnehmer aus Russland nehmen als Athleten des ROC an den Spielen teil.[2] Das ist allerdings eher etwas für Statistiker – zum Beispiel wenn es um den Medaillenspiegel geht –, mutet als Sanktion jedoch etwas halbherzig an.

Und nun Olympische Spiele ohne Zuschauer am Ort des Geschehens? Gerade wegen der Covid-19-Pandemie sind die Spiele von 2020 auf den Sommer 2021 verschoben worden. Die Situation hat sich jedoch nicht gebessert.

Trotzdem: Die Olympischen Sommerspiele werden am 23. Juli von Kaiser Naruhito eröffnet. Zum zweiten Mal nach 1964 finden sie in Tokio statt und dauern bis zum 8. August. Allerdings liegen die Nerven blank: Vom IOC wird von den Athleten eine Verzichtserklärung für Schadenersatzforderungen im Falle einer Erkrankung an Covid-19 verlangt.[3]

Die Vorzeichen verheißen nichts Gutes: In einer Nachrichtensendung im ORF 2 am 21. Juli – drei Tage vor Beginn der Spiele – wird gemeldet, dass seit Anfang Juli schon mehr als 80 Infektionen mit dem Coronavirus gemeldet worden sind. Allein am 21. Juli werden unter den Aktiven fünf positive Fälle registriert. Die Infektionszahlen in Tokio und ganz Japan steigen dramatisch an, ebenso wie bei den Teilnehmern: Mit Beginn der Spiele wird von mehr als 100 Infektionen innerhalb des olympischen Dorfs berichtet.

Das IOC stellt unmissverständlich klar, dass die Spiele – ungeachtet aller Zweifel auf Sponsorenseite und der Warnungen der Virologen – stattfinden werden, wenn auch in einer abgeschotteten Blase: „Die Olympiablase von Tokio"[4]. Das heißt, die Sportler dürfen ihren Unterbringungsort nicht verlassen, Kontakt mit der Außenwelt gibt es nicht. Nach Beendigung der Wettkämpfe müssen die Sportler spätestens nach zwei Tagen abreisen. Öffentliche Verkehrsmittel dürfen nicht benutzt werden. Sightseeing und Ausflüge zu Sehenswürdigkeiten außerhalb Tokios oder Restaurantbesuche sind untersagt, die Einhaltung wird via App kontrolliert. Mittels elektronischer Kameras werden alle öffentlichen Zonen in der Olympiablase überwacht. Es gibt laufend Tests, für das Publikum finden die Spiele ausschließlich im TV und in den diversen Streamingkanälen statt.[5]

Mit der Entscheidung der japanischen Regierung vom 8. Juli, wegen der ansteigenden Infektionszahlen für Tokio den Notstand vorläufig bis 22. August zu verlängern, wird auch klar: Es wird keine Zuschauer geben, weder aus dem Ausland noch aus Japan selbst.[6] Eine die Situation treffend beschreibende Schlagzeile lautet: „Olympia: Notstand statt Zuschauer"[7]. Die Notstandsverhängung geht zeitlich über die Olympischen Spiele hinaus. Am 30. Juli wird aufgrund der weiter stark ansteigenden Infektionszahlen der Notstand auf die vier Präfekturen rund um Tokio ausgeweitet (ORF-Ö1-Morgenjournal am 30. Juli). Unter dem abgewandelten olympischen Motto „Schneller, höher, leiser"[8] sollen nachstehend einige Kennzahlen diese besonderen Spiele verdeutlichen: Insgesamt gibt es 41 Veranstaltungsorte, im olympischen Dorf wohnen rund 18.000 Menschen – offizielle Vertreter, Betreuer, Trainer und ca. 11.000 Aktive –, 205 Nationen sind vertreten. Es sind Zahlen, die auch die organisatorischen Herausforderungen deutlich machen.

Im Gesamten gibt es 339 Medaillenentscheidungen in 33 Sportarten.[4] Das ist Rekord.[9] Die Medaillen werden erstmals zu 100 Prozent aus recycelten Edelmetallen hergestellt. Dafür sind in ganz Japan 6.210.000 Smartphones gesammelt worden. Das beachtliche Ergebnis lautet: 32 Kilogramm Gold, 3.500 Kilogramm Silber und 2.200 Kilogramm Bronze sind daraus gewonnen worden.[10]

Kritische Schlagzeilen in den Zeitungen im Vorfeld – „Die irrationalen Spiele von Tokio"[11] – und besonders zur Eröffnung der Olympischen Spiele machen das Unbehagen über die Durchführung der Spiele in Zeiten der Pandemie deutlich: „Spiele auf eigene Gefahr"[12]; „Sprung ins Abenteuer Olympia"[13]; „Viel Unschärfe dominiert"[14]; „Olympisches Feuer und brennende Fragen"[15].

Ein Schatten liegt über Olympia

Für die Teilnehmer stellt sich die Situation gewiss wieder anders dar. Olympische Spiele sind vor allem Spiele der Aktiven, das Publikum als »zwölfter Mann« wie bei einer Fußball-Europameisterschaft kommt bei den meisten Sportarten nicht unbedingt zum Tragen. Sehr wohl aber wird die Tatsache, wie weit sich Aktive auf so spezielle Situationen, die sich täglich ändern können, einzustellen vermögen, mitentscheiden. Eine Olympiade, bei der das olympische Motto »Dabei sein ist alles« wohl neu interpretiert werden muss.

Die Teilnahme eines Gewichthebers aus dem Gazastreifen und einer Tischtennisspielerin aus Syrien, noch keine 13 Jahre alt und damit seit 20 Jahren jüngste Teilnehmerin, sind positive Beispiele dafür, dass Sport, insbesondere Olympische Spiele, verbindend und Hoffnung gebend sein können.[16] Und das unabhängig von den Bedingungen, unter denen sie stattfinden. Allerdings geben diese Olympischen Spiele mit den vorherrschenden Einschränkungen für die Teilnehmer dem Geist der Gemeinschaft, dem Sich-miteinander-Freuen und dem Miteinander-Leiden nur sehr beschränkt Raum.

Ist es gerechtfertigt, angesichts der aktuellen Pandemiesituation eine so große Sportveranstaltung wie die Olympischen Spiele überhaupt abzuhalten? Eine solche Frage mag angesichts der vielen Toten infolge von Covid-19-Infektionen und den damit zusammenhängenden Problemen tatsächlich zynisch erscheinen.

In Japan selbst herrscht Unverständnis und Verärgerung darüber, dass zwar für Olympische Spiele genügend Geld fließt, gleichzeitig aber noch immer viele Opfer des Atomunfalls von Fukushima nicht entsprechend unterstützt werden.[17] Die anfängliche Begeisterung schlägt vielfach in Verdruss, Gleichgültigkeit und teils sogar Feindseligkeit um.[18]

Bevölkerung und Experten befürchten, dass gerade während der Olympiade Krankenhäuser und deren Personal, weil sie für die Olympiateilnehmer reserviert sind, anderweitig fehlen könnten. Wie zur Bestätigung wird am 29. Juli der bis dahin höchste Tageswert an Neuinfektionen in der Pandemie überhaupt, nämlich 10.000, verzeichnet. In bestimmten Gegenden arbeitet das Krankenhauspersonal schon an seiner Kapazitätsgrenze. Die Organisatoren betonen, dass die Infektionen innerhalb und außerhalb der Olympiablase unabhängig voneinander seien. Das führe aber laut einer Wissenschaftlerin für Gesundheitssysteme an der Universität Tokio zu einem falschen Schluss: Wenn nämlich die Spiele stattfinden, könne es doch nicht gar so schlimm sein. Das würde zu Nachlässigkeit führen.[19]

Leben die Olympischen Spiele also mit dem Ausblenden der Realität? Finden sie auf Kosten anderer statt? Eine schwierige Frage!

Für viele Aktive, die sich über einen langen Zeitraum intensiv und fokussiert auf dieses eine Ereignis unter vielen Entbehrungen vorbereitet haben, wäre eine neuerliche Verschiebung jedenfalls ein persönliches Drama. Ebenso wie eine aufgeschnappte Infektion, die zum Abbruch beziehungsweise vorzeitigen Ende der Teilnahme führen würde. Die Aktiven stehen unter ungeheurer Anspannung und müssen hoch konzentriert auf den »Tag X« hinarbeiten.

Eine Absage der Spiele würde für viele Aktive wohl das Ende des Olympiatraums bedeuten. Es dauert immerhin vier Jahre bis zur nächsten Olympiade. Teilnehmer starten zudem nicht nur für sich selbst, sondern werden von den Ländern, oft nach harten internen Ausscheidungswettkämpfen, nominiert. Wird das Leistungsvermögen bis zu den Ausscheidungswettkämpfen für die nächste Olympiade wieder das erforderliche Niveau erreichen? Aus diesem Blickwinkel ist die Schlagzeile „Warum es trotzdem richtig ist: 11.000 Gründe"[20], mit der die 11.000 Aktiven als Argument für die Durchführung der Spiele genannt werden, verständlich und gerechtfertigt.

Das finanzielle Motiv, nämlich Olympia als gewinnträchtiges Event sicherzustellen, sollte auch nicht verschwiegen werden.

Dass Japan gleich am Beginn der Spiele fünf Goldmedaillen verbuchen darf, ist Balsam für das gebeutelte Land und natürlich ebenso für die Verfechter der Ausrichtung der Spiele und die Organisatoren. Die Olympiade kommt endlich mit positiven Schlagzeilen in das Bewusstsein der Öffentlichkeit, Corona rückt für ein paar Augenblicke in den Hintergrund.

Die begehrtesten drei Treppenstufen der Welt – für alle erklimmbar im Park des Olympischen Museums in Lausanne, Sitz des IOC

Am Ende der Spiele kann Japan eine überaus erfolgreiche Teilnahme vermelden. Insgesamt 65 Medaillen und damit der dritte Platz im Medaillenspiegel sind ein großer Erfolg. Nur die USA mit 113 und China mit 88 Medaillen liegen voran. Das hilft hoffentlich auch der eigenen Bevölkerung, das Kapitel mit einem versöhnlichen Schlussstrich abzuschließen. In Summe werden 600.000 Tests durchgeführt, 430 positive Fälle entdeckt, 19 Aktive können deswegen nicht antreten.[21] Für die Teilnehmer, besonders natürlich für die Medaillengewinner, wird die Olympiade schlussendlich vielleicht gerade wegen der ganz speziellen Situation zu einem noch unvergesslicheren Erlebnis.

Für Österreich – bei Sommerolympiaden meist nicht gerade mit einem Medaillenregen überhäuft – beginnen die Spiele mit einer echten Sensation: Anna Kiesenhofer, 30-jährige

Mathematikerin, gewinnt in beeindruckender Manier, auf sich allein gestellt, das Damen-Rad-Straßenrennen. Völlig unerwartet, zumindest für die Öffentlichkeit, lässt sie alle erklärten Favoritinnen hinter sich. Die Begeisterung und das positive Echo über diese beeindruckende Leistung sind groß. Für ein paar Tage macht sich wieder das Wir-Gefühl breit – Österreich gewinnt erstes Gold seit 2008. Und mit insgesamt sieben Medaillen werden es sehr erfolgreiche Olympische Sommerspiele für Österreich. Mehr Medaillen, nämlich 13, hat es nur bei den Sommerspielen 1936 in Berlin gegeben.[22]

Wetterroulette – Gefangen in den Fluten der Wassermassen, auf der Flucht vor dem Feuer unkontrollierbarer Flächenbrände

Am 14. Juli bricht über die Menschen im Dreiländereck Deutschland-Belgien-Niederlande ein unvorstellbares Inferno herein. Auslöser ist das Tiefdruckgebiet mit dem Namen Bernd, das langsam von Frankreich über die Schweiz nach Deutschland gelangt ist und dort wegen der umgebenden Hochdruckgebiete sehr lange stationär bleibt. Damit ergießen sich die gesamten Regenmassen über ein begrenztes Gebiet.[1] In Nordrhein-Westfalen und Rheinland-Pfalz fallen innerhalb von zwei Tagen Regenmengen, die normalerweise über einen Zeitraum von mehreren Monaten gemessen werden.[2] Die zerstörerische Kraft der Flutwellen in diesen beiden deutschen Bundesländern sowie im angrenzenden Belgien und in den Niederlanden ist unvorstellbar. Ganze Landstriche werden vernichtet, Ortschaften einfach weggerissen und weggespült, Brücken und Häuser stürzen ein, Deichbrüche sind eine weitere Folge der unfassbaren Regenmengen. Bis zu zwölf Meter stehen Straßen teilweise unter Wasser, Fahrzeuge müssen mit Sonargeräten geortet werden (Bericht in der ORF-Nachrichtensendung Zeit im Bild 1 am 17. Juli). Es sind horrende Bilder von zerstörten Dörfern und Landschaften! Wie dramatisch die Lage ist, illustrieren Berichte über akut notwendige Maßnahmen: Krankenhäuser müssen evakuiert werden, Intensivpatienten werden mittels Rettungshubschrauber vom Dach einer Klinik gerettet. Trinkwasser- und Stromversorgung fallen aus, teilweise fällt sogar der Notstrom in einer Klinik aus. Zwei Feuerwehrleute kommen ums Leben.[3] Mehr als 150 Tote sind in Deutschland und Belgien zu beklagen. Hunderte Menschen werden noch bis zum nächsten Wochenende vermisst.[4] Etliche gelten sogar Ende Juli noch als vermisst (Bericht ORF-Ö1-Morgenjournal am 31. Juli).

Stellvertretend für das ganze Grauen und die unvorstellbaren Verwüstungen steht diese Aufnahme aus der Stadt Erftstadt in Deutschland.

Stadtteil Blessem in Erftstadt (Deutschland) – Aufnahme vom 16. Juli 2021

Was sind die Ursachen für solche Wetterlagen? Experten liefern dazu Erklärungen, so zum Beispiel in dem Bericht „Warum wird das Wetter extremer?"[5]: Für das lange Verharren einer stabilen Wettersituation, wie zum Beispiel des Tiefdruckgebiets Bernd, seien vor allem die Zusammenhänge mit dem Jetstream verantwortlich. Der Jetstream ist ein Gürtel starker Winde, die von West nach Ost um die Erde mäandrieren. Die durch den Klimawandel hervorgerufene Verringerung der Temperaturunterschiede zwischen Nord und Süd, also zwischen den Polen und den Tropen, führe dazu, dass sich dieses Mäandrieren verlangsame. Durch das Erlahmen der Jetstream-Winde würden zum Beispiel Tiefdruckgebiete länger stationär verharren, damit werde auch die Regendauer länger und intensiver. Zusätzlich würden sich durch die geringeren Temperaturunterschiede die Schlingerbewegungen dieser mäandrierenden Winde mehr in Richtung Norden und Süden ausdehnen. Es komme zu noch größeren stationären Hoch- beziehungsweise Tiefdruckgebieten.

Ein solches stationäres Hochdruckgebiet mit sehr hohen Temperaturen stellt sich im Juni an der Westküste Kanadas und der USA ein. Große Hitze führt vermehrt zu Dürre und Trockenheit und fördert die Ausbreitung von Waldbränden. Winde, geringe Luftfeuchtigkeit und dürre Vegetation wirken als Booster für die Ausbreitung der Brände.

Nach Meinung von Meteorologen werden extreme Wetterereignisse häufiger und wahrscheinlicher werden. Das komme vor allem daher, dass – bedingt durch die Treibhausgasschicht, welche die Wärmestrahlung nach außen abschotte – die Temperaturen steigen würden. In den Weltraum werde weniger Wärme abstrahlen, somit verbleibe mehr Wärme auf dem Planeten. Je wärmer aber die Luft sei, umso größer sei die Feuchtigkeitsaufnahme und umso intensiver würden die Niederschläge. Die Wärmeenergie in dieser Feuchtigkeit führe zu umso heftigeren Energieausbrüchen, sprich Gewittern. Je Grad Celsius mehr könne die Atmosphäre um sieben Prozent mehr Niederschlag aufnehmen. Zudem würden Bodenversiegelung und trockene Böden bei starken Niederschlägen die Aufnahme des Wassers im Boden behindern, das Wasser fließe vermehrt ab, anstelle zu versickern, Hochwässer seien wiederum die unmittelbare Folge.

Experten weisen aber darauf hin, dass sich nicht notwendigerweise jedes Jahr in derselben Weise stabile Hoch- beziehungsweise Tiefdruckgebiete über einen längeren Zeitraum ausbilden würden[6]: Komme es beispielsweise zu einer stabilen Nordlage, seien überwiegend kühle und regnerische Sommer, möglicherweise mit weniger Gewitter, die Folge. Grundsätzlich komme es durch den Klimawandel zu mehr Wasserdampf und daher auch mehr Feuchtigkeit in den tiefen Lagen der Atmosphäre. Regen werde daher zukünftig seltener, aber dafür stärker auftreten. Gemäßigte, wechselhafte Sommer könnten eher der Vergangenheit angehören.

In diesem Zusammenhang interessant zu diskutieren wäre, ob das beobachtete und erwartete Erlahmen des Jetstream generell nachteilige Auswirkungen auf die Energieerzeugung durch Windräder haben könnte. Zumindest wird berichtet, dass ab Anfang 2021 wegen Windstille weniger Energie aus Windkraft gewonnen worden ist.[7] Für die Abkehr von fossilen Brennstoffen zur Bewältigung der Klimakrise wird für die Zukunft in hohem Maße auf diese Energieform gesetzt.

Die eingangs geschilderte Wetterkonstellation führt dazu, dass in den darauf folgenden Tagen verheerende Unwetter auch Orte und Städte in weiten Teilen Österreichs, besonders in Tirol, Salzburg, Oberösterreich, Niederösterreich und der Steiermark, verwüsten. Besonders dramatisch entwickelt sich die Situation in Hallein (Salzburg): Ein Bach tritt aus den Ufern, wird zum reißenden Fluss und verwüstet große Teile der Altstadt. Bilder und Videoaufnahmen von reißenden Fluten mitten durch die Altstadt – Menschen mitreißend, die in letzter Sekunde gerettet werden können – brennen sich in das Gedächtnis.

Nach Expertenmeinung ist die Verhinderung von Schäden durch Hochwässer auch eine Frage des ausreichenden Hochwasserschutzes. Besonders bei kleineren Orten sei das jedoch schwierig umsetzbar. Zudem seien Prognosen über Lokalität und Zeitpunkt für das Auftreten von Überflutungen bei kleinen Bächen, die sehr schnell anschwellen und zu reißenden Flüssen werden, schwierig. Bei den Überflutungen in Salzburg und Tirol sei noch verschärfend hinzugekommen, dass es bis auf 3.000 Meter Seehöhe geregnet habe und die hohen Temperaturen in hohen Lagen zusätzlich viel Schmelzwasser freigesetzt hätten.[8]

Klimaforscher weisen schon lange darauf hin, dass die Erderwärmung infolge der Treibhausgase vermehrt zu extremen Wetterlagen führen werde. Wenngleich betont wird, dass konkrete Unwetter aus einem Mix aus verschiedenen Faktoren resultieren würden, wird vor allem die zunehmende Verbauung als besonders problematisch gesehen: Sie verhindere, dass Regenwasser vom Boden aufgenommen werden könne.[5]

Bislang sind intensive Regenfälle, die sich über einen langen Zeitraum auf einem kleinen Gebiet ergießen, die Ausnahme gewesen. Forscher schätzen auf Basis aktueller Studien jedoch, dass „solche sich langsam bewegende Regenstürme bis zum Ende des Jahrhunderts 14-mal häufiger über Landflächen auftreten werden, vorausgesetzt, die Treibhausgaskonzentration bleibt sehr hoch (RCP8.5-Szenario). Klimaschutz, aber auch bessere Warnsysteme für den Katastrophenschutz, ein gutes Notfallmanagement und robustere Infrastrukturen, die dem Druck der Wassermassen standhalten"[9], sind nach den Forschern die Hausaufgaben, die zu lösen sind. Das RCP8.5-Szenario beschreibt ein Szenario mit sehr hohen Treibhausgasemissionen innerhalb einer Gruppe von vier modellierten unterschiedlichen Verläufen der globalen vom Menschen verursachten Treibhausgasemissionen bis zum Ende des 21. Jahrhunderts.[10]

Ein Konzept, das zur Abwendung von Überflutungen in Städten infolge der geänderten Klimabedingungen diskutiert und verfolgt wird, ist die Gestaltung des dicht besiedelten Raums in Form von Schwammstädten zur Kompensation von versiegelten Bodenflächen. Ist das ein Lösungsmodell für die Zukunft?

Michael Staudinger, langjähriger Chef der ZAMG, führt im Interview aus: „Eine Möglichkeit wäre die sogenannte Schwammstadt. Da werden versiegelte Flächen ausgetauscht. Ein grünes Dach mit 20 Zentimetern Humus darauf kann sehr viel Wasser zurückhalten.

Wir müssen auch den Bäumen Wurzelraum zurückgeben. Wir würden wertvolle Stunden gewinnen, in denen das Wasser zwischengespeichert werden kann. Das wäre auch für das Mikroklima von Städten gut und würde die Überhitzung verhindern. Wichtig sind auch große landwirtschaftliche Retentionsräume."[11]

Das Konzept der Schwammstadt wird unter anderem in China schon heute in der Stadtplanung umgesetzt. Aber ihrer Wirkung sind natürlich Grenzen gesetzt: Zeitgleich zu den Flutkatastrophen in Zentraleuropa wird die Provinz Henan in Zentralchina von Unwettern heimgesucht. In der Stadt Zhengzhou verwandeln sich Straßen in reißende Wasserfluten. In drei Tagen fällt so viel Regen wie sonst während eines Jahres. Die Geschehnisse führen vor Augen, wie dramatisch sich Wetterextreme in Großstädten auswirken können. Besonders dramatisch gestaltet sich die Situation im lokalen U-Bahn-System: Zunächst fluten die Niederschläge eine U-Bahn Station im Nordwesten der Stadt, wenig später auch mehrere U-Bahn Züge. Menschen werden eingeschlossen und drohen zu ertrinken. „Ich habe mich dem Tod nahe gefühlt"[12], schildert eine Überlebende. Über 500 Menschen können gerettet werden, aber mindestens 25 Menschen sterben, die meisten bei der Überflutung der U-Bahn.[13] Laut chinesischen Meteorologen habe es sich um so gewaltige Regenfälle gehandelt, die statistisch nur alle 1000 Jahre auftreten.[14] Bei derartigen überraschenden Ereignissen entscheidend sind ausreichende und passende Vorsorge- und Hilfsmaßnahmen, wie zum Beispiel das zeitgerechte Absperren von überflutungsgefährdeten Bereichen. Zu treffende Maßnahmen müssen aber klar kommuniziert und regelmäßig trainiert werden. Das kostet natürlich Geld.

Die Stadt Zhengzhou gilt in China als Modell einer Schwammstadt – Sponge City lautet die geläufige englische Bezeichnung für solche Städte. In Schwammstädten wird ein System errichtet, das wie ein Schwamm arbeitet, also Wasser absorbiert und speichert. Das Wasser wird dann kontrolliert abgeleitet. Vornehmlich werden die Regenwässer durch Grünflächen und urbane Feuchtgebiete absorbiert, anstelle sie direkt in die Kanalisation einzuleiten. Dach- und Fassadenbegrünungen fungieren zur Kühlung. In Zhengzhou sind mehr als 5.000 Kilometer Kanalisation und Hunderte Hektar Parkanlagen mit Seen errichtet worden. Diesem Jahrtausendregen – in einer Stunde sind mit mehr als 200 Millimeter Niederschlag pro Quadratmeter fast ein Drittel des durchschnittlichen Jahresniederschlags gefallen – hätte aber laut Expertenmeinungen in China vermutlich keine Stadt standhalten können.[15]

Lange vorher getroffene übergeordnete Entscheidungen sind oftmals Mitverursacher solcher Katastrophen. In dem Bericht „Chinas Schwammstadt unter Wasser"[14] wird erläutert, dass durch Megastaudammprojekte in die Wasserläufe der Flüsse entscheidend eingegriffen worden sei und deren Ablaufsystem verändert habe. Das habe zu den Überflutungen wesentlich beigetragen.

Mailand – Bosco verticale

Ein ebenso interessantes Konzept liegt den in Mailand errichteten und 2014 eingeweihten Doppeltürmen Bosco verticale (deutsch: Vertikaler Wald) zugrunde. Hauptziele sind die Herabsetzung der Luftverschmutzung und die Erzeugung von zusätzlichem Sauerstoff. Mit Gebäudehöhen von 110 Metern und 76 Metern beherbergen sie auf einer Fläche von 8.900 Quadratmetern 800 Bäume, 5.000 Sträucher und 15.000 winterharte Pflanzen. Diese sollen pro Jahr ca. 20.000 Kilogramm Kohlendioxid binden, die Luftqualität verbessern und Sommer wie Winter durch Schattenwirkung und Schutz vor zu starken Winden für angenehme Raumtemperaturen sorgen. Zusätzlich soll die Bepflanzung als Staub- und Lärmschutz fungieren. Die Gebäude werden als Modell einer Verdichtung der Natur in der Stadt beschrieben. Weitere Gebäude sind in der Schweiz, in den Niederlanden und in China geplant beziehungsweise schon in Ausführung.[16]

Italien ist heuer eines der Länder, das in mehrfacher Weise von Katastrophen betroffen ist: Während im Norden Überschwemmungen und Fluten die Rettungsmannschaften fordern, lodern im Süden – besonders heimgesucht werden Sizilien, Apulien und Kalabrien – Feuersbrünste. Ende Juli, Anfang August toben aber nicht nur in Italien, sondern auch in Griechenland und der Türkei Flächenbrände in einem noch nie da gewesenen Ausmaß. Wald- und Schutzgebiete, Naturparks und zunehmend auch Siedlungsräume werden bedroht und vernichtet. Temperaturen bis zu Mitte 40 Grad Celsius und extreme Trockenheit erschweren deren Bekämpfung und das Leben in den betroffenen Regionen.

Waldbrände sind im Sommer nicht unbedingt etwas Neues, vielfach liegen die Ursachen bedauerlicherweise in Profitgier und Brandstiftung.[17] Schockierend ist, dass bei den Waldbränden im Süden Italiens davon ausgegangen wird, dass nur für zwei Prozent eine natürliche Ursache, also zum Beispiel Blitzschlag, als Auslöser gilt. 98 Prozent haben demnach menschliche Ursachen, wobei davon zwei Drittel der Brände vorsätzlich gelegt werden. Waldbrände werden von involvierten Clans als Mittel zur Erpressung und für Machtdemonstrationen benutzt.[18]

Allerdings spielen auch die Klimaänderungen eine Rolle. Die ausgedörrte Landschaft und die Trockenheit sowie hohe Temperaturen beschleunigen die unkontrollierte Ausbreitung der Brände und deren Übergreifen auf angrenzende Gebiete, auch Dörfer und Städte.

In Griechenland fachen vor allem anhaltende heiße Winde die Brände immer wieder an. Etliche Städte im Norden, aber auch Athen, sind unmittelbar bedroht. Stromausfälle in Athen sind die Folge, da Versorgungsleitungen in den betroffenen Gebieten abgeschaltet werden müssen. „Griechenland wird zu einem Pulverfass" heißt es in dem Bericht im ORF-Ö1-Morgenjournal am 7. August.

Dramatisch gestaltet sich die Lage auch in der Türkei. Ganze Landstriche werden zerstört. Hier wird vor allem ein Versagen des Brandschutzes – unter anderem fehle die Bereithaltung funktionstauglicher Löschgeräte (Hubschrauber etc.) – als wesentliche Mitursache für die unkontrollierte Ausbreitung gesehen.[19] Einheimische und Urlauber müssen ihre Häuser und Hotels räumen, Menschenleben sind zu beklagen. Es wird sogleich betont, dass es sich bei den Toten nicht um Touristen handelt. In Wirklichkeit wirkt diese Differenzierung zwischen Bewohnern und Urlaubern sehr befremdend und verstörend. Es geht doch immer um Menschenleben. Vermutlich sind solche Meldungen der Sorge um das Image der Region für den Tourismus geschuldet.

Bei einem Klimagipfel im September in Athen, veranstaltet von den neun EU-Staaten Griechenland, Spanien, Zypern, Frankreich, Italien, Portugal, Slowenien, Kroatien und Malta, werden angesichts dieser Ereignisse entschlossene Maßnahmen gegen den Klimawandel und Investitionen, um die Erderwärmung rasch zu begrenzen, gefordert werden.[20]

Und der Wald brennt auch in Russland. Das scheint nicht ungewöhnlich, aber in seinen Ausmaßen besorgniserregend. Nach dem Bericht „Russlands Schatz – wertvoller als Öl"[21] hat Russland mit 800 Millionen Hektar Wald ein Fünftel des weltweiten Waldbestands. Laut Bericht des WWF brennen im August zwei Millionen Hektar Wald, das ist ein Viertel der Größe Österreichs. Nach einem Bericht des Staatsamts für Forstwirtschaft beträgt die Summe an abgebrannten Wäldern für das heurige Jahr schon 10,2 Millionen Hektar. Durch die Waldbrände wird in Sibirien aber nicht nur wertvoller Waldbestand vernichtet, sondern zusätzlich ein Auftauen der Permafrostböden in Gang gebracht. Das wiederum bewirkt einen Anstieg der CO_2-Emissionen.[21]

Die NASA dokumentiert mittels Satellitenkarte Brände in Echtzeit. Die Karte ist im FIRMS öffentlich zugänglich.[22]

Brände können unmittelbar auf das nächste Jahr übergehen. Dieses außergewöhnliche Phänomen haben Forscher der Universität Amsterdam entdeckt. Nach dem Bericht „Schlafendes Feuer"[23] kommt es bei lange in den Herbst hinein andauernden Feuern zu sogenannten Überwinterungsfeuern. Sie treten vor allem in den borealen Wäldern des hohen Nordens auf, also in Sibirien, Alaska, den USA und Kanada.

Borealer Nadelwald ist ein Oberbegriff für Wälder der kaltgemäßigten Klimazone auf der Nordhalbkugel der Erde. Auf der Südhalbkugel fehlen entsprechend große Landmassen, die das für die borealen Wälder typische Klima ermöglichen würden. Der Begriff stammt aus der Geografie und bezeichnet verallgemeinernd einen bestimmten Landschaftstyp der globalen Maßstabsebene. Die Böden sind meist flächendeckend mit relativ niedrig wachsenden, sommergrünen Zwergsträuchern und mit einem dichten Bewuchs aus Moosen und Flechten bedeckt. Totholz findet sich in allen Stadien in großen Mengen.[24]

In dem eingangs genannten Bericht[23] wird dazu ausgeführt: In den betreffenden Waldregionen weisen die Böden tiefe Schichten organischen Materials auf, wie zum Beispiel Torf, Flechten und Moose, aber auch die Streu der Bäume. Brände fressen sich tief in die organische Auflage des Waldbodens und schwelen mit geringster Sauerstoffzufuhr über

Monate hinweg. Die Schneeauflage über den Winter wirkt als Isolierschicht. So überleben glosende Glutnester. Wegen ihres Wiederaufflackerns im nächsten Frühjahr unter Tauwettereinfluss und vermehrter Sauerstoffzufuhr werden sie auch „Zombie-Brände" genannt.

Wie sehr sich innerhalb der letzten Jahrzehnte die Temperatursituation geändert hat, zeigen die beiden nachstehenden Meldungen. Jene vom 23. Juli 2021 lautet: „40 Grad sind nur eine Frage der Zeit"[25]. Der Wetterexperte weiß: „Die Sommer werden trockener und heißer, der größte Teil des Jahresniederschlags wird von November bis März fallen. […] 40 Grad Celsius in Salzburg sind nur eine Frage der Zeit. Das kann nächstes Jahr passieren, in fünf Jahren oder in zehn Jahren"[25]. Dagegen klingen die Ausführungen vom 28. Juli 1971 aus heutiger Sicht beinahe harmlos: „Hitzeferien unter dem Blechdach. Die Wetterwarte Salzburg registrierte Dienstag mit plus 32 Grad den bisher heißesten Tag des heurigen Sommers in der Landeshauptstadt. Wer konnte, suchte Abkühlung in den überfüllten Bädern"[26].

Problemwolf

Eine Geschichte lässt sich meist von vielen Seiten erzählen, so auch die von der Rückkehr der Wölfe in Österreich. Und jede der unterschiedlichen Betrachtungsweisen hat etwas für sich, soll nicht einfach vom Tisch gewischt werden.

In einer im ORF 2 neuerlich ausgestrahlten UNIVERSUM-Dokumentation[1] aus dem Jahr 2014 wird berichtet, dass Wolfsrudel in den meisten Nachbarländern Österreichs wieder heimisch sind, so in Slowenien, Italien, Frankreich und im schweizerischen Kanton Graubünden.

Im Jahr 2021 wird europaweit von einer Anzahl von 17.000 Individuen ausgegangen.[2]

Der Wolf ist europaweit streng geschützt. Grundlage dafür ist die Fauna-Flora-Habitat-Richtlinie (FFH-Richtlinie)[3] der Europäischen Union. Ziel dieser Richtlinie ist es, „wildlebende Arten *[Anm.: Tiere und Pflanzen]*, deren Lebensräume und die europaweite Vernetzung dieser Lebensräume zu sichern und zu schützen. Die Vernetzung dient der Bewahrung, (Wieder-)herstellung und Entwicklung ökologischer Wechselbeziehungen sowie der Förderung natürlicher Ausbreitungs- und Wiederbesiedelungsprozesse."[4]

Der Wolf ist in der Liste jener Tierarten genannt, für deren Erhaltung besondere Schutzgebiete ausgewiesen werden müssen (Anhang II der Richtlinie[3]). Zusätzlich ist er in der Liste der streng zu schützenden Tierarten von gemeinschaftlichem Interesse (Anhang IV der Richtlinie[3]) enthalten. Ihr Anhang V wiederum legt fest, dass der Wolf zu jenen Tierarten gehört, „deren Entnahme aus der Natur und Nutzung Gegenstand von Verwaltungsmaßnahmen sein können". Mit anderen Worten: Ein freier Abschuss ist nicht möglich. Für Abschüsse gelten strenge Regelungen. So muss dokumentiert werden, dass „die Population in einem günstigen Erhaltungszustand verweilt" (Artikel 16 in der Richtlinie[3]). Mit einem entsprechenden Monitoring könnte die Erhaltung dieses Gleichgewichts trotz Abschüssen belegt werden. Eine solche Dokumentation scheint aber in Österreich derzeit nicht ausreichend verfügbar.[2] Als generelle Koordinierungsstelle ist 2019 das Österreichzentrum Bär, Wolf, Luchs geschaffen worden.[2]

So weit einige rechtliche Vorgaben.

In Österreich ist das Thema Wiederbesiedelung durch den Wolf sehr konfliktbeladen und wird vielerorts emotional aufgeladen diskutiert. Auf der einen Seite stehen Organisationen, die dem Wolf seine quasi angestammte Heimat wieder zurückgeben möchten, wie der Naturschutzbund oder die Umweltorganisation des WWF. Auf der anderen Seite stehen jene, die der Wiederbesiedelung weniger abgewinnen können, so zum Beispiel Almvereine, Bauernverbände und Landwirtschaftskammern. Sie vertreten die Bauern, die Almen mit Weidevieh bewirtschaften und mit Schäden und Verlusten durch Wolfsrisse konfrontiert sind. Herdenschutz wird teilweise mit der klein strukturierten Landwirtschaft für unvereinbar gehalten.

Dass dieses Thema gerade jetzt im Sommer wieder hochkocht, ist leicht erklärbar: Es geht um die Almsaison für die Bauern und die damit einhergehende Konfrontation zwischen Almtieren und Wölfen. Wegen vermehrter Risse, die mehrheitlich dem Wolf zugeordnet werden, ist die Rückkehr des Wolfs einmal mehr ein Diskussionsthema. Konfliktbeladen ist die Situation zum Beispiel in den Bundesländern Tirol, Salzburg und Kärnten – Bundesländer mit traditioneller Almbewirtschaftung.

Eine Meldung in der ORF-Nachrichtensendung SALZBURG HEUTE am 21. Juli zeigt, dass offensichtlich ein Paradigmenwechsel in dieser schon langen und emotional geführten Diskussion eingeleitet wird: In einer von der Landesregierung festzulegenden Verordnung sollen in definierten Wildregionen Problemwölfe zum Abschuss freigegeben werden. Die Abschüsse sollen somit nicht mehr auf Basis eines – beinspruchbaren – Bescheids einer Bezirkshauptmannschaft erfolgen.

Unter dem Titel „Problemwolf wird zum Abschuss freigegeben"[5] ist zu lesen: „Die Landesregierung einigt sich auf ein neues Vorgehen. Einem Wolf, der mehr als 24 Nutztiere tötet oder verletzt, wird künftig per Verordnung der Garaus gemacht."

Zum besseren Verständnis braucht es ein paar Erläuterungen, dargestellt anhand jener in dem Bericht „Keine Gnade für den ‚bösen' Problemwolf"[6]: Von der Landesregierung werden für das Bundesland Wildregionen als Maßnahmengebiete definiert. Maßnahmengebiete sind Gebiete, für die Herdenschutzmaßnahmen entweder nicht zumutbar, nicht geeignet oder mit unverhältnismäßigen Kosten verbunden wären. Mit Herdenschutzmaßnahmen sind Maßnahmen zum aktiven Schutz der Herden (Rinder, Schafe, Ziegen usw.) gemeint. Dazu gehören zum Beispiel Nachtpferche, der Einsatz von Wachhunden, die Errichtung von Zäunen, die Anstellung von Hirten – heute nennen wir sie vielleicht eher Ranger. Die Möglichkeit und Zumutbarkeit solcher Herdenschutzmaßnahmen wird durch einen Wolfsbeauftragten des Landes festgestellt. Zum Problemwolf wird ein Wolf, der mittels genetischer Analyse nachweislich mindestens 25 Tiere gerissen hat. Entsprechend der geplanten Verordnung des Bundeslandes Salzburg darf er innerhalb von vier Wochen nach dem letzten Riss erlegt werden. Für die Erstellung der DNA-Analyse werden daher Labors benötigt, die schnelle Ergebnisse liefern, jedenfalls schneller, als es bisher im Rahmen der Bescheide zu Abschussfeststellungen geschehen ist. Die Analysen haben meist mehrere Wochen gedauert. Inklusive der Zeitfristen für die Geltendmachung von Einsprüchen zu den Bescheiden und deren Behandlungen ist ein »unter Beobachtung« stehender Wolf daher möglicherweise längst in ein anderes Revier weitergezogen. Das wird von den

Vertretern der Abschussbefürworter kritisiert. Der Abschuss eines Wolfs wird in der EU-Richtlinie als Entnahme bezeichnet. Wie schon erwähnt, ist diese Bezeichnung ein Hinweis auf die notwendige Verhältnismäßigkeit zwischen zu schützendem Bestand und anzuordnenden Abschüssen.

Ob die Verordnung des Landes Salzburg auf rechtlich sicheren Beinen steht, wird sich zeigen. Zumindest wird ihre Vereinbarkeit mit der genannten FFH-Richtlinie von verschiedenen Seiten angezweifelt, so zum Beispiel vom Naturschutzbund und vom BMK: „Verordnung gegen Wölfe ist rechtswidrig"[7]. Sie tritt jedenfalls am 20. August in Kraft. Unabhängig davon wird sie von der EU-Kommission auf ihre Kompatibilität mit der schon genannten FFH-Richtlinie[3] geprüft werden (Bericht im ORF-Ö1-Morgenjournal am 25. August). Auch ein Einspruch beim Verfassungsgerichtshof wird für möglich gehalten.[8] Allerdings werden Entscheidungen des Verfassungsgerichtshofs verständlicherweise nicht von heute auf morgen gefällt. Und das Ergebnis ist vorab nicht einschätzbar. Gut möglich daher, dass der eine oder andere Wolf, der auf der Grundlage der Verordnung bis zu einer solchen Verfassungsgerichtshofentscheidung abgeschossen wird, im Nachhinein »juristisch rehabilitiert« wird. Nützen wird es ihm nichts.

Im ORF-Ö1-Morgenjournal am 25. August wird berichtet, dass auch Frankreich, Italien und Finnland Ausnahmeregelungen von dem absoluten Abschussverbot beabsichtigen.

Berichte über Wolfrisse, zum Beispiel im Kärntner Gailtal – „Vom Almleben im Schatten des Problemwolfs"[9] – zeigen ernst zu nehmende Probleme auf. Laut dem Bericht haben wegen zahlreicher Schafrisse fast alle Bauern ihre Tiere vorzeitig von der Alm abgetrieben. Die Versuchung ist aber groß, solche Geschichten mit emotional aufgeladenen Bildern zu unterfüttern und zu instrumentalisieren. Selbstverständlich sind auch die touristischen Interessen ernst zu nehmen. Herdenschutzhunde und Touristen seien nicht gut vereinbar, so wird zumindest in diesem Bericht eine Aussage zitiert. Nichtsdestotrotz gilt es, nicht Horrorszenarien an die Wand zu malen und nicht mit der Angst der Touristen vor einer – sehr unwahrscheinlichen – direkten Begegnung mit einem Wolf zu spielen.

Es ist eine Frage für die gesamte Gesellschaft, auch im Sinne der zukünftigen Gestaltung unseres Naturraums: Sollen Wölfe, so wie andere Wildtiere, wieder Teil unseres Lebensraums sein? Und wie kann den Wölfen ein dauerhafter Lebensraum gesichert werden? Ist es der Weisheit letzter Schluss, Risse in Kauf zu nehmen und diese den Besitzern, zum Beispiel aus einem dafür eingerichteten Fonds, finanziell abzugelten und bei Überschreiten einer »Quote« Abschüsse freizugeben? Oder sind doch präventive Maßnahmen die bessere Antwort? Es ist nachvollziehbar, dass der finanzielle Schadenersatz für gerissene Tiere nicht das Ziel, sondern eher eine unbefriedigende Lösung für die Almbauern ist. Almbauern möchten am Ende des Sommers gesunde und vollzählige Herden von Rindern, Kälbern, Schafen und Ziegen ins Tal abtreiben.

Die Bundesländer beschreiten unterschiedliche Wege. In Tirol zum Beispiel sollen zukünftig auf Basis eines geänderten Almschutz- und Jagdgesetzes Almgebiete, in denen Herdenschutz nicht möglich ist, kategorisiert und als Weideschutzgebiete definiert werden. In diesen sollen Abschüsse unbürokratisch geregelt werden.[10] Laut dem Bericht „Die zerrissene Alm-Bilanz"[10] ziehen in Tirol für die Almsaison 2021 der Almwirtschaftsverein und die Landwirtschaftskammer jedenfalls eine gemischte Bilanz: Demnach sind heuer 311 Tiere nachweislich durch große Beutegreifer – dazu gehören Bär und Wolf – gerissen worden, davon 60 durch Bärenangriffe, die anderen durch Wölfe. 2.111 Tiere sind nach Angriffen frühzeitig von den Almen abgetrieben worden, 2.300 weitere daraufhin auch von Nachbaralmen. Über 180.000 Rinder, Schafe und Pferde verbringen laut diesem Bericht den Sommer auf Almen. Die derzeitigen Maßnahmen zum Abschuss von Problemwölfen werden als erster Schritt gesehen, es müssten aber Verbesserungen folgen. Die Ausstellung der Bescheide, mit denen Problemwölfe zum Abschuss freigegeben werden, müsste schneller erfolgen, ebenso die Auswertung der DNA-Proben bei festgestellten Rissen.

Zahlen für Österreich gibt es von der AMA: „Österreichweit dehnen sich rund 8400 Almen auf 20 Prozent der Staatsfläche aus. Davon werden derzeit nur mehr knapp 5000 bestoßen, sprich mit Tieren bewirtschaftet. In den Sommermonaten sorgen dort rund 7000 Hirten für 51.000 Milchkühe, 265.000 Rinder, 9000 Pferde, 114.000 Schafe und 10.000 Ziegen."[11]

Die Jägerschaft hat mit der Abschussfreigabe durch gesetzliche Regelungen jedenfalls etwas »Luft zum Atmen«, der »Schwarze Peter« geht an ihr vorüber.[12] Jäger handeln gemäß Auftrag. Es ist aber besorgniserregend, wenn befürchtet wird, dass ein gesetzlich geregelter Abschuss einen Shitstorm über den Jäger und seine Familie zur Folge haben könnte und daher schon aus diesem Grund der Jäger, der den Abschuss im Auftrag der Behörde durchführt, anonym gehalten wird: „Die Angst vor dem toten Wolf"[13].

Auf einem Bergbauernhof aufgewachsen, erinnere ich mich an Herdenschutzmaßnahmen in meiner Kindheit. Es sind Hirten gewesen, welche die Rinderherden auf den Hochalmen betreut haben. Vorwiegender Zweck der Betreuung ist gewesen, die Herde bei Schlechtwetter, insbesondere bei Schneefällen – auf Hochalmen auch in den Sommermonaten gar nicht so selten der Fall –, zusammenzuhalten und vor der Gefahr von Todesstürzen im unwegsamen Gelände zu schützen. Zweiter Hauptgrund ist die systematische Erschließung der ohnehin begrenzt verfügbaren Weideflächen gewesen.

Wie kann nun die Situation für die Zukunft gut geregelt werden, abseits von den schon bekannten Denkmustern? Vielleicht sollten wir das Thema neu denken und nicht nur den gewohnten Sichtweisen von Aufwand und Gewinn folgen.

Die Größe der Herden von damals kann durchaus als Beispiel für die klein strukturierte Landwirtschaft gesehen werden. Zugegeben: Herdenschutzmaßnahmen sind für weidende Rinder und Kälber vermutlich einfacher umzusetzen als für Schafe und Ziegen, die sich versprengt in Steilhängen und im unwegsamen Gelände ihr Futter suchen.

Aber: In moderner Form, mit geeigneter Ausstattung und mit einer finanziellen Absicherung und entsprechenden Wertschätzung, könnte der Berufsstand des Hirten oder Rangers durchaus wieder an Attraktivität gewinnen. Teilweise geschieht das auch schon, Konzepte für ein modernes Hirtenwesen, für gelenkte und gezielte Weideführung mit Nachtpferchen seien in Vorbereitung, so das Österreichzentrum Bär, Wolf, Luchs.[2] Aus Tirol wird zum Beispiel von einem erfolgreichen Pilotprojekt berichtet: Mit gelenkter Weideführung und einem Nachtpferch für die Tiere wird verstärkter Herdenschutz als Chance gesehen, neue Arbeitsplätze in der Landwirtschaft zu schaffen.[14] Eine konstruktive Einschätzung gibt es auch von Österreichs oberstem Wolfsbeauftragten, der bestätigt: „Herdenschutz ist arbeitsintensiv und kostenintensiv. [...] Doch eines ist klar: Wenn man keinen Herdenschutz betreibt, werden die Schäden in Zukunft weit größer sein."[15]

Vielleicht sollten wir unsere Vorstellungen über Wölfe etwas »entrümpeln«. Die renommierte deutsche Wolfsforscherin Elli Radinger berichtet in ihrem Buch „Die Weisheit der Wölfe"[16], dass „viele Nutztierhalter nicht per se gegen Wölfe sind, sondern vor allem gegen das, was mit ihnen einhergeht: Regeln, Verbote, Bürokratie, Papierstapel, um Schutz oder Entschädigung finanziert zu bekommen, schlaflose Nächte, Bevormundung durch Staat und Umweltbehörden."

Wir müssen bereit sein, gängige vorgefasste Meinungen zu hinterfragen. Darauf aufbauend können wertvolle und verblüffende Erkenntnisse über diese Tierart gewonnen werden.

Radinger schildert in ihrem Buch[16], dass sich Wölfe empathisch um ihre Alten und Verletzten kümmern und zu Empfindungen, auch zu Trauer, fähig sind: „Wenn ein Familienmitglied stirbt oder verschwindet, suchen sie, sind irritiert, teilweise aggressiv, heulen lange und klagend." Wölfe könnten nicht nur trauern, sondern vor Kummer sogar sterben.

Wenn wir mit Wölfen leben wollen, müssen wir uns ihnen rational und realistisch nähern

Radinger verbringt seit Jahrzehnten einen Großteil des Jahres im Yellowstone-Nationalpark, um wilde Wölfe zu beobachten. Sie warnt in ihrem Buch[16] davor, den Wolf zu verherrlichen und zu glorifizieren: „Wölfe sind Raubtiere und als solche jagen und töten sie ihre Beute. Das bedeutet auch, dass sie Nutztiere töten, wenn diese ungesichert sind." Sie fordert einen realistischen, objektiven Blick auf den Wolf: „Denn in Wirklichkeit ist er bloß ein ganz normales Tier. Wenn wir mit Wölfen leben wollen, müssen wir uns ihnen rational und realistisch nähern und die Fakten von der Fiktion trennen. Dann können Wölfe und Menschen koexistieren."

70 Prozent der Österreicher und Europäer befürworten die Wiederansiedelung des Wolfs. Sie sind der Meinung, dass er die Diversität der Fauna verbessern und zur Gesundheit der Wildbestände beitragen würde.[17] Auch Radinger berichtet in ihrem Buch[16], dass nach Auffassung der Wissenschaft die Rückkehr der Wölfe bestätige, „dass große Beutegreifer einen bedeutenden Effekt auf die Struktur und die Funktion von natürlichen Systemen haben und das gesamte Ökosystem verändern. Als extrem anpassungsfähiger Beutegreifer, der sehr schnell auf veränderte Umweltbedingungen reagiert, kann der Wolf das Ökosystem nicht nur beeinflussen, sondern auch stabilisieren. Doch braucht das Zeit."

Abschließend soll die Position der EU-Kommission angeführt werden. Ein Sprecher stellt fest: „Unbeaufsichtigte Weideviehhaltungssysteme haben die seit Jahrhunderten angewandte Form der Behirtung, des nächtlichen Einpferchens und des Einsatzes von Viehschutzhunden teilweise oder vollständig ersetzt. Diese traditionellen Praktiken müssen wieder eingeführt werden. Herdenschutzmaßnahmen werden in vielen Teilen der EU bereits erfolgreich eingesetzt. Die Mitgliedstaaten haben die Möglichkeit, die Kosten in vollem

Umfang zu erstatten. Solche Maßnahmen könnten entweder durch die Gemeinsame EU-Agrarpolitik (GAP) oder durch staatliche Beihilfen finanziert werden."[18] Manche werden argumentieren, dass es relativ leicht sei, im fernen Brüssel, weit weg von den Wölfen in den Wäldern und Gebirgslandschaften, solche Forderungen aufzustellen. Mag sein. Aber vielleicht braucht es diese Distanz, um die Angelegenheit unvoreingenommen beurteilen zu können.

AUGUST

Impfpflicht – Ja oder nein?

Es gibt wenige Themen, die so anschaulich über das Jahr den Wandel in der Betrachtung bei den Experten und in Gesellschaft und Politik zeigen wie die Frage der Impfpflicht. Anfang des Jahres – der »Stich« wird noch als Privileg gesehen – gilt die vornehmliche Sorge, unbedingt eine Ungleichbehandlung der Gesellschaft – hier die Geimpften, dort die Ungeimpften – zu vermeiden. Eine Bevorzugung der Geimpften bei den diversen Zugangsmöglichkeiten wie Veranstaltungen und Restaurants soll, nicht zuletzt wegen des Mangels an Impfstoffen, vermieden werden. Mit Beginn des Sommers – der Impfstoff ist inzwischen in ausreichender Menge vorhanden – zwingt die aufkommende infektiösere Delta-Variante des Virus zu einem geänderten Denken. Ob die zu dieser Zeit wieder steigenden Infektionszahlen schon den Beginn einer vierten Welle anzeigen, wird Ende Juli noch unterschiedlich gesehen: „Man muss die Kirche jetzt im Dorf lassen. Während das deutsche Robert-Koch-Institut bereits von einer vierten Welle spricht, wollen vier österreichische Experten [...] keinen Grund für übertriebene Aufregung sehen"[1]. Es taucht aber vermehrt die Frage auf, ob eine allgemeine Impfpflicht die richtige Antwort sei. Zum einen deshalb, weil eine hohe Durchimpfungsrate von Experten als die einzige wirksame Gegenmaßnahme zu einer nächsten Infektionswelle gesehen wird. Die notwendige Durchimpfungsrate zeitgerecht in der Bevölkerung umzusetzen, ist aber bei dem abflauenden Interesse an der Impfung schwierig. Zum anderen wird der Schutz der Mitmenschen als gesellschaftliche Verpflichtung gesehen. Geht es doch nicht zuletzt aus wirtschaftlichen Gründen darum, weitere Lockdowns zu vermeiden.

Eine allgemeine Impfpflicht scheint aber offensichtlich politisch nicht kommunizierbar. Wenn sie auch, wie in dem Bericht „Wie weit eine Impfpflicht gehen könnte"[2] dargelegt, mit den Menschenrechten vereinbar wäre: „Ja. Dazu gibt es inzwischen zwei Entscheidungen des Europäischen Gerichtshofs für Menschenrechte (EGMR). Die eine betrifft Tschechien bezüglich Impfungen gegen Kinderkrankheiten, die andere die Ukraine bezüglich der Impfung gegen Diphtherie. In beiden Fällen kamen die Straßburger Richter zum Schluss, dass der Staat das Impfen einfordern und bei Nichtbefolgung Konsequenzen setzen darf. Zu einer Coronaimpfung gibt es mangels Pflicht noch keine gerichtlichen Entscheidungen. Argumentiert werden könnte die Impfung aber damit, dass eine Pandemie vorliegt. Und damit, dass Geimpfte selbst weitgehend geschützt sind und auch im Falle einer Infektion das Virus nur eine kürzere Zeit an andere weitergeben können."

Allerdings: „Die Zustimmung innerhalb der Bevölkerung wäre zu gering. Nur jeder vierte Österreicher bzw. jede vierte Österreicherin ist laut Gallup-Institut für eine allgemeine Impfpflicht. Selbst den allermeisten Impfbefürwortern wäre eine solche Maßnahme ein zu tiefer Einschnitt in die Persönlichkeitsrechte."[3]

Festgestellt wird auch: „Unsicherheit erzeugt Ängste, das Gefühl von Hilflosigkeit und damit Aggressionen."[4] Es gebe rationale und irrationale Ursachen für Aggressionen, wird in dem Bericht „Die Impfpflicht würde Klarheit geben"[4] erläutert. Als rationale Ursache sei derzeit eine Vertrauenskrise zu sehen, sagt ein Psychologe im Interview. Vertrauenskrisen aber, so der Psychologe, „sind Treiber für Frustration und Aggression und letztendlich für die Pandemie. Denn auch der mangelnde Impffortschritt hängt damit zusammen. […] Die Impfpflicht in ganz Europa, ausgenommen für Menschen mit medizinischen Gründen, würde mit einem Schlag Erleichterung verschaffen. Der mehr oder minder subtile Druck und die Drohszenarien, die wöchentlichen kleinen Schritte, in denen die Schrauben angezogen werden, sind unfair." So weit die Theorie.

In der Praxis wird der Spieß umgedreht: Nicht eine allgemeine Impfpflicht, sondern der Zugang zu bestimmten Berufen, Einrichtungen, Leistungen und Veranstaltungen nur für Geimpfte ist der neue Ansatz. Deutlich in ihren Vorschlägen dazu ist die Vorsitzende der Bioethikkommission: Sie plädiert für eine bundesweite Impfpflicht im Bildungs-, Pflege- und Gesundheitsbereich sowie für alle körpernahen Berufe, wie Frisöre, Masseure etc.[5] Erste Versuche in diese Richtung sind die Umsetzung einer Impfpflicht in einzelnen Bundesländern für bestimmte Berufsgruppen. Im Folgenden ein grober Überblick[6]: In der Steiermark gilt ab Anfang August de facto eine Impfpflicht für neu in den Landesdienst eintretende Bedienstete, Wien hat schon eine Impfpflicht für Neueintretende in den Gesundheits- und Sozialbereich, für Kindergartenpersonal soll diese ab Herbst folgen. In anderen Bundesländern gelten sektorale Impfpflichten, wie zum Beispiel in Tirol in den Bezirkskrankenhäusern. Niederösterreich wird ab September für den gesamten Landesdienst nachziehen: „Wer in den Landesdienst will, muss geimpft sein"[7].

Für den Zugang zu bestimmten Leistungen und Veranstaltungen wird die 1G-Regel, allenfalls die 2G-Regel, immer mehr zum Thema: Nur Geimpfte sollen Zugang haben, allenfalls Geimpfte und nachweislich von einer Covid-19-Infektion Genesene. „Teilnahme am öffentlichen Leben nur für Geimpfte plausibel"[8], sagt die Vorsitzende der Bioethikkommission. Wien präferiert zur Vermeidung von Schließungen von Einrichtungen die 1G-Regel. Diese soll, wenn das Ansteigen der Intensivpatienten in den Spitälern im Herbst stärker als erwartet sein sollte, für Kinos, Restaurants oder Fitnessstudios gelten, notfalls auch im Alleingang.[9] Ob tatsächlich nur Geimpfte einen vollständigen Schutz vor schweren Erkrankungen haben oder auch von einer Infektion Genesene, ist zu dieser Zeit noch nicht klar. Das Gesundheitsministerium präferiert die 1G-Regel, weil „bei Genesenen sei die Immunantwort abhängig vom Zeitpunkt der Infektion, der Krankheitsschwere und auch der Virusvariante."[10]

Ob eine 1G-Regel verfassungskonform wäre, beantwortet der Medizin- und Verfassungsrechtsexperte Karl Stöger im Interview so: „Ja, das Covid-19-Maßnahmengesetz sieht vor, dass neben der derzeitigen Gleichstellung von Genesenen, Geimpften und Getesteten die Geimpften und/oder die Genesenen bessergestellt werden können. Eine 1G-Regel wäre auch verfassungskonform, wenn es medizinisch notwendig ist und es keine gelinderen Mittel gibt. Bei Geimpften muss die Wahrscheinlichkeit, dass sie das Virus weiterverbreiten, deutlich geringer sein. Wenn diese Voraussetzung erfüllt ist, kann der Gesundheitsminister eine Verordnung erlassen, dass man Geimpfte anders behandelt als Genesene oder Getestete."[11]

Schwierige Entscheidungen stehen an. Es schaut in diesen Tagen Ende August nach einer Wiederholung des Infektionsszenarios vom Herbst 2020 aus. Nach den vorliegenden

Zahlen an täglichen Neuinfektionen und Krankenhausaufenthalten Ende August liegen diese aber auf einem höheren Niveau als 2020 und steigen auch deutlich früher an als voriges Jahr. Die Zahlen, beispielhaft dargelegt für den 29. August aus dem Bericht „Zahl der Intensivpatienten steigt"[12], bestätigen diese Befürchtung: 440 Patienten befinden sich in Spitalsbehandlung (2020: 144) und 112 Personen (2020: 30) müssen auf einer Intensivstation betreut werden. Eine vierte Welle scheint sich aufzubauen. Angesichts dessen gewinnt eine mögliche 1G-Regel, zumindest für bestimmte Bereiche (Klubs, Discos, Gastronomie), an Bedeutung. „Der Druck auf Impfskeptiker steigt"[13].

Die Durchimpfungsrate liegt in Österreich Ende August bei 61 Prozent (erster Stich) beziehungsweise 58 Prozent (vollständig geimpft), der EU-Durchschnitt bei 64 Prozent (Bericht in der ORF-Nachrichtensendung Zeit im Bild 1 am 29. August), nach Expertenmeinung also zu niedrig, um einen Lockdown zu verhindern. Sogar der Bundespräsident schaltet sich in die Diskussion mit einem Aufruf zur Impfung in der ORF-Nachrichtensendung Zeit im Bild 1 und auf Facebook ein. Plötzlich ist die Gefahr eines neuerlichen Lockdowns wieder sehr real, in den ORF-Nachrichtensendungen (Rundfunksendung Ö1 und TV-Nachrichtensendung Zeit im Bild 1) am 28. August warnen Experten vor einem vierten Lockdown. Für die Expertin der Universität Innsbruck „steuert Österreich gerade in eine Herbstwelle, die ‚massiv' sein könnte."[14] Ursache dafür sei die immer noch zu niedrige Impfrate. An der Medizinischen Universität Innsbruck werden daher schon jetzt Festlegungen getroffen, dass nur vollständig Geimpfte im Herbst am klinischen Lehrbetrieb teilnehmen können.[14] Eine Forderung, die auch von Vertretern anderer Universitäten in Interviews mehrfach als wünschenswerte Regelung laut angedacht wird. Der Rektor der Medizinischen Universität Graz sieht keinen anderen Weg als die Impfpflicht.[15] An der Medizinischen Universität Wien folgt man dem Beispiel Innsbrucks. Universitäten in anderen Bundesländern gehen andere Wege.[16] Universitäten können durch den ihnen zugestandenen Autonomiestatus eigenständige Entscheidungen treffen. Was folgt, sind individuelle Entscheidungen der Universitäten. Später, Ende November mit dem vierten Lockdown, wird vieles wieder in den Distanzmodus umgestellt werden: „Erst im Herbst füllten sich die Unis erstmals wieder. Nun findet wieder viel online statt."[17]

Ein Rundblick zeigt: Die Impfpflicht wird auch in anderen Ländern Europas und in Amerika thematisiert. Sektorale Impfpflichten für bestimmte Berufsgruppen gibt es im Sommer bereits in Italien, Frankreich, Griechenland und Ungarn, zum Beispiel für das Personal im Gesundheitswesen oder das Militär (in Griechenland).[18] Italien kündigt eine Impfpflicht für alle Personen im Staatsdienst und für bestimmte Berufsgruppen an, falls bis Mitte September nicht 80 Prozent vollständig geimpft sind. Derzeit liegt der Stand bei 58,3 Prozent.[19] In England kommt die Impfpflicht ab September für Pflegekräfte in Heimen und für den Besuch von Nachtklubs und Großveranstaltungen. Sie gilt aber nicht in Schottland, Wales und Nordirland. Diese drei Länder des Vereinigten Königreiches gehen ihre eigenen Wege.[20] In dem Bericht „Nein-Sagen als letzte Bastion der Entscheidungsfreiheit"[21] wird erläutert, dass in New York schon jetzt im August für Besuche von Restaurants oder Fitnessstudios zumindest eine Impfung nachgewiesen werden muss. Zusätzlich wird in New York ab dem 20. Oktober für die 300.000 städtischen Bediensteten eine Impfpflicht eingeführt (Meldung in der ORF-Nachrichtensendung Zeit im Bild 2 am 20. Oktober). Für Lehrer und sonstige an Schulen Beschäftigte gilt in mehreren Bundesstaaten der USA bereits jetzt, in anderen ab Ende September eine Impfpflicht, ebenso für das US-Militär.[22] Von Präsident Biden wird für Bundesbeamte eine De-facto-Impfpflicht eingeführt. Vermutet wird: „Bei der großen Minderheit der radikalen Trump-Anhänger, den Libertären und den Impfgegnern wird dies einen Sturm der Entrüstung hervorrufen."[23] In Kanada wird bei der Einreise ein Impfnachweis verlangt, andernfalls folgt eine Quarantäne.[24] Für die in Lake Louise in Kanada stattfindenden Ski-Weltcup-Rennen wird das für die Sportler maßgebend. Für die Olympischen Winterspiele im Februar 2022 in China stellt die Präsidentin des ÖSV bereits im Oktober klar: „Deshalb muss jedem bewusst sein, was es heißt, wenn er sich nicht impfen lässt. Dann fährt er nicht zu Olympia."[25]

Von Befürwortern der Impfpflicht wird oftmals das Beispiel der Pockenimpfung, die einzige jemals verpflichtende Impfung in Österreich, bemüht. Eine historische Betrachtung, wie sie in dem Aufsatz „Die Impfpflicht ist ein stumpfes Schwert"[26] dargelegt wird, hilft, Licht in die Sache zu bringen: Eine erste Impfpflicht gegen Pocken wird im Königreich Bayern 1807 eingeführt. Es folgen England 1853 (die Impfpflicht wird 1907 wieder abgeschafft) und Frankreich 1857. Im Jahr 1874 ist es das Reichsimpfgesetz, das erstmals deutschlandweit für Kinder im ersten und zwölften Lebensjahr die Pockenimpfung vorschreibt. In Österreich wird die Pflichtimpfung gegen Pocken mit dem Anschluss an das Großdeutsche Reich 1939 eingeführt und bleibt bis 1976 aufrecht. Denn 1976 erklärt die WHO die Welt für pockenfrei. Pflichtimpfungen sind in der Vergangenheit vor allem in totalitären Staaten als Instrument verwendet worden, um den „Volkskörper zu optimieren"[26]. Die DDR jedenfalls führt ab 1953 systematisch Zwangsimpfungen gegen Diphtherie, Tuberkulose und Pocken durch. Das Impfen wird mit dem Prinzip des Sozialismus – planmäßig die ganze Bevölkerung zu verbessern – verbunden. Aber schon die zeitgleiche freiwillige Diphtherieimpfung im Vergleich zur verpflichtenden Pockenimpfung in den 1930er-Jahren habe gezeigt, dass „Appelle, Aufklärung und Werbung viel effektiver sind als Druck"[26], so der deutsche Historiker Malte Thießen. Und sanfter Druck anstelle von offenem Zwang sei damals wie heute ein probates Mittel. Damals: Schulplätze, Stipendien oder Militärlaufbahn im Austausch gegen den Stich. Später: der Mutter-Kind-Pass, der Kinderbetreuungsgelder an Impfempfehlungen koppelt. Heute: die Aussicht auf freien Zugang zu sozialen Einrichtungen und Vergnügungen, wie ein Restaurantbesuch oder der Besuch einer Kultur- und Sportveranstaltung, also zur vollen Teilnahme am gesellschaftlichen Leben.

Apropos Kultur: Vielleicht beflügelt ein Ausflug in die Kunst, um das Wesentliche zu erkennen: Kunst kann manchmal provozieren, Kunst kann aber in unserem Denken auch »Schleusen öffnen«. Künstlerisches Schaffen – sei es in der Malerei, in der Musik, in der Bildhauerei, im Tanz oder in anderen Ausdrucksformen – ist ein gutes Mittel, um Sichtweisen zu überdenken und Fragen in bestechender Art und Weise auf den Punkt zu bringen. Sabine Wiedenhofer, österreichische Contemporary Art Künstlerin, ist das mit ihrer aus Gussharz hergestellten Selbstbildnis-Skulptur „Stayin' Alive" – „Die Spritze in die hemmungslose Glückseligkeit" jedenfalls gelungen.

Aus dem Begleittext zur Ausstellung: „Sabine Wiedenhofer zeigt mit ihrem Kunstwerk einerseits auf, wie verletzlich unsere Welt ist, andererseits mit welcher Absurdität Chancen zum Innehalten, zur Reflexion und zum Überdenken der eigenen Werte an uns vorüberziehen, nur damit wir uns möglichst rasch wieder den Ablenkungen unserer gewohnten Welt zuwenden können."

„Ob nach, vor oder mitten in der Pandemie. Es ist die Spritze, die uns alle zurück in die hemmungslose Glückseligkeit bringen soll. Sabine Wiedenhofer stellt mit ihrer Selbstbildnis-Skulptur, im Rahmen derer sie nackt auf der ‚Spritze in die hemmungslose Glückseligkeit‘ sitzt, das überbordende gesellschaftliche Bedürfnis so rasch wie möglich zurück zu Konsum und Entertainment zu gelangen, in Frage. Die Nacktheit ist hier ein Symbol für die VerliererInnen der Krise, zu denen – wie so oft – zuerst die Frauen und in weiterer Folge auch die Künstlerinnen und Künstler zählen, denen nach diversen Lockdowns oft nicht einmal mehr das letzte Hemd geblieben ist.“

(Begleittext zur Ausstellung)

„Stayin' Alive“ – „Die Spritze in die hemmungslose Glückseligkeit“ Ausstellung in Christian L. Einwaller Ateliers, 1010 Wien, Freyung 3

Ende November – mit dem vierten Lockdown – wird die allgemeine Impfpflicht politisch paktiert werden. Vieles wird bis dahin über Sinn oder Unsinn einer allgemeinen Impfpflicht geschrieben und gesagt werden. Endgültiges werden wir aber erst zu einem viel späteren Zeitpunkt erfahren.

Afghanistans langer Weg

Der Titel dieses Beitrags ist gleichlautend mit der Schlagzeile in einem Zeitungsartikel aus dem Jahr 2009![1] Damals hat in NATO-Kreisen noch die Meinung bestanden, dass der Einsatz der NATO am Hindukusch zu Ende gebracht werden solle: „Keine halbe Sache mehr, lautet die Devise. In Afghanistan soll sie bis zum guten Ende durchexerziert werden.“[1] Der historische Text ist, wie in der aktuellen Ausgabe der Zeitschrift steht, „von erschütternder Aktualität.“[1] Infolge des bis Ende August festgelegten und damit überstürzten Abzugs der ausländischen Truppen, insbesondere jener der USA, kollabiert der Staat

Afghanistan in seiner jetzigen Form innerhalb weniger Tage. Die Taliban übernehmen – wieder – die Herrschaft. Dazu heißt es am 14. August unter der bezeichnenden Schlagzeile „Die Angst vor einem zweiten Saigon: Die Taliban stehen kurz vor Kabul. Nach dem Abzug ihrer Truppen schicken die USA 3.000 Elitesoldaten, die den Auftrag haben, die Ausreise des Botschaftspersonals zu sichern"[2]. Am 16. August ist alles vorbei: „Umsturz in Afghanistan. Die afghanische Regierung gibt auf und überlässt den bereits nach Kabul greifenden Taliban die Macht. Der Westen bringt hektisch seine Staatsbürger in Sicherheit. Was wird aus Afghanistan?"[3] Ein Abkommen der USA mit den Taliban – erst im vorigen Jahr in Doha (Katar) unterzeichnet – bildet für die USA die Grundlage für ihren Abzug.[4] Die Rückkehr der Taliban innerhalb von Wochen ist in dem Abkommen so vermutlich nicht vereinbart worden.

Die Operation „Enduring Freedom"[5] – unter diesem Namen hat am 7. Oktober 2001 die westliche Intervention in Afghanistan begonnen – ist gescheitert: 2.400 Tote verzeichnet allein die US-Armee, 50.000 Zivilisten werden getötet. 130.000 Soldaten aus 50 Ländern sind als Teil des ISAF-Einsatzes stationiert gewesen.

Aber nicht nur die USA und der Westen haben verloren, auch die Menschen in Afghanistan sehen nun mehr denn je einer ungewissen und bedrohlichen Zukunft entgegen. Die Bilder zu den dramatischen Ereignissen, die uns in diesen Tagen im August erreichen, sind verstörend.

Es sind Bilder, die um die Welt gehen: Bilder von Menschenmassen, die sich auf dem Flughafen von Kabul drängen, um doch noch einen Flieger zur Flucht ins Ausland zu erreichen. Bilder von Menschen, die sich in ihrer Verzweiflung an startende Flugzeuge hängen und dabei zu Tode stürzen – „Das Todesdrama vom Hamid-Karzai-Airport"[6]. Dramatische Szenen von Menschen, die verzweifelt versuchen, ihre Lieben und sich vor den Taliban und deren Regime zu retten. Flugzeuge, die – gleich einem Auffanglager – berstend voll sind mit Hunderten Menschen, die es gerade noch an Bord geschafft haben. Das Bild eines Soldaten, der ein Baby in Händen hält, das ihm der Vater über den Stacheldrahtzaun hinübergereicht hat, um zumindest das Kind in Sicherheit zu bringen und ihm ein Leben außerhalb der Scharia der Taliban zu ermöglichen.

Das Zeitfenster für den Flughafen Kabul als Basis zur Flucht ins Ausland beginnt sich aber rasch zu schließen, denn die Taliban lehnen eine Fristverlängerung für Evakuierungsmaßnahmen der USA und anderer Staaten über den August hinaus ab.[7]

Das „Fiasko um den Rückzug aus Afghanistan"[8] der ausländischen Soldaten erschüttert die Menschen. Besonders die USA stehen in der Kritik. Die Wiedereroberung des Landes durch die Taliban, zum zweiten Mal nach ihrer Schreckensherrschaft von 1996 bis 2001, das ungewisse Schicksal der Menschen in Afghanistan – all das rüttelt viele Menschen auf. Wären die Ereignisse nicht so dramatisch, könnte man versucht sein, die legendäre Aufforderung „Lernen'S a bisserl Geschichte" [Anm.: sinngemäß zitiert] des ehemaligen Bundeskanzlers Bruno Kreisky an einen Journalisten auszurufen – denn: Glaubt tatsächlich jemand, dass sich die Taliban anders verhalten werden als zur Zeit ihrer ersten Schreckensherrschaft?

Damit nicht genug, gibt es auch noch den inneren Konflikt zwischen den Taliban und der IS-Terrorgruppe, der sich in dem Terroranschlag am Nachmittag des 26. August auf dem Flughafen in Kabul entlädt. „Die Luftbrücke aus Afghanistan endet im IS-Bombenterror"[9], so lautet eine die grausame Realität abbildende Schlagzeile. Es gibt viele Tote, unter ihnen auch Kinder und 13 US-Soldaten, und viele Verletzte. Die Urheberschaft für das Attentat beansprucht die Organisation Islamischer Staat-Khorasan, ein afghanischer Ableger des IS.[9] Schon in den Tagen vor dem Anschlag ist gewarnt worden, dass der Flughafen in Kabul Ziel eines solchen Attentats sein könnte. Und es ist nicht schwer, hier einen Anschlag durchzuführen. Denn der Flughafen ist heillos überfüllt. Viele Menschen warten noch immer auf eine Gelegenheit, ins Ausland zu fliehen.

Weitere Raketenangriffe folgen, zur Abwehr auch von amerikanischer Seite ebenso wie Drohnenangriffe auf spezielle Ziele. Dieser Anschlag wird vermutlich nicht der letzte sein. Vielmehr ist zu befürchten, dass er der Auftakt zu einem weiteren blutigen Kapitel für das ins Ungewisse abdriftende Land ist. Welche Zukunft erwartet die Menschen in diesem Land? Stimmt es: „Afghanistan wird von der Welt vergessen werden"[10]? Werden die Menschen auf sich allein gestellt bleiben, wie die Positionen von manchen politischen Vertretern in Europa schon jetzt ungeachtet der vielen menschlichen Tragödien vermuten lassen?

Die wechselvolle Geschichte dieses zerschundenen Landes ist in dem Artikel „Und wieder scheitert eine Weltmacht"[11] dargelegt: Bereits 642 n. Chr. beginnen Araber, die vom Westen her Afghanistan erreichen, mit der Eroberung und Islamisierung, erleiden aber Rückschläge und Niederlagen. Ab dem 19. Jahrhundert wird Afghanistan Schauplatz des Konflikts der expandierenden Imperien Russland und Großbritannien – Stichwort: Great Game – mit insgesamt drei angloafghanischen Kriegen. Im ersten angloafghanischen Krieg, der mit einer vernichtenden Niederlage Großbritanniens endet, verlieren beim Rückzug im Jahr 1842 von 16.000 britischen Soldaten schlussendlich alle bis auf einen ihr Leben! Ein wahres Menetekel für alle zukünftigen Begehrlichkeiten. Der Vertrag von Rawalpindi im August 1919 bringt die Unabhängigkeit Afghanistans. Die Zeit des Königreichs von 1933 bis 1973 wird als eine Zeit einer gewissen Stabilität gesehen. Allerdings werden auch die Beziehungen zur Sowjetunion enger. 1973 kommt es zu einem Putsch durch einen prosowjetischen Offizier, der die Macht an sich reißt. 1978 stürzt die Kommunistische Partei gewaltsam die Regierung, das islamische Recht wird abgeschafft. Wegen zunehmenden Terrors und politischer Unterdrückung wächst der Widerstand in der Bevölkerung. 1979 greift die Sowjetunion mit einer Militärintervention ein, das kommunistische Regime soll damit gestützt werden. Zehn Jahre später zieht die Rote Armee geschlagen ab, es folgt ein Bürgerkrieg, das bisher gestützte Regime zerfällt. Mudscheddin-Gruppen ringen um die Macht im Land. Nun kommt die Stunde der radikalislamischen Miliz der Taliban. Sie errichten ab 1996 ein Islamisches Emirat. Nach den Terroranschlägen von 9/11 in den USA beginnen US- und britische Luftangriffe, weil die USA die Drahtzieher der Terroranschläge vom 11. September 2001 – Stichwort: Osama bin Laden – in Afghanistan vermuten. Soldaten werden stationiert, eine prowestliche Regierung wird installiert. Osama bin Laden wird 2011 von den Amerikanern aufgespürt und getötet.

Ein Blick weiter zurück in der Geschichte zeigt, dass bereits ab dem 2. Jahrhundert n. Chr. entlang der damaligen Handelsrouten buddhistische Stätten errichtet werden. Im 6. Jahrhundert entstehen die beiden Buddha-Statuen von Bamiyan. Das Gebiet um den Hindukusch bleibt bis in das 10. Jahrhundert buddhistisch. Die beiden Buddha-Statuen werden 1998 und 2001 von den Taliban komplett zerstört.[12]

„Die Sprecher der Taliban versuchten, ein möglichst moderates Gesicht aufzusetzen. All ihre Erklärungen klangen, als hätten sie davor ausgiebig Kreide gefressen."[13] Das solle nicht über die wahren Absichten hinwegtäuschen. Sima Samar, Ex-Frauenministerin und

Ex-Vizepräsidentin Afghanistans, stellt in dem Interview „Gekappte Befreiung?"[14] fest: „Gäbe es heute Wahlen, würden diese zeigen, dass niemand die Taliban will. Und sie wissen das. Sie wissen das ganz genau."

Wer sind die erneut die Herrschaft ausübenden Taliban? In „Opium, Stammesrecht und die Liebe zu Pick-ups"[15] ist zu lesen: „Ihre Weltanschauung ist eine puritanische Interpretation des sunnitischen Islam, der mit paschtunischem Stammesrecht und Nationalismus vermischt wird. So wird zum Beispiel die Blutrache teilweise akzeptiert, obwohl sie der Scharia nach verboten sein muss. Lokale Strömungen werden sehr radikal gelebt. Die Ideologie der Taliban ist nicht mit jener anderer islamistischer Gruppierungen vergleichbar. Die Taliban sind keine Rechtsgelehrten, sondern kommen aus dem einfachen Volk." Ihr Ursprung geht auf 1994 zurück. Abdul Ghani Baradar – er spielt 2020 bei dem Abkommen mit den USA die wesentliche Rolle für die Taliban – gründet gemeinsam mit Mohammed Omar die Taliban.[4]

Neben vielen anderen Problemen, die mit der neuerlichen Machtübernahme durch die Taliban zu erwarten sind, wird in dem Bericht „Das finanzielle Dilemma der Taliban"[16] die wirtschaftliche Seite beleuchtet: Das Geschäft mit Drogen, der Verkauf von Opium und Heroin, könnte unter anderem für Europa ein enormes Problem werden. Nach Expertenmeinung ist zu befürchten, dass der Markt mit illegalen Produkten überschwemmt werden könnte. In dem Bericht wird mit Bezug auf eine weitere Quelle aufgelistet, dass durch den Anbau und Handel mit Drogen bis zu 60 Prozent des Jahreseinkommens der Taliban erzielt werde. Denn die afghanischen Gold- und Devisenreserven lagern größtenteils im Ausland, sie sind für die Taliban nicht zugänglich.

Wirtschaftlich scheint das Geschäftemachen mit den Taliban für neu auftauchende Player allemal interessant. Afghanistan sei wegen seiner Rohstoffe – wie zum Beispiel Gold, Kupfer, Eisen, Kobalt und Lithium – ein begehrter Handelspartner, auch für China, wie der Politikwissenschaftler Gerhard Mangott in der ORF-Nachrichtensendung Zeit im Bild 2 am 18. August feststellt. Die Menschen haben allerdings nicht sehr viel davon, denn schon im Herbst zeigt sich: „Rund 13 Millionen Menschen oder ein Drittel der Bevölkerung hungern. Der Winter naht, die Wirtschaft ist kollabiert, die Aussicht auf internationale Hilfe ist schwierig. UN-Generalsekretär António Guterres warnt vor einer Katastrophe."[17]

Was für ein der modernen Welt zugewandtes Land Afghanistan einmal gewesen ist, erscheint angesichts der aktuellen Verhältnisse beinahe denkunmöglich. Wir sprechen von den 1960er-Jahren und vom Beginn der 1970er-Jahre des schon erwähnten Königreichs Afghanistan, einer Zeit, in der auch für Frauen das Wahlrecht eingeführt wird. Im Jahr 1963 gründet sogar die Wiener Musikakademie in Kabul eine Musikschule.[12] In dem Buch „Abenteuer Wissenschaft. Forschungsreisende zwischen Alpen, Orient und Polarmeer"[18] berichtet der Autor Thomas Hofmann im Kapitel „Durchs wilde Nurestan" über eine wissenschaftliche Expedition, bekannt unter dem Begriff „Afghanistan-Expedition 1972". Details und Erinnerungen, die anhand von Aufzeichnungen der damaligen Expeditionsteilnehmer, einer Gruppe Geologen, wiedergegeben werden, zeigen das Bild eines offenen und kooperierenden Landes. Die Gruppe ist mit einem VW-Bus von Wien nach Afghanistan gefahren! Ist das heute noch vorstellbar?

Für den deutschen Politikforscher Herfried Münkler scheint eines klar zu sein: „Der Machtwechsel in Afghanistan ist eine welthistorische Zäsur, weil er drastisch vor Augen führt: Die Welt kehrt zurück zu einer Konstellation, wie sie für die europäische Politik vom 17. Jahrhundert bis in das 20. Jahrhundert hinein prägend gewesen ist. Es gibt eine Vorherrschaft von etwa fünf großen Mächten mit ihren jeweiligen Einflussgebieten. Das sind die USA, China, Russland, Indien und Europa − sofern die Europäer fähig sind, besser miteinander zu kooperieren als bisher und eine größere Handlungsfähigkeit der EU herzustellen. Im 21. Jahrhundert geht es vor allem darum, wie man Einflusszonen voneinander abgrenzt."[19]

„Wir haben Flügel" – Paralympics 2020 in Tokio

Die Paralympischen Spiele 2020 stehen unter dem in der Überschrift genannten begeisternden Motto. Sie sind − so wie die Olympischen Spiele − wegen der Covid-19-Pandemie von 2020 auf 2021 verschoben worden. Die Unsicherheiten und Maßnahmen wegen der Pandemie bleiben gleich wie für die Olympischen Spiele im Juli/August. Das bedeutet auch für das IPC viel Erklärungsbedarf.

Die Paralympischen Spiele finden vom 24. August bis 5. September statt. Ein Blick zurück zeigt ihre interessante Entstehungsgeschichte und den starken Willen der Athleten und des Gründers der Paralympischen Spiele. In der englischen Stadt Stoke Mandeville werden von dem deutschen Neurologen Ludwig Guttmann − er ist der Leiter der Neurologischen Klinik in Stoke Mandeville − 1948 erstmals die Stoke Mandeville Games ausgerichtet: 16 kriegsversehrte Veteranen treten im Bogenschießen gegeneinander an. Guttmann packt die aus dem Krieg schwer verletzt zurückgekehrten Soldaten bei ihrem Kampfgeist. 1949 treten bereits 60 Athleten aus fünf verschiedenen Krankenhäusern an, die Anzahl der Disziplinen wächst ebenfalls auf fünf an: Basketball, Fechten, Gewichtheben, Billard und Schwimmen. In weiterer Folge beschließt Guttmann, die Wettbewerbe zukünftig zeitgleich mit den Olympischen Spielen auszutragen. Der Grundstein für die späteren Paralympischen Spiele ist gelegt. 1960 finden die Wettbewerbe erstmals am selben Ort wie die Olympischen Spiele statt. 1964 werden die Spiele in Tokio ausgetragen, sie werden erstmals Paralympische Spiele genannt.[1] Ein Kreis, der sich mit den aktuellen Spielen in Tokio schließt.

Die Eröffnung am 24. August erfolgt, so wie die Eröffnung der Olympischen Sommerspiele im Juli, durch Kaiser Naruhito. Auch diese Spiele finden ohne Zuschauer statt, keine leichte Situation für die Sportler. Für sie wäre die Gemeinschaft mit den Zuschauern zweifelsfrei eine zusätzliche Motivation. Die Infektionslage in Japan hat sich nicht verbessert, auch die Verhängung des Notstands über Tokio und die vier angrenzenden Präfekturen bleibt aufrecht.

Insgesamt gibt es 22 Sportarten und 540 Wettbewerbe.[2]

Für Österreich sind Paralympische Spiele in der Vergangenheit meist eine Gelegenheit gewesen, mit hervorragenden Leistungen viele Medaillen zu sammeln. Auch in Tokio bilden wieder tolle Sportler das österreichische Team. Es ist beeindruckend, mit welcher Selbstverständlichkeit sie alle ihre individuellen Schicksale meistern. Sie erfüllen damit eine große Vorbildfunktion für ganz Österreich. 24 Aktive treten in verschiedenen Sportarten an: Leichtathletik mit Diskuswerfen, Speerwerfen, Kugelstoßen und Rennrollstuhl; Kanu; Radsport; Reiten; Schwimmen; Tischtennis; Triathlon (Schwimmen-Handbike-Rennrollstuhl sowie Schwimmen-Radfahren-Laufen) und Rollstuhltennis.[3] Das zeigt zudem eine beeindruckende Vielseitigkeit unserer Teilnehmer. Bei den Paralympischen Spielen 2006 in Turin wird erstmals ein Österreich-Haus eingerichtet, auch als Treffpunkt für die Aktiven. Wegen der Covid-19-Pandemie ist es für Tokio heuer nur ein virtuelles Österreich-Haus mit Live-Übertragungen an den folgenden 13 Tagen. Es gibt Interviews, Sportler schalten sich aus Tokio und Fuji zu.[4]

Stellvertretend für alle, ob Medaillengewinner oder nicht, sollen auch die Sportler der Paralympischen Spiele in diesem Buch ein Gesicht bekommen: Am 29. August wird im ORF-Ö1-Journal um acht berichtet, dass Florian Brungraber – 2011 hat er bei einem Paragleitschirmunfall eine inkomplette Querschnittlähmung erlitten[3] – im Triathlon (750 Meter Schwimmen – 25 Kilometer Handbike – 5 Kilometer Rennrollstuhl) die Silbermedaille errungen hat. Wie wichtig für die Athleten die Teilnahme an den Spielen ist, noch dazu wenn sie von Erfolg gekrönt wird, zeigen die Emotionen des Athleten. Seine überbordende Freude, die Erleichterung und Dankbarkeit kommen unmittelbar und unverfälscht zum Ausdruck. Wir können die Befreiung von einer gewaltigen Anspannung geradezu miterleben.

Ein weiterer besonderer Tag ist der 31. August: An einem einzigen Tag erringen österreichische Athleten in verschiedenen Klassen im Handbike-Einzelzeitfahren innerhalb einer halben Stunde drei Medaillen: Gold, Silber und Bronze![5] Am darauffolgenden Tag gibt es im Handbike wieder drei Medaillen: eine Silbermedaille und zwei Bronzemedaillen. Insgesamt erobern Österreichs Sportler neun Medaillen, davon einmal Gold. Daher ist es nicht verwunderlich: „Österreichs Team zog in Tokio eine zufriedenstellende Bilanz [...]."[6] In diesen schwierigen Zeiten der Pandemie sind die Paralympischen Spiele ein einzigartiges Erlebnis.

Die Japaner selbst sehen laut dem Medienbericht „Ein Premier hat bei Olympia verloren"[7] trotz bemerkenswerter Erfolge ihrer Athleten die Olympischen Spiele und die Paralympischen Spiele als Versagen des Regierungschefs. Der Vorwurf lautet, die Olympischen Spiele und Paralympischen Spiele entgegen dem Rat des gesundheitspolitischen Beraters und von Virologen durchgepeitscht zu haben, auch um den Preis, sie vor leeren Rängen abzuhalten. Damit seien auch die Erlöse für die lokale Wirtschaft ausgeblieben. Zudem habe seine Erklärung während der Spiele, nur noch Covid-Patienten mit starken Symptomen in Spitälern aufzunehmen, die Alarmglocken schrillen lassen.[7] Im September wird ein neuer Premierminister ernannt werden.

SEPTEMBER

Schulbeginn: Noch immer im Banne der Pandemie

Eine Vorahnung von den Umständen, unter denen das neue Schuljahr starten wird, gibt es schon im Sommer: „Der Schulstart – eine Covid-Prüfung"[1]. Was wird auf Lehrer, Schüler und Eltern zukommen? „Das dritte Corona-Schuljahr"[2]: Trotz etlicher Unbekannten Anfang September ist es das erklärte Ziel, einen möglichst normalen Schulbetrieb zu ermöglichen, mit Präsenzunterricht und den für Kinder und Jugendliche wichtigen sozialen Angeboten wie Schulskikursen etc. „Diesmal soll es keine flächendeckenden Schulschließungen geben"[2], so lautet die allgemeine Vorgabe. Und „Wir sind klüger geworden"[3] wird vom zuständigen Minister versichert. Das bedeutet: „Der Herbst bringt allerlei extrem ausgeklügelte Konzepte für den Schulstart. Jetzt müssen sie nur noch funktionieren."[4] Mit diesen Schlagzeilen ist die Stimmung am Beginn des Schuljahres treffend dargestellt. Um Covid-19-Cluster frühzeitig zu entdecken, gibt es im Vergleich zum Semesterbeginn im Februar Änderungen zur Teststrategie: Nicht mehr die Nasenbohrer-Tests sind das Hauptinstrument, sondern eine Kombination aus den aufwendigeren, aber ergebnissichereren PCR-Tests und den Antigen-Tests. Dreimaliges Testen in der Woche soll einen möglichst sicheren Schulbetrieb ermöglichen. Dass die Nasenbohrer-Tests nicht so zuverlässig sind, ist schon im Februar nach ihrer Einführung bekannt geworden.[5]

In einer vom Unterrichtsministerium ausgerufenen dreiwöchigen Eingangsphase zu Schulbeginn wird zusätzlich das Lehrpersonal verpflichtet, sich unabhängig vom Impfstatus jede Woche dreimal einem PCR-Test zu unterziehen. Damit sollen unmittelbar nach den Ferien vermehrt erwartete Infektionen möglichst rasch identifiziert beziehungsweise vermieden werden.

Von Beginn an ist dieser hohe Anspruch natürlich auch eine Frage ausreichender Test- und Logistikkapazitäten und damit in Großstädten leichter umsetzbar. In den westlichen Bundesländern wird das Konzept denn auch als nicht umsetzbar kritisiert. In Wien werden andere Testformate verwendet als in den Bundesländern. Wobei sogar in Wien selbst in den Volksschulen und den weiterführenden Schulen unterschiedliche Testformate Verwendung finden.[6] Bei Eltern und Schülern herrscht Verwirrung um Covid-19-Tests und Quarantänevorschriften.[7]

Wenig überraschend ergibt die engmaschige Testung eine verhältnismäßig große Zahl positiv getesteter Schüler und damit Klassen, die von Quarantänemaßnahmen betroffen sind. Vergleichbares hat sich vorher an den Schulen in Deutschland gezeigt. Dort ist man mit einer ähnlichen Vorgangsweise schon im August in das neue Schuljahr gestartet. Im Verlauf dieser Eingangsphase werden notgedrungen die Quarantäneregeln für K1-Personen, also unmittelbare Kontaktpersonen, »bedarfsorientiert« gelockert: Als K1 gilt nach adaptierten Regeln nicht mehr die gesamte Klasse, sondern nur der unmittelbare Sitznachbar oder Mitschüler, zu dem enger Kontakt bestanden hat. Zusätzlich können Schüler schon nach fünf Tagen mittels negativen PCR-Tests aus der Quarantäne entlassen werden. Diese auf politischer Ebene getroffenen Entscheidungen basieren auf den Empfehlungen des Robert-Koch-Instituts für Deutschland, die auf Österreich übertragen werden – trotz Warnungen von Gesundheitsexperten: „Es wird gelockert – aber wie?"[8] Festgestellt wird auch: Das sind „Entscheidungen, die somit hauptsächlich ‚politisch zu begründen sind'. Bei den neuen Quarantäneregeln würden nicht nur die gesundheitlichen Aspekte berücksichtigt, sondern auch die Interessen von Lehrern und Eltern."[9]

In den Schulen entsteht Unruhe und auch Sorge über mögliche Ansteckungen. Aufsehen erregt ein offener Brief von 32 Gymnasien an den Bundeskanzler, Gesundheits- und Bildungsminister, in dem die Coronamaßnahmen als mangelhaft kritisiert werden. Zentrale Kritikpunkte: „Der Schulanfang sei von großem Unbehagen und Unsicherheit geprägt. Es geht unter anderem um nicht einheitliche Quarantäneregeln, eine Entlastung beim Lernstoff und ‚die Bekanntgabe eines coronagerechten Fahrplans für die Matura 2022 noch in diesem Jahr.'"[10] Von Ministeriumsseite wird auf die unterschiedlichen Vorgangsweisen in den Bundesländern und die notgedrungenen Maßnahmen dazu verwiesen.[11]

Ein Beispiel zur Veranschaulichung der schwierigen Situation für den Schulbetrieb steuert zudem der Präsident der Ärztekammer bei. Er kritisiert, „dass etwa 22.000 ungeimpfte Lehrer zum Unterrichten in den Schulen zugelassen werden. Wenn der Lehrer infektiös ist, steckt er die ungeimpften Kinder an, und die tragen das dann weiter. [...] Ungeimpfte Lehrer sollten nur zum Verbessern von Hausübungen etc. zugelassen werden."[12] Nervosität und Ungeduld steigen erkennbar. In der Realität würde damit grob geschätzt ein Viertel der Lehrerschaft entfallen, das noch verfügbare Lehrpersonal müsste zusätzlich den gesamten Unterricht für alle fehlenden Kollegen bewältigen. Umgekehrt ist der Impfstatus der Lehrerschaft ohnehin vergleichsweise sehr hoch – in Wien sind es an die 80 Prozent. Wahr ist aber auch: Viele Lehrer sind nach eineinhalb Jahren Pandemie am Anschlag der Belastbarkeit angelangt, sind richtiggehend verzweifelt. In der derzeitigen Situation mit beinahe täglich notwendigen Änderungen im Schulbetrieb ist ihr Job äußerst fordernd. Der Unterricht leidet massiv infolge all der zusätzlichen administrativen Tätigkeiten. In einem offenen Brief an den Bundesminister und die Bildungsdirektionen wird von Lehrerseite auf diesen Umstand hingewiesen: „Noch nie war ein Schulbeginn so fordernd, aufwendig und belastend wie dieser."[13] Und in einem Interview zu diesem Brief wird betont, dass die Pädagogen an der Grenze der Belastbarkeit und des Machbaren angelangt seien. Das liege unter anderem an fehlendem Personal zur Bewältigung einer Flut von behördlichen Anordnungen und Abfragen. Zusätzlich geforderte Qualitätssicherungsmaßnahmen, erweiterte Testformate und ständig noch mehr Bürokratie überschreite das Maß jeder pädagogischen Sinnhaftigkeit.[13]

Dass trotz der erwiesenermaßen hohen Impfbereitschaft der Lehrerschaft der Ruf nach einer generellen Impfverpflichtung für diese erschallt, ist nicht neu. Eine Meldung vom Sommer, dass ungeimpfte Pädagogen für PCR-Tests ab Herbst zahlen sollten, passt in dieses Bild.[14] Interessant zu beobachten ist, dass es kaum eine öffentliche Diskussion über die Verantwortung ungeimpfter Eltern gibt, wenn sie ihre Kinder in die Schule schicken. Zwar richtet der Unterrichtsminister schon vor Schulbeginn einen Appell an die Eltern: „Jeder, der sein Kind schützen will, soll sich impfen lassen!"[15] Aber diese Aufforderung findet nicht allzu großen Widerhall in Form einer breiten Diskussion, möglicherweise wäre das politisch nicht unbedingt opportun.

Wie das Abstandhalten und das Masketragen besonders bei jungen Leuten in einer smarten Art ins Bewusstsein gebracht werden können, zeigt die belgische Stadt Mechelen. Der Vismarkt – im Zentrum der Stadt am Ufer der Dijle – ist als Fußgängerzone ein belebter und beliebter Treffpunkt, vor allem bei jungen Leuten. Am Abend sind die Straßencafés auch jetzt Ende September noch immer sehr gut besucht. An beiden Zugängen zum Platz sind Plakate aufgespannt, die in ansprechender Form die Regeln in Erinnerung rufen. Der Spruch „2800LOVE IS …" als Aufruf zur Einhaltung von Hygienemaßnahmen findet sich in unterschiedlichen Abwandlungen an diversen Plätzen und in öffentlich zugänglichen Gebäuden der Stadt. Vielleicht eine Idee für die Schule?

2800 steht für die Postleitzahl von Mechelen.

„… eine Mundschutzmaske zu tragen, wenn ein Mindestabstand von 1,5 m nicht eingehalten werden kann" (Übersetzung aus dem Flämischen)

Ein nicht neues, aber im heurigen Herbst mit Schulbeginn verstärkt auftretendes Phänomen ist die Zahl an Schülern, die von den Eltern nicht in die Schule geschickt, sondern zu Hause unterrichtet werden. Im Vergleich zu früheren Jahren steigt die Zahl stark an. In der ORF-Nachrichtensendung Zeit im Bild 1 wird für den Stichtag 19. September an den weiterführenden Schulen von insgesamt 7.515 Schülern berichtet, die zu Hause unterrichtet werden; noch mehr Abmeldungen gebe es an den Grundschulen.

Angesichts der Gesamtschülerzahl in Österreich wirkt diese Zahl nicht dramatisch, der Vergleich offenbart aber doch ein deutlich gestiegenes Maß: Im Schuljahr 2020/2021 sind es 2.600 Schulabmeldungen gewesen.[16] „Für Bildungsforscher Stefan Hopmann ist die Steigerung jedenfalls eine ‚indirekte Coronafolge'. Corona sei wie ein Brennglas, das die Schwachstellen, die das Schulsystem schon hatte, verstärkt sichtbar gemacht habe. Homeschooling sei ‚ein bisschen die Privatschule des armen Mannes'. Die aktuelle Vervielfachung ist für Hopmann nicht bemerkenswert, international würden ‚ähnliche und höhere Zahlen' berichtet, in Teilen der USA gar im zweistelligen Prozentbereich. Problematisch ist für Hopmann, dass die soziale ‚Verständigungsdimension' sich im Heimunterricht nicht simulieren lasse. ‚Was verloren geht, ist Schule als Ort der Verständigung über die Welt.'"[16]

Wie wird diesem Ansteigen der Zahlen begegnet? Vornehmlich mit formellen Vorgaben für die Zukunft. So wird zum Beispiel die Notwendigkeit einer Bewilligung auf Basis einer ausführlichen Begründung anstelle der derzeit rein formalen Meldung durch die Eltern andiskutiert. Ebenso weist eine Vertreterin des Bildungsministeriums in der eingangs genannten Nachrichtensendung darauf hin, dass für die erforderlichen kommissionellen Abnahmeprüfungen am Ende des Schuljahres die Zuweisung der zuständigen

Prüfungskommission durch die Schulbehörde geplant sei. Damit solle einem potenziellen Prüfungstourismus der Wind aus den Segeln genommen werden.

Der Befund über das mangelnde Vertrauen in die Bildungseinrichtungen wiegt aber dennoch schwer.

Eine tiefere Besorgnis zu dieser Form von Schulverweigerung wird in dem Bericht „Angelerntes Misstrauen"[17] angesprochen: Schulverweigerung als Ausdruck des Vertrauensverlusts gegenüber öffentlichen Einrichtungen und damit als eine Kraft, die Demokratie und sozialen Frieden erschüttert. Die Sorge, dass Bildungseinrichtungen das eigene Kind gegenüber Konkurrenzkampf, Unterrichtsstörungen, vielleicht auch Mobbing, nicht entsprechend stützen und schützen können, gehört dazu.

Neben der bereits erwähnten Situation in Amerika lohnt ein Blick nach Russland. Der Bericht „Die russische Schulfreiheit"[18] gibt Auskunft: Es besteht keine Schulpflicht, sondern lediglich eine Bildungspflicht. Diese zu gestalten und umzusetzen ist den Familien überlassen. Immer mehr russische Familien machen davon Gebrauch, meist in Form von „Home-Schooler"[18], in der russischen Sprache „Semejniki"[18] genannt. Private Nachhilfelehrer, Unterricht in der Familie, Onlineschulen mit eigenen Mentoren, Schulbesuch nur für einzelne Fächer, vielleicht auch in Abhängigkeit von den Wochentagen – es ist ein richtiges Baukastensystem, aus dem sich die Familie für ihr Kind das Passende heraussucht. Die Prüfungen werden extern abgelegt. Aktuell gibt es etwa 200.000 „Semejniki".

Zurück zum Schulstart 2021: Trotz aller Aufregungen und verständlichen Turbulenzen kann Ende September ein vorläufiges positives Resümee gezogen werden: Mit großen Anstrengungen der Beteiligten ist es jedenfalls gelungen, den Schulstart ohne großflächige Schulschließungen und Fernunterricht über die Bühne zu bringen.

Ein Marathon als Lauf aus der Pandemie

Am 12. September findet der 38. Vienna City Marathon statt. „Die Laufwelt blickt nach Wien. Der Vienna City Marathon ist auch aus internationaler Sicht ein großer Schritt zurück nach 18 Monaten mit Einschränkungen wegen der Coronapandemie."[1] Der VCM wird quasi als „‚Elch-Test' für die großen europäischen Marathons"[2] gesehen. Um besonders sicherzugehen und den Teilnehmern größtmöglichen Schutz zu gewährleisten, werde ein ausgeklügeltes Sicherheitskonzept angewandt. So werde von allen Teilnehmern, von denen laut Umfrage über 90 Prozent geimpft seien, ein zum Zeitpunkt des Marathons gültiger PCR- oder Antigen-Test verlangt.[3] Und dass der VCM nach der lockdownbedingten Absage 2020 nicht auf das Frühjahr, sondern gleich auf den Herbst 2021 verschoben worden sei, ist nach Aussage des Veranstalters schon im Sommer vorigen Jahres klar geworden.[3] Angesichts des Lockdowns im heurigen Frühjahr eine wahrlich weise Entscheidung. Sind im Vorfeld für alle Wettbewerbe für 2020 an die 45.000 Meldungen abgegeben worden, sind es heuer ca. 25.000, insgesamt sind 126 Nationen am Start.[3] Die Läuferanzahl ist damit im Vergleich zur Zeit vor der Pandemie deutlich reduziert, im Zielbereich gibt es keine Zuschauertribüne, auch um mehr Platz für die Läufer zu schaffen. „Der Vienna City Marathon als starkes Zeichen für den Weg aus der Pandemie", so wird der VCM am Vorabend im Interview in der ORF-Nachrichtensendung Zeit im Bild 1 vom Organisator postuliert. Ein Event, auf das die Läufer-Community im In- und Ausland ganz bestimmt schaut.

Um zu verstehen, wie wichtig die Durchführung dieser Veranstaltung ist, hilft die Betrachtung aus dem Blickwinkel eines Läufers: Es ist ungemein enttäuschend, wenn am Ende einer langen und entbehrungsreichen Vorbereitungszeit nichts bleibt als die Aufzeichnungen über die vielen Long Runs und Intervallläufe, die zur Vorbereitung absolviert worden sind, aber nicht in Rennkilometer umgesetzt werden können. Umgekehrt sind das Passieren der Ziellinie nach den 42,195 km – egal mit welcher Laufzeit – und die ersten Minuten danach in der Auslaufzone ein einzigartiges und sehr spezielles Erlebnis. Vielleicht helfen diese Gedanken auch denen, die sich am Marathon-Sonntag über die in der Stadt wegen des Marathons herrschenden Verkehrsbeschränkungen und -umleitungen ärgern.

Ich jedenfalls freue mich für alle, dass es wieder losgeht.

Der VCM findet seit 1984 statt, die Absage 2020 wegen der Pandemie und des Lockdowns ist zweifellos die einzig mögliche und richtige Entscheidung gewesen. Umso mehr freuen sich nun alle auf die Austragung: „Die Rückkehr des Wien-Marathons nach 889 Tagen war getragen von Emotionen, Überwindungen, Schmerzen – und auch Groll."[4] Europas erster Straßenlauf in Zeiten der Pandemie habe für große Begeisterung unter insgesamt 25.500 Startern gesorgt und auch vereinzelt wieder sehr viele Menschen auf die Straße gelockt.[4] „Wien erlebte einen Marathon fast wie früher"[5].

Gerade in den Zeiten des Lockdowns ist eine deutliche Zunahme des Laufinteresses verzeichnet worden, nicht zuletzt wegen des relativ geringen organisatorischen Aufwands, diesem Sport nachzugehen. Und gut möglich, dass das Ziel Halbmarathon oder Marathon dabei zusätzlich motivierend und inspirierend wirkt. Ob das gesteigerte Interesse allerdings über die Pandemiezeit hinaus bestehen bleiben wird, bleibt abzuwarten. Es wird eher bezweifelt, dass es sich dabei um eine nachhaltige Entwicklung handelt.[6] Warum fasziniert der »Mythos Marathon« Aktive wie Zuschauer? Ist es ausschließlich die Herausforderung an die mentale und körperliche Stärke? Ist es vielleicht auch der Umstand, dass es wenige Sportarten gibt, bei denen Hobbysportler gemeinsam mit den Profis bei Wettkämpfen antreten und ihr Bestes geben? Oder ist es, weil der Erfolg vorwiegend von der eigenen Leistung und weniger von der Materialauswahl abhängt? Bei Letzterem scheint jedoch vor einem allzu schnellen Ja Vorsicht geboten.

Laufschuhe für das Fußvolk

Das Ergebnis des VCM zeigt, dass Materialvorteile längst mitbestimmend sind über Sieg und Niederlage. Wird doch der diesjährige vermeintliche Sieger des VCM – auch das eine Weltpremiere – wegen eines nicht regelkonformen Laufschuhs nach dem Rennen disqualifiziert und der Zweite rückt als Sieger auf. Die Sieger-Disqualifikation wegen zu dicker Schuhsohlen ist eine Weltpremiere.[4]

Die Nachfrage nach den »Wunderschuhen« mit extrem dicken Sohlen ist auch bei Hobbysportlern riesig. Es wird aber gewarnt: Die Modelle seien auf jene Laufsportler ausgerichtet, die eine ganz saubere Technik über Mittel- und Vorfuß laufen. Wer das nicht beherrsche, kippe mit dem Fuß nach innen. So steht es in dem Bericht „Kein Schuh fürs Fußvolk"[7].

Die Schuhsohlen-Diskussion ist nicht neu und entbehrt schon gar nicht einer ernsten Facette: Bereits bei der Olympiade in Tokio im Sommer wird das Thema Laufschuh und seine technischen Eigenschaften – federnd, damit beschleunigend, leicht im Gewicht – thematisiert: „Aber die Rekorde scheinen planbarer geworden zu sein. Wie in Tokio. Dort sollen die schnelle Bahn und eine neue Generation von Hightech-Spikes die Rekorde möglich gemacht haben."[8] Hightech-Spikes heißt: „Reaktive Schaumstoffe, Kohlenstofffasern und Karbonfasern sind die neuen Materialien des 21. Jahrhunderts. 132 Gramm wiegen die Spikes mit Titan-Dornen inklusive Rückfederung und damit Vorwärtsantrieb."[8]

Schon 2019 ist im Wiener Prater der kenianische Marathon-Weltstar Eliud Kipchoge, unterstützt von wechselnden Tempomachern, mit einem solchen Schuh die Marathondistanz erstmals inoffiziell unter zwei Stunden gelaufen. Jener Eliud Kipchoge, der schon 2018 den Berlin Marathon „mit dicker Sohle"[7] mit neuem Weltrekord (2:01:39) gelaufen ist.

Tragischerweise gibt es beim VCM 2021 eine Parallele zu der EURO 2020 im Juni: Bei der EURO 2020 erleidet ein Spieler im Spiel Dänemark – Finnland einen Herzstillstand, kann aber gerettet werden. Diesmal geht die Sache für einen Hobbyläufer, der am Halbmarathon teilgenommen hat, nicht gut aus. Nachdem er knapp vor dem Zieleinlauf zusammengebrochen ist, stirbt er nach der Einlieferung ins Krankenhaus. Ein Schatten liegt auf der Comeback-Veranstaltung. Das zu erwähnen, soll aber nicht die Faszination Marathon trüben, sondern als eindringlicher Appell verstanden werden, sich unbedingt einem ausführlichen medizinischen Check zu unterziehen – und zwar bevor man sich auf das spannende Abenteuer eines Wettlaufs begibt.

Mit dem VCM wird ein Zeichen der Ermutigung für die folgenden großen Marathons in Österreich, zum Beispiel für den Graz Marathon im Oktober, gesetzt.

Tombola gegen die Impfskepsis

Die aus unterschiedlichen Gründen vorhandene Impfskepsis wird offensichtlich zum Flaschenhals für eine ausreichende Immunisierung der Gesamtbevölkerung. Diese Entwicklung hat sich schon seit dem Sommer abgezeichnet. Um noch deutlich mehr Menschen zur Impfung gegen das Covid-19-Virus zu motivieren und damit die Impfquote zu steigern, werden verschiedenste Ansätze ausprobiert. Nicht alle mit Erfolg. Das Problem ist auch kein ausschließlich österreichisches Phänomen. Schon im Sommer wird versucht, den Menschen den Zugang zur Impfung so leicht als möglich zu machen – Stichwort: niederschwelliger Zugang – und mit publikumswirksamen Aktionen darauf aufmerksam gemacht: Impfbusse und Impfstationen in Parks und bei Einkaufszentren sind nur einige Beispiele.

Um das Interesse der Bevölkerung zu gewinnen, wird nun mancherorts als Belohnung für die verabreichte Impfung eine Impflotterie veranstaltet: Die erfolgte Impfung ermöglicht die Teilnahme an einer Verlosung. Im Burgenland zum Beispiel wird mittels Lotterie unter Geimpften eine definierte Erhöhung der Impfquote bis zu einem festgelegten Datum angepeilt. Mit Erfolg.

Auch der ORF startet eine Impflotterie für alle, die zwischen dem 1. Oktober und dem 20. Dezember ihren Erst-, Zweit- oder Drittstich erhalten.

Gleichzeitig wird darüber diskutiert, ob Belohnungen für diejenigen, die sich impfen lassen, gerechtfertigt seien. Oder ob für Menschen, die eine Impfung unbegründet ablehnen, das Testangebot weiter gratis bleiben solle.

Der Zugang ist nicht überall gleich. Beispielsweise spricht sich Tirols Landeshauptmann gegen Gratisaktionen aus. Er argumentiert: „Jene, die bereits geimpft sind, würden sich zu Recht die Frage stellen: Wir haben uns freiwillig impfen lassen und jetzt gibt es Geschenke für jene, die sich noch überzeugen lassen? Da geht es um die Eigenverantwortung, das Wissen, dass eine Impfung schützt und dass man damit eine solidarische Leistung erbringt."[1] In Oberösterreich hingegen wird im November angesichts der im österreichischen Vergleich am unteren Ende liegenden Impfquote für die nächsten Monate ebenfalls eine Impflotterie angekündigt.[2]

Ein Blick über den Tellerrand hinaus, in diesem Fall nach Afrika, ist auch nicht besonders ermutigend: Aktuell sind vier Prozent der afrikanischen Bevölkerung vollständig geimpft. In dem Bericht „Mit Tombolas gegen Impfskepsis"[3] wird ein interessantes Experiment geschildert, mit dem der Skepsis gegen das Impfen Paroli geboten werden soll: „Eine Südafrikanerin organisiert Verlosungen – nur für Geimpfte."[3] Was laut der Organisatorin als Witz begonnen habe, habe sich zu einem echten Renner entwickelt. Zweimal pro Tag werden inzwischen Preise auf Facebook verlost, Hunderte haben mitgemacht. Einzige Teilnahmebedingung: die Zusendung der Impfbescheinigung.

Die laut dem Bericht[3] vor allem in Südafrika festzustellende zunehmende Impfskepsis erscheint vor dem Hintergrund, dass gerade in Südafrika nun genügend Impfstoff vorhanden ist und auch die Logistik (Impfzentren etc.) gut ausgebaut ist, grotesk. Denn in den meisten Ländern Afrikas ist neben der mangelnden Verfügbarkeit von Impfstoffen auch der Aufbau der Kapazitäten für die Verabreichung der Impfungen das Hauptproblem. Nach Meinung eines deutschen Virologen an der Universität Stellenbosch liege die Situation in Südafrika auch darin begründet, dass einflussreiche Impfgegner in erzkonservativen religiösen Kreisen und Bündnisse traditioneller Anführer von der Impfung abraten würden. Diese seien hauptverantwortlich für die Situation. Eine Spaltung in der Bevölkerung sei unübersehbar und gehe durch alle Bevölkerungsschichten. Insbesondere in der weißen Minderheit sei die Skepsis sehr hoch. Eine ähnliche Skepsis sei vor ca. 20 Jahren am Beginn auch bei der HIV-Pandemie zu beobachten gewesen.

Ein Vertreter der African Development Bank hat im Fachmagazin „Nature"[4] den Vorschlag gemacht, aus Spendengeldern für jede Impfung einen Betrag von neun Euro bereitzustellen. Die Verwaltung des Geldes könne mittels Entwicklungsbanken gemeinsam mit Institutionen für die Gesundheitsvorsorge, NGOs und Telekomeinrichtungen abgewickelt werden. Mittels Blockchain-Technologie könne die Vergabe von Impfdosen und die Abwicklung der Bezahlungen registriert werden, um so Transparenz sicherzustellen und Korruption zu vermeiden. Erklärung: Blockchain ist eine über ein Netzwerk verteilte, mehrfach identisch gespeicherte Datenbank, die dazu dient, zum Beispiel geschäftliche Transaktionen fälschungssicher zu erfassen, indem die Datensätze (Blöcke) der einzelnen Transaktionen mittels kryptografischer Prüfsummen verkettet sind.

Mit diesem Anreiz habe man schon bei der Ausrollung des Tetanus-Impfprogramms gute Erfolge erzielt. Das Konzept sei in jedem Fall auch für die Geberländer interessant, werde damit doch ein globaler Markt wiederbelebt und die Wahrscheinlichkeit für Virus-Mutationen gesenkt.

Es geht aber noch »innovativer«: In Thailand wird seit Juni im ländlichen Raum jede Woche eine Kuh unter Impfwilligen verlost. Der Andrang soll sich seit Beginn der Aktion vervierfacht haben.[5]

Aber nicht jede Kampagne ist erfolgreich: In Polen wird die „Lotterie der nationalen Impfkampagne"[6] zur Steigerung der Impfquote – es gibt Elektroroller und auch Geld zu gewinnen – mit mäßigem Erfolg beendet. „Es hat sich gezeigt, dass die Anreize kaum dazu bewegen, sich impfen zu lassen."[6]

Auch die Art der Berichterstattung kann einen gewissen Einfluss auf die Bereitschaft haben, sich impfen zu lassen. Das wird in dem Bericht „Medien können Impfskeptiker prägen"[7] ausgeführt: In einem Experiment mit Impfskeptikern ist gezeigt worden, dass (fiktive) Berichte zu Impfdurchbrüchen, selbst wenn sich die Anzahl im vorhergesagten und überschaubaren Rahmen bewegt, abschreckend wirken. Berichte zur guten Wirksamkeit eines Impfstoffs hinterlassen einen positiven Eindruck. Und Grafiken haben einen geringeren Effekt als Texte. Das daraus gezogene Fazit lautet: Wie über einen Impfstoff berichtet wird, macht den Unterschied. Aber die Wirksamkeit solcher Maßnahmen ist dennoch gering, da sich die Meinung jener, die sich bisher nicht haben impfen lassen, verfestigt hat.

Gegen Ende des Jahres wird in Österreich auf politischer Ebene zudem angedacht werden, die Menschen mit finanziellen Anreizen – Stichwort: Impfprämie – zum Impfen zu bewegen: „Alles, was dazu beiträgt, mehr Menschen zum Impfen zu bringen, sei ,ein positives Signal'"[8], sagt der Bundeskanzler. „Geld für den Stich: Der Impfbonus rückt näher"[9].

Eine interessante Erklärung, warum vor allem jüngere Menschen sich oft nicht impfen lassen, liefert ein Neurologe in dem genannten Bericht[7]: Jeder vierte Jugendliche und junge Erwachsene leide unter der Blut-Spritzen-Verletzungsangst, der sogenannten Trypanophobie. Sie sei ein wesentlicher Faktor, der einer hohen Impfrate entgegenwirke. „Die

Angst vor Verletzungen ist ein Steinzeitprogramm unseres Gehirns […]. Wer sich verletzte, hatte ein deutlich erhöhtes Sterberisiko." Dieses evolutionäre Erbe sowie die Angst vor dem Kontrollverlust, vergleichbar mit der Flugangst, seien bestimmend für die Trypanophobie. „Aber wie kann man die Ängste überwinden? Auswege liegen in der kontrollierten Konfrontation."

In Wikipedia ist folgende Beschreibung zu lesen: „Als Trypanophobie oder (umgangssprachlich) Spritzenangst wird die Angst vor Injektionen bezeichnet. Dabei handelt es sich um eine spezifische Phobie, die als relativ häufig und als allgemein medizinisch relevant gilt."[10]

OKTOBER

Dritte Impfung als Tor zur endgültigen Freiheit?

Während eines – zumindest das Infektionsgeschehen betrachtend – entspannten Sommers ist es offensichtlich schwierig, Leute für die Impfung zu mobilisieren und zu motivieren. Ein akutes »Bedrohungsszenario« ist gedanklich weit weg. Umgekehrt macht nun im Herbst die rasante Verbreitung der Delta-Variante Gegenmaßnahmen notwendig. Die Diskussion über den dritten Stich ist somit eröffnet. Ähnlich wie die Frage der Impfpflicht wird auch dieses Thema über den Herbst und Winter massiv an Bedeutung gewinnen.

Wenngleich der Meinungsbildungsprozess noch nicht abgeschlossen ist, Für und Wider abgewogen werden, gehen Experten davon aus, dass eine erste Auffrischungsimpfung jedenfalls ein passendes Instrument in der Bekämpfung der Pandemie darstellt. „Das Verhindern überlasteter Intensivstationen hängt neben dem Impffortschritt vor allem von den Auffrischungen ab. Im ungünstigsten Fall trifft eine hohe Viruszirkulation auf eine abnehmende Immunität bei älteren Personengruppen."[1] Zumindest für ältere Menschen und Risikopatienten sowie ab einem bestimmten Zeitpunkt nach der Grundimmunisierung wird die Auffrischung daher jedenfalls als sinnvoll beurteilt.

Allerdings zeigt die Realität, dass vor allem die Grundimmunisierung noch bei Weitem nicht in einem ausreichenden Maß gegeben ist. In Erinnerung an die belastenden Situationen in den Krankenhäusern im vorigen Herbst und Winter und angesichts des zu erwartenden Anstiegs an Infektionen wird vor einer zunehmenden Erschöpfung des Spitalspersonals gewarnt: „Die Leute sind ausgebrannt."[2] Es ist „die Angst vor der vierten Welle"[2], die das Krankenhauspersonal umtreibt.

Umso mehr Augenmerk wird auf die dritte Impfung gelegt. In den USA erhalten ab Ende September auch Gesunde eine Auffrischung.[3] Dazu wird in den ORF-Ö1-Nachrichten am 25. September berichtet, dass Präsident Biden für 20 Millionen Amerikaner die Auffrischungsimpfung angekündigt hat. Bevorzugt sollen alle Personen ab dem 65. Lebensjahr, Risikopatienten und Menschen in exponierten Berufsgruppen geimpft werden.

Auch Österreich startet mit der dritten Impfung im September. Im ORF-Ö1-Morgenjournal am 31. August gibt es einen ersten Überblick: In Niederösterreich werde mit der dritten Impfung ab sofort begonnen, auch in Salzburg und Wien solle der Start in der ersten Septemberhälfte erfolgen. Für die anderen Bundesländer habe ein Rundruf ergeben, dass die Bereitschaft vorhanden sei und mit den Vorbereitungen der logistischen Notwendigkeiten begonnen werde. Man warte nur noch auf wünschenswert österreichweit einheitliche Vorgaben, wie Formulare für die Einverständniserklärungen, Aufklärungsinformationen, Klärung der Abgeltungen für Hausärzte und die Verfügbarkeit eines elektronischen Anmeldesystems. Diese vorbereitenden Maßnahmen müssten allerdings vom Bund kommen.

Bis Mitte September kommt die Wissenschaft zur Erkenntnis, den dritten Stich so bald als möglich zu verabreichen. Forscher und Virologen begründen das folgendermaßen: „Weil man erkannt hat, wie wichtig und notwendig die dritte Impfung ist. Bei Covid-19 handle es sich schließlich um eine virale Atemwegserkrankung. Wir wissen von anderen viralen Atemwegserkrankungen, wie zum Beispiel der Influenza, dass der Immunschutz nur für eine begrenzte Zeit anhält, so der Virologe."[4] Eine neuerliche Prioritätenreihung auf Basis der Empfehlungen des nationalen Impfgremiums zeichnet sich ab. Die schon von den Erstimpfungen bekannte Reihenfolge lautet: Alten- und Pflegeheime, Personen mit Vorerkrankungen, generell Personen ab dem 65. Lebensjahr und jene, die bei der Grundimpfung den Impfstoff AstraZeneca beziehungsweise Johnson & Johnson erhalten haben. Für diese soll die Auffrischungsimpfung sechs bis neun Monate nach der Vollimmunisierung starten. Virologen sehen für die Zukunft die wiederkehrenden Auffrischungsimpfungen als eine geeignete Gegenmaßnahme, um geschützt durch die kritische Zeit – Herbst und Winter – zu kommen.[4]

Allerdings: Mitte September gibt es noch keinen von der EMA für die Auffrischung zugelassenen Impfstoff. Am 4. Oktober kommt endlich die Empfehlung der EMA für eine Auffrischungsimpfung mit den Impfstoffen von BioNTech/Pfizer und Moderna. Sie gilt für Menschen mit stark geschwächtem Immunsystem: „Es habe sich gezeigt, dass eine dritte Dosis dieser Impfstoffe bei Patienten, die etwa eine Organtransplantation erhalten hatten, die Fähigkeit zur Bildung von Antikörpern gegen das Virus verstärkt."[5]

Israel, das Vorzeigeland für Europa in Sachen Impfbereitschaft und Impffortschritt, legt sich ebenfalls fest: Eine dritte Impfung sei nach Auskunft von Experten und nach Evaluierung der Daten jedenfalls notwendig, sie solle sechs Monate nach der Grundimpfung erfolgen (Meldung im ORF-Ö1-Frühjournal am 1. Oktober). Auch für die Neujustierung der Geltungsdauer des Grünen Passes ist Israel Vorreiter: Ab 3. Oktober gilt der Grüne Pass in Israel nur noch für sechs Monate nach der zweiten Impfung. „Der grüne Pass gilt in Israel für fast alle Bereiche des öffentlichen Lebens und für alle Personen ab drei Jahren."[6]

Die richtige Einschätzung der Wirkungsweise der dritten Impfung hängt wesentlich von den Erkenntnissen aus den Daten anderer Länder ab, die schon mehr Erfahrung haben. Daher ist es auch logisch, dass die Expertise immer wieder angepasst werden muss. Noch Mitte Oktober wird diskutiert: „Wird wirklich jeder eine Drittimpfung brauchen und ab wann wäre eine natürliche Infektion als ‚Booster' vertretbar? Nach wie vor oberste Priorität hat, dass sich alle zweimal impfen lassen. […] Wenn alle Menschen eine gewisse Grundimmunität haben, reicht es, wenn man alle paar Jahre im Winter wieder in Kontakt mit dem Virus kommt und so die Immunität behält."[7] Einzelne Experten schätzen die Situation zu diesem Zeitpunkt also noch relativ optimistisch ein. Die gegenteilige Expertise, auch wegen der vermehrt auftretenden Impfdurchbrüche, lautet: „Am Beginn der Pandemie sind zuerst die alten Menschen und Menschen, die schwer kranken waren, geimpft worden. Zum einen sei der Impfschutz bei diesen Personen generell oft schwächer, dazu komme, dass dieser mit der Zeit auch abnehme. Nach sechs bis neun Monaten sollte eigentlich jeder ein drittes Mal immunisiert werden. Da der Impfschutz nun bei bestimmten Gruppen schon abnehme […], sei es klar, dass sich auch geimpfte Personen infizieren und einen schweren Krankheitsverlauf haben könnten."[8]

Anhand der verfügbaren Daten wird immer deutlicher, dass die dritte Impfung aus epidemiologischer Sicht notwendig scheint. „Die dritte Corona-Impfung sei kein freiwilliger Zusatz für Risikogruppen, sondern ein wichtiger Teil der Grundimmunisierung für alle, stellte das Gesundheitsministerium klar."[9] Und: „Entscheidend für den Zeitpunkt sei […]

der zeitliche Abstand zur Zweitimpfung."[9] In Wirklichkeit ist es doch faszinierend, wie schnell die Wissenschaft anhand von Studien und Daten ihren Kenntnisstand zu adaptieren vermag. Diese Fähigkeit ist ein wichtiges Instrument im Kampf gegen das Virus. Denn auch das Virus ist zu Anpassungen in Form von Mutationen fähig.

Dass Durchbruchsinfektionen bei der Delta-Variante des Virus nicht so selten sind als ursprünglich angenommen, wird unter anderem aus Studien in Großbritannien klar. Zudem ist nicht auszuschließen, dass mit einer entdeckten neuen Subkategorie der Delta-Variante, die sich auch in Österreich ausbreitet, neues Ungemach droht. „Gleichzeitig können wir nicht wissen, wie genau sich die zukünftige Evolution dieses Virus verhält. […] Die Pandemie wird auch künftig dynamisch bleiben."[10] Eine wahrhaft prophetische Einschätzung, wie wir bis Ende des Jahres erfahren werden.

Mittlerweile hat sich die Erkenntnis gefestigt, dass die Grundimmunisierung erst mit einer Boosterimpfung vollständig abgeschlossen ist: „Die Auffrischungsimpfung führt zu einer höherwertigen und länger anhaltenden Immunität, weil dadurch die sogenannten Gedächtniszellen des Abwehrsystems aktiviert werden."[11] In dem Bericht „Welcher dritte Stich am besten wirkt"[12] wird dazu ausgeführt: „Die dritte Impfdosis boostet die Wächter des Immunsystems gegen Sars-CoV-2. Sie treibt die Antikörper nach oben mit dem Ziel, dass eine patente und länger anhaltende Immunantwort entsteht." In dem genannten Bericht wird auch erwähnt, dass das Clalit Research Institute in Tel Aviv eine Studie zu den Auffrischungsimpfungen, die in Israel seit Mitte Juli angeboten werden, präsentiert. Die Ergebnisse sind durchaus ermutigend: Die Sieben-Tage-Inzidenz ist zwischen dem 15. September und 2. November von mehr als 800 auf unter 50 gefallen. Vielleicht doch ein Happy End?

Nachdem somit die Notwendigkeit der dritten Impfung geklärt ist, stellt sich die nächste Frage: Wann ist der frühestmögliche und gleichzeitig sinnvolle Zeitpunkt für die dritte Impfung?

In Österreich wird Wien als erstes Bundesland Anfang November die ursprünglich vereinbarte Reihenfolge aufheben und den dritten Stich generell freigeben: „Ab Dienstag *[Anm.: 2. November]* dürfen sich in Wien alle Geimpften sechs Monate nach der zweiten Dosis ein drittes Mal impfen lassen. Die bisher geltenden Abstufungen nach Alter und Risikogruppe mit empfohlenen Zeiträumen von sechs bis neun bzw. neun bis zwölf Monaten werden aufgehoben."[13]

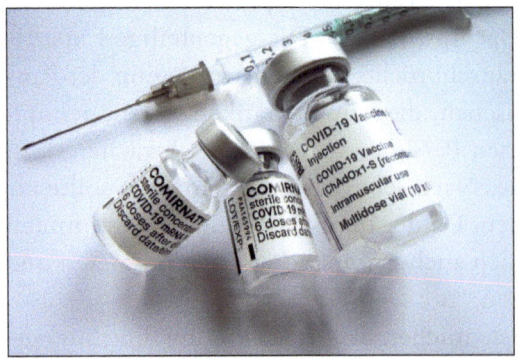

Kreuzimpfungen für den dritten Stich – Welche Kombinationen stehen zur Auswahl?

Bedingt durch das starke Ansteigen der Infektionszahlen im November wird in Expertenkreisen für den dritten Stich die bisher geltende Wartefrist von sechs Monaten nach dem Zweitstich infrage gestellt: „Eine Unterschreitung des empfohlenen Impfintervalls von sechs Monaten ist in begründeten Ausnahmefällen [...] sinnvoll und kann nach entsprechender Aufklärung und Dokumentation erfolgen (off-label).“[14]

Dazu wird von einem Experten im ORF-Ö1-Morgenjournal am 23. November erklärt: Die Antikörper sänken schon nach dem sechsten Monat der Impfung deutlich ab, besonders bei älteren und gefährdeten Personen. Das habe eine Studie in Israel auch für den Impfstoff von BioNTech/Pfizer gezeigt. Mit der dritten Impfung steige der Antikörperspiegel wieder deutlich an. Die dritte Impfung könne als Booster gesehen werden. Es gebe nach dem dritten Stich um über 90 Prozent geringere Krankenhauseinweisungen, aber auch die Wahrscheinlichkeit der Weitergabe einer Infektion sinke. Die dritte Impfung sei somit auch als Schutz für andere zu sehen. Einschränkend betont wird in dem Interview aber auch, dass diese Erklärung nicht als allgemeine Empfehlung zur Freigabe der dritten Impfung nach bereits vier Monaten verstanden werden könne. „Allerdings gibt die Zulassung für den dritten Stich mit den beiden mRNA-Impfstoffen eben nur eine Abgabe nach sechs Monaten her.“[14]

Ob diese Erklärung in der aktuellen Situation zur Beruhigung der Lage beiträgt oder nicht doch Verunsicherung schafft, sei dahingestellt.

Jedenfalls hält die offizielle Aussage zu den sechs Monaten Wartezeit für den dritten Stich bis Ende November. Dabei geht es auch um Haftungsfragen und Entschädigungsansprüche, verbunden mit der Aufklärungspflicht durch den impfenden Arzt: „Wenn mRNA-Geimpfte vor Ablauf der sechs Monate ihren dritten Stich bekommen, handelt es sich nach den Regeln der Europäischen Arzneimittel-Agentur (EMA) *[Anm.: nach wie vor]* um eine Off-Label-Impfung. [...] Ansprüche gegenüber dem Staat [...] würden aber auch in diesem Fall gelten. Die Entschädigungsleistungen des Impfschadengesetzes stehen auch jenen offen, denen eine Impfung gegen Covid-19 außerhalb der (zugelassenen) Indikationen verabreicht wurde. [...] Entscheidend sei dafür beim Impfstoff der rechtmäßige Zugang zum österreichischen bzw. europäischen Markt. Und diesen gebe es bei den angewandten Covid-Impfstoffen.“[15]

Mit dieser Aussage erfolgt endlich die unbedingt notwendige Klarstellung.

In weiterer Folge wird die Mindestzeitspanne zwischen zweitem und drittem Stich zuerst in Wien auf vier Monate verkürzt, andere Bundesländer folgen. „Vier Monate nach der zweiten Dosis, sechs Monate oder doch erst neun? Nicht für alle gelten dieselben Regeln und Empfehlungen.“[16]

Im Dezember – zu dieser Zeit wird der dritte Stich schon obligatorisch sein und eine möglichst rasche Auffrischung als notwendig gesehen werden – wird eine ähnliche Diskussion aufkommen: „Ein neues Vakzin *[Anm.: Novavax wird als Impfstoff zugelassen]*, Diskussion um die Zeitspanne bis zur Auffrischung und ein vierter Stich: Die wichtigsten Fragen und Antworten zu den neuen Entwicklungen“[17]

Achtung: Falle! Stufenplan in der Bekämpfung der Pandemie

Schon im Spätsommer wird gemeldet: „Die Infektionszahlen steigen. Das Wort Lockdown will niemand in den Mund nehmen – zumindest auf politischer Ebene, Schulen, Geschäfte und Gastronomie sollen offenbleiben."[1] Im Gesundheitsministerium liege ein konkreter Maßnahmenplan vor, wird berichtet.[1] Mit der ab dem 15. September geltenden Novelle zur Covid-19-Öffnungsverordnung werden die Absichten in konkretes Gesetzeswerk gegossen. Diese Verordnung enthält einen Stufenplan, nach dem – abhängig von der Anzahl der mit Covid-19-Erkrankten belegten Intensivbetten in den Krankenhäusern – weitergehende einschränkende Maßnahmen definiert werden. Weitere Novellen zu dieser Verordnung folgen.

Allerdings gibt selbst der Präsident der Ärztekammer, zweifelsfrei ein anerkannter Experte, zu bedenken, dass er sich mit den verschiedenen Vorgaben zur Pandemiebekämpfung auf Bundesebene und den in den Ländern unterschiedlichen Umsetzungen dazu nicht mehr wirklich auskenne. Das zweifellos gut gemeinte Ziel des Austarierens und Abwägens scheint etwas zu viel des Guten. Daher ist die Warnung »Falle« nicht ganz abwegig.

Je nach Auslastung der Intensivstationen sind in der Covid-19-Verordnung quasi wie in einer Kaskade drei Stufen an weitergehenden oder zusätzlichen Maßnahmen vorgesehen. Aus der Sicht der Modellrechner und Experten ist das Erreichen der Auslastungen für die weiteren Stufen durch das reale Infektionsgeschehen zweifelsfrei in den nächsten Wochen zu erwarten. Dass bei Erreichen der nächsten Eskalationsstufe die Maßnahmen erst eine Woche zeitverzögert in Kraft treten, wird vielerorts kritisiert. Wir sehen, die Politik steht immer in der Kritik: Bei unmittelbarem Inkrafttreten der Maßnahmen würde umgekehrt die fehlende Planbarkeit und Berechenbarkeit ins Treffen geführt werden.

Die Regelungen werden anhand des Berichts „Ein Stufenplan, zwei Sonderwege und neue K1-Regeln"[2] zusammenfassend dargestellt: Ab dem 27. September erfolgt auf der einen Seite eine Verkürzung der Quarantänezeit von 14 auf zehn Tage mit der Möglichkeit des Freitestens nach fünf Tagen. Umgekehrt wird die FFP2-Maskenpflicht für definierte Bereiche wieder ausgeweitet beziehungsweise wird vom allgemeinen Mund-Nasen-Schutz auf FFP2-Maskenpflicht umgestellt. Die Geltungsdauer der Tests wird verkürzt. Zusätzlich wird bei den Maßnahmen zwischen Geimpften und Nichtgeimpften unterschieden. Die inzwischen bekannte 3G-Regel wird um eine 2,5G-Regel erweitert: 2,5G bedeutet, dass nur mehr PCR-Tests zulässig sind, aber keine Antigen-Tests. Diese Regel gilt für bestimmte Bereiche, eine vordringliche Anwendung dafür ist die Nachtgastronomie. In Wien und Linz gibt es zudem weitere Sonderregelungen.

Die Verschärfungen werden mit der akuten Situation der vorherrschenden Delta-Variante des Virus begründet: „Denn diese zunächst in Indien entdeckte Variante ist um mindestens 50 Prozent ansteckender als die zuvor vorherrschende Alphavariante (erstmals in England nachgewiesen), die schon um die Hälfte infektiöser ist als die Ursprungsvariante (Wildtyp aus Wuhan). Diese Aggressivität der Deltavariante ist zwar hinsichtlich ihrer Ansteckungsfähigkeit ein Nachteil [...]. In gewisser Weise stellt sie aber auch einen Vorteil dar. Insofern, als sich die Infektion schneller festsetzt, es früher zu einer hohen Viruslast im Nasenrachenraum kommt. Mit der Folge, dass PCR-Tests schon zwei bis drei Tage nach der Ansteckung anschlagen. Ein negativer Test fünf Tage nach einer möglichen Infektion ist also ein recht verlässlicher Hinweis darauf, dass sich die betroffene K1-Person nicht angesteckt hat."[3]

Für bestimmte Bereiche, wie zum Beispiel für Spitäler und Pflegeeinrichtungen, definiert die Verordnung des Gesundheitsministeriums zwar Mindestanforderungen, aber: „Für ungeimpftes Spitalspersonal gelten überall andere Regeln. Im Extremfall gilt ein Antigen-Test für sieben Tage."[4]

Unterschiedliche Regelungen gelten aufgrund ihres Autonomiestatus auch an den einzelnen Universitäten. In einem Bericht in der ORF-Nachrichtensendung Zeit im Bild 1 heißt es am 29. September: Jede Universität schreibt sich die Regeln für Präsenzunterricht, Hybridbetrieb und Online-Lehrbetrieb sowie Auslastung der Hörsäle selbst. Selbstredend sind diese unterschiedlich, im Maximum sind das 28 unterschiedliche Regelungen.

Im Sinne der Studierenden – es gibt viele, die an zwei oder mehr Unis eingeschrieben sind – wird von Ministeriumsseite eingemahnt: „Der Wissenschaftsminister wünscht sich eine Vereinheitlichung."[5] Später, wenn im November die Infektionszahlen davongaloppieren, werden auch die Universitäten weitere verschärfende Maßnahmen einführen: Die meisten wechseln von der 3G-Regel auf die 2,5G-Regel. Lediglich die Universität Innsbruck bleibt dann (vorläufig) bei der 3G-Regel. Umgekehrt wird sich im ORF-Ö1-Morgenjournal am 10. November der Rektor der Universität Klagenfurt für eine 2G-Regel aussprechen. Der Rektor argumentiert, dass den Geimpften und Genesenen ein Mindestmaß an Präsenzunterricht ermöglicht werden solle.

Positiv fällt auf: Der Stufenplan übersteht die »innerbetrieblichen« Turbulenzen in der Regierung durch den Wechsel im Kanzleramt am 11. Oktober. Schallenberg folgt Kurz als Bundeskanzler nach. Das wesentliche Ziel, nämlich einen Lockdown zu vermeiden, bleibt aber unverändert.

Das weitere Ansteigen der Infektionszahlen wird anhand der nachstehenden Zahlen beispielhaft veranschaulicht. Am 20. Oktober werden 3.727 Neuinfektionen gemeldet, gemäß den Darstellungen in der ORF-Nachrichtensendung Zeit im Bild 1 sind das 1.137 mehr als am Tag davor. Die Sieben-Tage-Inzidenz steigt auf 195,4 pro 100.000 Einwohner. In der Pressekonferenz am späten Abend des 22. Oktober – der Auftritt wirkt sehr ernst inszeniert – werden vom Bundeskanzler und dem Gesundheitsminister eine Verschärfung und Ausweitung des schon bekannten Stufenplans angekündigt: Es wird fünf statt der bisher drei vorgesehenen Eskalationsstufen geben. Stufe vier – 500 Patienten beziehungsweise 25 Prozent Intensivbettenauslastung in den Krankenhäusern mit Covid-19-Patienten – bedeutet die Anwendung der 2G-Regel für Hotellerie, Gastronomie, Krankenhaus- und Pflegebesuche.[6] Stufe fünf ist mit österreichweit 600 belegten Intensivbetten beziehungsweise 30 Prozent Auslastung mit Covid-19-Patienten erreicht. Und erstmals wird klar kommuniziert: In dieser Phase soll es Ausgangsbeschränkungen für Ungeimpfte geben, das Verlassen des Wohnbereichs wird für sie nur mehr in Ausnahmefällen (Grundversorgung, Weg zur Arbeit) möglich sein.[7] Mit anderen Worten: „Ungeimpften könnten bald Ausgangssperren drohen"[8]. Auch bei der 3G-Regel am Arbeitsplatz soll nachgeschärft werden: Nach einer zweiwöchigen Übergangsfrist sind für den Nachweis eines negativen Testergebnisses nur mehr PCR-Tests zulässig.

Am 29. Oktober werden bereits 5.861 Neuinfektionen gemeldet, das sind in etwa um 1.600 mehr im Vergleich zum Vortag. Das ist ein (vorläufiger) Jahreshöchstwert, zuletzt sind im November des Vorjahres mehr als 5.000 Neuinfektionen verzeichnet worden.[9] Bereits einen Tag später sind es schon 6.102 registrierte Neuinfektionen.[10] Weitere Verschärfungen der Maßnahmen sind die Folge. In den meisten Bundesländern wird für die Nachtgastronomie die 2G-Regel eingeführt, ebenso für Großevents ab 500 Personen. Mehr Transparenz wird eingefordert: „Wir brauchen eine klare Linie und eine deutliche, einfach verständliche Kommunikation"[10], so der Wiener Bürgermeister. Die in Wien im Vergleich zu den anderen Bundesländern geltenden schärferen Maßnahmen werden jedenfalls vorneweg bis Ende November verlängert.[11]

Die Situation ist aber nicht nur in Österreich besorgniserregend. Die Schlagzeile „Der Corona-Herbst hält Einzug in Europa"[12] zeigt das europaweite Problem auf: Aus Sicht der ECDC belegen die aktuellen Zahlen an Infektionen in mehreren europäischen Ländern inklusive Russland und Großbritannien Ende Oktober ein Hauptproblem, nämlich eine fehlende Impfquote von zumindest 80 Prozent. Es ist „Europas Kampf gegen die vierte Welle"[13]: „In vielen Ländern Europas ringen Regierungen um neue Maßnahmenpakete, die von Impfaufrufen über 2G-Regelungen bis zu ‚Lockdown light' reichen."

Wegen der davongaloppierenden Infektionszahlen – Anfang November sind es knapp unter 10.000 tägliche Infektionszahlen – wird auf politischer Ebene am 5. November die Notbremse gezogen: Ab dem 8. November gilt die 2G-Regel, lediglich für Arbeitsplätze bleibt die 2,5G-Regel bestehen. Eine prägnante Schlagzeile dazu am 6. November lautet: „Späte Einsicht. Neuinfektionen steigen rapide – 2G ersetzt 3G in ganz Österreich – Experten raten zu Tempo."[14] Und im Detail bedeutet das: „2G in ganz Österreich. 2G-Regel für Gastro, körpernahe Dienstleister und Veranstaltungen ab 25 Personen"[15]. Die Ausnahme dazu lautet weiterhin: „Für den Arbeitsplatz gilt weiterhin die 3G-Regel"[15]. Dazu passend wird im ORF-Ö1-Mittagsjournal am 6. November für den Vortag ein neuer Allzeitrekord an Infektionen im Pandemiegeschehen gemeldet: 9943! Berichtet wird aber auch, dass erstmals wieder ein erhöhter Andrang und somit längere Wartezeiten bei den Impfstellen zu verzeichnen seien. Eine Schlagzeile dazu: „2G-Regel als Impfturbo: Schlange stehen für den Stich"[16]. Im Detail bedeutet das: „Impfbusse und Zentren wurden am Samstag [Anm.: am 6. November] regelrecht gestürmt"[16].

Bemerkenswert dabei ist, dass die Bundesländer nun einheitliche Regelungen fordern. Sind im Frühjahr unterschiedliche Regelungen als der Weg in eine bessere Zukunft erachtet worden, hat sich das Bild in Folge der sehr stark ansteigenden vierten Welle an Infektionen wieder verschoben.

Die Geltungsdauer des Grünen Passes liegt künftig nur noch bei neun Monaten statt bisher zwölf, danach braucht es den dritten Stich für ein gültiges Zertifikat.[17] Das sind entscheidende Änderungen, wenn sie denn auch entsprechend kontrolliert werden. Denn ohne Kontrollen geht es bekanntlich nicht.

Von Experten wird einmal mehr betont, dass die Impfung die vordringliche Lösung des Problems sei. Vor allem Zentral- und Osteuropa sind offensichtlich nach wie vor nicht gut aufgestellt. „In den vergangenen vier Wochen habe es in Europa ein Plus der Neuinfektionen um über 55 Prozent gegeben"[18]. Schon Anfang September liest man: „In keinem großen EU-Land sind so wenige Menschen geimpft wie in Polen – nur 50 Prozent. Damit steht das Land für den gesamten Osten der Europäischen Union."[19] Umgekehrt ist die Situation in Spanien und Portugal. In einem Bericht im ORF-Ö1-Morgenjournal am 6. November wird erläutert: In beiden Ländern werde die Impfung als Segen und Glück empfunden, keine politische Partei trete als Impfgegner auf. In dem Beitrag „Portugal hat beim Impfen ohne Zwang alle überholt"[20] wird analysiert: Grundsätzlich bestehe eine hohe Akzeptanz für Impfungen, das habe schon die Impfrate von 95 Prozent bei Masern, Röteln und Mumps gezeigt. Das Vertrauen in ein relativ neues Gesundheitssystem, das erst in den 1970er-Jahren nach der Nelkenrevolution eingeführt worden ist, sei groß. Die Kindersterblichkeit sei davor sehr hoch gewesen und viele Eltern hätten Kinder verloren. Mit den Impfungen sei diese drastisch zurückgegangen. Und der Anteil an deklarierten Impfverweigerern betrage lediglich drei Prozent.

Eine nicht normale Wintersaison im Zeichen der Pandemie

Skiurlaub inklusive Après-Ski-Vergnügen ist ein immer wiederkehrendes »Reizthema« während dieser Pandemie. Verständlicherweise sind vor allem die Tourismusvertreter in den westlichen Bundesländern davon tangiert und sehen sich auch für diesen Winter auf den Plan gerufen. Geht es doch darum, für den Beginn der Wintersaison im Oktober gerüstet zu sein. Die Warnung aus virologischer Sicht Ende August, dass möglicherweise ein weiterer Lockdown ins Haus stehen könnte, führt zu deutlichen Positionierungen. Die Vertreter der Seilbahnunternehmen bauen schon einmal mit düsteren Bildern vor: Ein Öffnen der Lifte nur für Einheimische – wie vorigen Winter – ergebe keinen Sinn. Auch eine nur halbe Auslastung der Gondeln sei unvorstellbar, ansonsten werde es an den Liften einen großen Stau beim Anstellen geben.[1]

Technische Lösungen für automatisierte Zutrittskontrollen zu den Skiliften sind jedenfalls verfügbar: So ist zum Beispiel eine mobile Kontrollsäule mit Scanner entwickelt worden, die mit dem Ticketsystem verbunden werden kann. Ticket und QR-Code des Impfzertifikats oder des aktuellen Covid-19-Tests können gescannt und zusammengeführt werden.[2] Voilà, das Drehkreuz öffnet sich!

Spätestens Mitte September, nach einer Videokonferenz mit dem zuständigen Ministerium, werden die Bedenken aus der Branche schon sehr konkret: „Seilbahner: ,3G-Zutritt wäre Super-GAU'"[3]. Von den Seilbahnbetreibern wird eine Überprüfung der 3G-Regel an der Liftkassa als nicht umsetzbar gesehen, weder vom Aufwand an Personal her noch mit Blick auf Verzögerungen in der Abwicklung. Lange Warteschlangen an den Talstationen werden befürchtet. Gleichzeitig denkt eine Gruppe von Seilbahnbetreibern auch über Lösungen nach: Ein Online-Reservierungssystem soll mit den 3G-Daten verknüpft werden. Damit sollten lange Wartezeiten an den Kassen vermeidbar sein.[3]

Aber es kommt Bewegung in die Sache. Zugestanden wird, dass für das Skifahren die Kontrolle der 3G-Regel unabdingbar sein wird: „Skilift wird zum Checkpoint"[4]. Daher wird ein Tauschgeschäft anvisiert: Die Kontrolle der 3G-Regel an der Kassa, sofern nicht schon beim Onlinekauf des Tickets überprüft, auf der einen Seite, eine volle Belegung der Seilbahngondeln, notfalls mit FFP2-Maskenpflicht, auf der anderen Seite.[4]

In all den unterschiedlichen Überlegungen für die begleitende Hotellerie und Gastronomie nimmt das Après-Ski-Geschäft eine besondere Stellung ein. Was ist bei genauerem Hinsehen darunter zu verstehen? „Gewerberechtlich gibt es keine Definition dafür"[4], stellt ein Vertreter der Fachgruppe Gastronomie der Wirtschaftskammer Tirol fest. „Die landläufige Meinung sei wohl, dass am Abend gefeiert werde, das muss aber nicht zwingend so sein." Und ein Fachgruppensprecher der WKO meint: „Es werde wohl darum gehen, wie und wo konsumiert werde, im Stehen oder an der Schank oder im Sitzen."[4]

Das Konzept der Bundesregierung für den Wintertourismus, vorgestellt am 20. September, hat ein klares Motto: „Wer geimpft oder genesen ist, wird eine Wintersaison ohne nennenswerte Einschränkungen erleben."[5] Für Ungeimpfte orientiert sich der Plan an der Auslastung der Intensivstationen. Sollte sich die Situation wieder verschlechtern, kommen zusätzliche Einschränkungen zur 3G-Regel. Und für das Après-Ski-Vergnügen sollen die Bestimmungen aus der Nachgastronomie übernommen werden. Für den Seilbahnbetrieb gilt generell die FFP2-Maskenpflicht.[5]

Am Wochenende des 23. und 24. Oktober startet in Sölden die neue Ski-Weltcup-Saison. Vor dem harten Lockdown im vorigen Herbst ist das damals aufgestellte Regime an Coronamaßnahmen mit strenger PCR-Blase, ausgesperrten Fans und vielen anderen Hygienemaßnahmen „eine Schussfahrt ins Ungewisse"[6] gewesen. Vieles hat sich seitdem geändert. Aber klar ist auch, dass „man von alter Normalität – mit gewollter oder ungewollter Nähe zu Fans, FIPs und Co. – doch noch sehr weit entfernt ist: Denn das Blasensystem, das Athleten, Medien und Fans trennt, bleibt weiterhin aufrecht."[6]

Neben den klassischen Wintersportorten ist es vor allem die Stadthotellerie, die nach wie vor sehr leidet. Viele potenzielle Touristen aus Gebieten außerhalb Europas, zum Beispiel aus dem arabischen Raum, kommen nicht. Sie sind mit in der Europäischen Union nicht zugelassenen Impfstoffen geimpft und müssten sich daher immer wieder testen lassen. Die Feststellung „Wir haben eine Zweiklassengesellschaft der Geimpften"[7] bringt die Problematik zum Ausdruck. Aber nicht nur auf Gästeseite, ebenso auf Personalseite gibt es Probleme: „Es sind auch ja ganz viele Ungarn, Kroaten, Serben und Polen, die mit Sputnik geimpft sind."[7]

Für den Tourismus entscheidend ist die Entwicklung des Infektionsgeschehens sowohl im In- als auch im Ausland. Die vierte Welle macht die Unsicherheiten für die Tourismusbranche wieder größer. Denn mit den erneuten Einstufungen von Gebieten in Hochrisikogebiete samt Einreisebeschränkungen geht das Bangen unter den Veranstaltern und Hoteliers aufs Neue los: „Gefährdet vierte Welle Österreichs Skiwinter?"[8] Tatsächlich ist das zu befürchten. Denn ab dem 14. November ist es amtlich – Österreich wird in Deutschland wieder zum Hochrisikogebiet erklärt: „Deutsche Reisewarnung. Obwohl seit Tagen auf sie gewartet wurde, gehen in Österreich die Wogen hoch. Familien stornieren den Weihnachtsurlaub am Berg, die (Après-Ski-)Party ist abgesagt"[9].

Versprechungen sind in Zeiten der Pandemie immer ein Wagnis. Wenn in der ORF-Nachrichtensendung Zeit im Bild 1 am 17. Dezember die Tourismusministerin eine „richtige Wintersaison" ankündigt, ist das vermutlich mehr als moralische Unterstützung und Beruhigung für die schon überstrapazierten Nerven der Betroffenen in der Branche denn als eine Garantieerklärung gedacht. Mit Ende Dezember wird es tatsächlich zu einer (vorübergehenden) Entspannung kommen, wenn Deutschland mitteilt, Österreich ab dem 1. Jänner 2022 wieder aus der Liste der Hochrisikogebiete zu nehmen – „Ein Geschenk für die Touristiker"[10]. Der Wermutstropfen für die Tourismusbranche ist dennoch die ab dem 25. Dezember für Österreich geltende Einordnung von Großbritannien, Dänemark, den Niederlanden und Norwegen als Virus-Varianten-Gebiete. Die potenziellen Verluste an Winterurlaubern sorgen erneut für Unmut.

Herbst und Winter sind für die Tourismusbranche und Hotellerie eine richtige Achterbahnfahrt. Einige Zahlen in dem Bericht „Ein Geschenk für die Touristiker"[10] helfen, die Sorgen zu verstehen: Laut Statistik Austria werden für November 3,29 Millionen Nächtigungen gemeldet. Das sind zwar dreimal so viele wie im November 2020 – damals hat der Lockdown am 3. November begonnen –, gleichzeitig aber um 38 Prozent weniger als im November 2019. Von Jänner bis November 2021 gibt es knapp 73,5 Millionen Nächtigungen, das ist ein Rückgang von rund einem Viertel zur vergleichbaren Vorjahresperiode.

Vulkanausbruch auf der Ferieninsel La Palma

Als am 19. September im Gebirgszug der Cumbre Vieja ein Vulkan ausbricht, ahnen die Welt und die Menschen auf der Insel La Palma vermutlich nicht, wie sehr in den nächsten Monaten das Leben auf der Insel davon beeinflusst werden wird. Wir alle werden Zeugen dieses beeindruckenden und gleichzeitig auch bedrückenden Ereignisses, das vor »Europas Haustür« stattfindet. Lava und Asche legen von Beginn an eine Spur der Verwüstung. Schon etwas mehr als eine Woche nach dem Ausbruch zeigt sich: „Die größte Lavawalze verwüstete das besagte Dorf Todoque […]. Die Lava begrub die meisten Gebäude, darunter die Kirche San Pío, das Gesundheitszentrum und den Supermarkt. Der Lavastrom ist bis zu 800 Meter breit, 15 Meter hoch und rinnt zum Meer. Mindestens zwei weitere Lavazungen fließen den westlichen Abhang der Cumbre Vieja hinunter, weshalb weitere Siedlungen geräumt werden mussten."[1]

Sehr authentisch liest sich die Schilderung des Ausbruchs in dem Bericht „Am Feuerberg"[2]: „Es fühlte sich an, als würde sich unter der Erde etwas zusammenbrauen. Abends gab es dann einen Knall und Sekunden später schossen mit pfauchenden Geräuschen Lava, Asche und glühende Gesteinsbrocken aus dem Berg heraus. Dunkle, bedrohliche Vulkanwolken schwärzten den Himmel. Bäume und Ackerflächen begannen zu brennen, die glühend heiße Lava floss über die Hauptstraße, begrub alles unter sich, was sich ihr in den Weg stellte." Im wahrsten Sinn des Wortes ein »schrecklich-schönes Naturschauspiel«.

Wieder einmal zeigt sich, wie nahe Tragödie und Sensationslust beieinanderliegen. Das Naturschauspiel wird bestaunt, Touristenhotels werden vor allem am Anfang gestürmt, um möglichst nahe dem Ereignis zu sein. Aber noch nach mehr als einem Monat – ein Ende der Ausbrüche ist nicht absehbar – wird in den Nachrichten des ORF am 31. Oktober berichtet, dass über das anstehende verlängerte Wochenende rund um den 1. November 90 Prozent der Hotels in La Palma ausgebucht seien. Die Touristen werden mit Bussen zum »Vulkanschauen« gebracht. Sensationslust ist schon immer ein gutes Geschäftsmodell gewesen.

Einige geologische und geschichtliche Eckdaten aus dem World Wide Web[3]: Die Cumbre Vieja ist eine knapp 2.000 Meter hohe und etwa 14 Kilometer lange Vulkankette mit zahlreichen Vulkankratern im Süden der zu Spanien gehörenden Kanareninsel La Palma. Die Kanarischen Inseln gehören geologisch zu Afrika, politisch zu Spanien und biogeografisch zu Makaronesien. Sie liegen im östlichen Zentralatlantik, etwa 100 bis 500 Kilometer westlich der Küste von Marokko.

La Palma ist seit mehreren Jahrhunderten die vulkanisch aktivste Insel der Kanaren. Sieben der etwa 120 Krater der Cumbre Vieja sind während der letzten 500 Jahre ausgebrochen.

Bei dem Vulkanausbruch auf La Palma im Jahr 1949 bricht entlang eines etwa vier Kilometer langen Spaltensystems die Erde an drei unterschiedlichen Stellen auf dem Bergkamm der Cumbre Vieja auf. Die drei Eruptionsstellen sind der neu entstandene Krater Duraznero, die Eruptionsspalte Llano del Banco und der Explosionskrater Hoyo Negro.

1971 bricht der 438 Meter hohe Teneguía an der Südspitze La Palmas aus. Am Anfang seines Ausbruchs bildet er sechs Öffnungen, aus diesen treten noch heute heiße Schwefeldämpfe aus. Südlich des Teneguía setzt sich die Cumbre Vieja unter dem Meeresspiegel fort. Unterseeischer Vulkanismus zeigt, dass sich der aktive Teil der Cumbre Vieja noch im Meer befindet.

Am 19. September 2021 ereignet sich eine Eruption oberhalb von Las Manchas. Es bilden sich zunächst zwei Spalten mit jeweils mehreren Schloten, Lavafontänen sind zu sehen. Nach einer Stunde bildet sich oberhalb der ersten Ausbruchstelle eine Aschewolke, die bis 1.500 Meter hoch reicht[3].

Vulkanausbruch auf La Palma

Vier Wochen nach dem Ausbruch haben 7.000 Menschen ihre Häuser verlassen müssen, 2.500 Gebäude sind nach einem Bericht in den ORF-Nachrichten am 31. Oktober inzwischen zerstört.

Es geht aber nicht nur um Gebäude, sondern auch um die Vernichtung von Nutzungsflächen. Bereits ca. 900 Hektar Land sind von einer meterdicken Lavaschicht bedeckt, so heißt es in den ORF-Ö1-Nachrichten am 25. Oktober. Landwirtschaftliche Kulturflächen – vor allem Wein-, Bananen- und Avocadoplantagen – werden unter den meterhohen Lavamassen begraben und die Ernten durch Ascheregen vernichtet.

Zunehmend wird das Gemisch aus Asche und Regen ein statisches Problem für Dächer und lässt diese einbrechen. In den Alpen gibt es im Winter immer wieder ähnliche Situationen: Wenn enorme Schneelasten auf den Dächern liegen und es dann noch regnet, wird die Last oftmals so groß und Dächer drohen einzubrechen. Da hilft nur rechtzeitiges Frei-schaufeln. Aber was macht man bei zu Beton gehärteter Asche?

Ständig gibt es Erdbeben, viele an einem Tag. In den ORF-Ö1-Nachrichten am 25. Oktober wird allein für den 24. Oktober von 80 gezählten Erdbeben berichtet!

Kein Ende der Lavaströme in Sicht

Von dem Ausbruch ist die Westflanke des Gebirgszugs im Südwesten der Insel bis zur besiedelten Küste hin betroffen. Lavaströme reichen inzwischen bis ins Meer. Wir sehen Bilder von Lavaströmen, die sich in den Atlantik schieben, dort erstarren und so eine bizarre neue Landschaft erstehen lassen: „Das rund 1000 Grad heiße, flüssige Gestein härtet aus, sobald es in das nur 20 Grad warme Wasser des Atlantiks fließt, und schiebt so die Küste ins Meer hinaus"[4].

Ende Oktober ist also noch immer kein Ende der Ausbrüche des Vulkans und damit der Zerstörungen in Sicht: „Die Lage nach dem Vulkanausbruch auf der Ferieninsel La Palma wird immer dramatischer."[5] Es herrschen Angst und Sorge. Die täglichen Erdbeben – es gibt Dutzende davon – weisen auf eine unverminderte Aktivität hin. Da die meisten Erd-stöße weiterhin in Tiefen von deutlich mehr als 30 Kilometern stattfinden, deutet das nach Angaben von Experten darauf hin, dass der Vulkan noch einige Zeit aktiv bleiben wird.[6]

Erst am 6. November wird in den ORF-Abendnachrichten berichtet, dass Experten erstmals eine leichte Änderung in der Charakteristik der Ausbrüche registriert hätten. Die Anzahl der Erdbeben liege in diesen Tagen in der Größenordnung von lediglich fünf Be-ben. Zudem sei der Austritt von Lava durch den Austritt von Aschewolken abgelöst worden. Nach Expertenmeinung sei es jedoch noch viel zu früh, daraus konkrete Rückschlüsse zu ziehen. Es könnte aber ein Zeichen für eine leichte Entspannung der bedrohlichen Lage sein.

Den Menschen ist ein Ende der Ausbrüche zu wünschen, haben doch nicht nur Lava, sondern vor allem die vom Wind weitergetragene Asche in weiten Teilen der Insel bis in den Norden hin dazu geführt, dass Felder und Parks, landwirtschaftliche Flächen und Gebäu-de unter einer dicken grauschwarzen Schicht verschwunden sind. Selbst Friedhöfe werden zu Allerheiligen gesperrt, weil sie unter dieser dicken Ascheschicht begraben sind: „Asche und Lava bedecken auch Friedhöfe auf La Palma"[7].

Wie ungewiss die Entwicklung ist, wird sich anhand der unterschiedlichen Meldun-gen in den nächsten Wochen zeigen. So wird in den ORF-Nachrichten am 19. Novem-ber von erneut aufflammenden Ausbrüchen berichtet. Die Situation ändert sich erst, als die Intensität der Ausbrüche und die Bebentätigkeit in den Tagen vor dem 10. Dezember nachlassen. Inzwischen werden 3.000 vollständig zerstörte Gebäude gezählt. So weit der Bericht in den ORF-Nachrichten am 10. Dezember.

Mitte Dezember tritt Beruhigung ein. In der ORF-Nachrichtensendung Zeit im Bild 1 am 18. Dezember werden Stellungnahmen von Experten wiedergegeben, wonach seit etlichen Tagen keine neuen Lavaaustritte erfolgt seien und die verminderten Aktivitäten jedenfalls zurzeit eine gewisse Entspannung signalisierten. Schlussendlich wird am 25. Dezember in der ORF-Nachrichtensendung Zeit im Bild 1 gemeldet: Die Behörden haben nun offiziell bestätigt, dass die Tätigkeit des Vulkans als beendet gesehen wird. Mehr als drei Monate nach dem Ausbruch, mit mehr als 3.000 zerstörten Gebäuden und Ascheschichten, die teils mehr als 50 Meter hoch liegen.

Dabei haben die Menschen zumindest das Glück, dass es − soweit bekannt − nur einen Toten gibt.[8] Und dieser Todesfall ist eher eine unglückliche Folge denn eine unmittelbare Einwirkung des Vulkanausbruchs: „Beim Versuch, das Hausdach vom erdrückenden Vulkanstaub zu befreien, wurde ein 70-jähriger Mann von den einstürzenden Hausmauern erschlagen.“[2] Ein Glück, das die Menschen auf Java nicht haben, als Anfang Dezember der Vulkan Semeru ausbricht. Es gibt viele Tote, Vermisste und Verletzte, rund ein Dutzend Dörfer sind betroffen.[9]

Jedoch selbst eine Katastrophe wie diese auf La Palma birgt in ihrer Dramatik, wie so oft, ein Körnchen Überraschung, die hin und wieder auch zum Schmunzeln verleitet: In dem Bericht „Das beste Weihnachtsgeschenk“[10] wird erläutert, dass sich die bekannt gegebene Zahl von ca. 3.000 zerstörten Gebäuden auf die vom satellitengestützten EU-Beobachtungsprogramm Copernicus registrierte Anzahl beziehe. Währenddessen werde von der Regierung selbst offiziell eine Zahl von etwa 1.600 zerstörten Gebäuden bekannt gegeben. Diese Angabe stütze sich auf das Liegenschaftsregister. Die Differenz auf die 3.000 zerstörten Gebäude ergebe sich offensichtlich aus nicht genehmigten und damit nicht registrierten Gebäuden.

NOVEMBER

Neue schöne Arbeitswelt mit 3G-Regel

Schon im August beginnt eine intensive Diskussion zu diesem Thema. Von Juristen wird die von politischer Seite an die Unternehmen gerichtete Aufforderung, den Zugang für Ungeimpfte durch die Unternehmen selbst zu beschränken, kritisch gesehen: „Wenn Zutrittsbeschränkungen für Ungeimpfte als sinnvolles Mittel zur Pandemiebekämpfung gesehen werden, dann sollten sie vom Gesetz- oder Verordnungsgeber verbindlich angeordnet werden."[1] Fragen des Konsumentenschutzes und der Anwendung von Vertragsbedingungen samt den darin verwendeten Allgemeinen Geschäftsbedingungen könnten dabei aus Sicht der Juristen eine gewichtige Rolle spielen, insbesondere bei schon bestehenden Verträgen.[1]

Rechtlich wird, wie schon so oft während dieser Pandemie, wieder einmal Neuland betreten.

In Italien werden schon im September Nägel mit Köpfen gemacht: Um die aktuelle Welle an Infektionen wirksam zu bremsen, wird am 16. September ein Gesetz beschlossen, das alle Arbeitgeber verpflichtet, nur noch Geimpften, Getesteten oder nachweislich von einer Infektion Genesenen den Zugang zum Arbeitsplatz zu ermöglichen. Die Regelung gilt seit Mitte Oktober.[2] Und der Erfolg scheint die Wahl der Mittel zu bestätigen: Schon ein paar Tage später wird berichtet, dass die Impfbereitschaft durch den erhöhten Druck auf die Beschäftigten rasant steigt. Für die folgenden Tage nach Erlassung des Gesetzes wird von einem Anstieg der Anmeldungen zur Impfung von 20 bis 40 Prozent im Vergleich zur Woche davor berichtet: „Nachdem Italien – als erstes Land in der EU – beschlossen hat, allen Beschäftigten den 3G-Nachweis vorzuschreiben, wächst die Zahl der Impfwilligen rasant. Bereits jetzt sind fast 76 Prozent vollständig geimpft."[3] Die Verpflichtung ist sehr weit ausgedehnt: „Die 3G-Regel gilt für alle Angestellten des öffentlichen Dienstes und Arbeitnehmer im Privatsektor. Auch Selbstständige sind verpflichtet, sich mit dem Grünen Pass auszuweisen, wenn sie in Kontakt mit anderen Personen kommen."[4] Doch – nicht überraschend – mit der Einführung der 3G-Regel kommt es zu Protesten: „In Italien wächst die Wut auf die Coronaregeln. Streiks drohen."[5] Die Proteste flammen wohl auch oder vielleicht sogar vor allem deshalb auf, weil Testen in Italien – im Gegensatz zu Österreich – kostenpflichtig ist. Und die Proteste richten sich dagegen, dass in der Realität mit dieser Einführung ein indirekter Zwang Richtung 2G-Regel stattfinde.

Wie gestaltet sich dieser Entscheidungsprozess in Österreich? Im September nimmt die öffentliche Diskussion über Zugangsbeschränkungen – Stichwort: 3G-Regel für den Arbeitsmarkt – deutlich an Fahrt auf. Im ORF-Ö1-Morgenjournal am 25. September wird berichtet, dass in Großbetrieben diese Forderung vielfach schon mittels Betriebsvereinbarungen umgesetzt sei. So sei die 3G-Regel zum Beispiel beim Verbund, bei der Post (in bestimmten Bereichen – zum Beispiel in Verteilzentren – gilt zumindest 2G und FFP2-Maskenpflicht) und bei der Strabag Realität.

In weiterer Folge zeichnet sich ein typisches Tauziehen um die Verantwortung zur Einführung der Regelung ab: Bundesregierung und Interessenvertretungen sehen die Letztverantwortung für eine so weitreichende Entscheidung beim jeweils anderen. So weit ein Bericht im ORF-Ö1-Morgenjournal am 30. September. Trotzdem die Sozialpartner dafür sind, ebenso wie die meisten Parteien, gibt es vorläufig also noch keine Regelung.[6]

Zu diesem Zeitpunkt scheint eine rasche Regelung offensichtlich nicht greifbar. Aber es entwickelt sich eine eigene Dynamik: Auf politischer Ebene wird die verpflichtende 3G-Regel schlussendlich für den 15. Oktober in Aussicht gestellt. Allerdings wird – weil ein Grundlagengesetz fehlt – die Einführung nochmals verschoben. Das erforderliche Grundlagengesetz ist zwar im Nationalrat beschlossen worden, allerdings bedarf es auch der Zustimmung im Bundesrat. Wegen der gegebenen Mandatsverteilung mit einer Mehrheit der Oppositionsparteien ist die Zustimmung aber nicht gesichert. Der 15. Oktober verstreicht tatsächlich ohne Regelung. Doch schon in den Tagen danach wird von einer Oppositionspartei die Zustimmung im Bundesrat zugesichert. Im Gegenzug wird das Testen weiterhin gratis sein. Zumindest vorläufig. Damit ist eine Lösung abseits des harten Weges, wie er in Italien beschritten wird, gefunden. Dieses Hin und Her im Zustimmungsverfahren erinnert sehr an jenes für den Grünen Pass im Frühjahr: Auch dafür hat zuerst eine Mehrheit im Bundesrat gefehlt, mit Verzögerung hat es schlussendlich doch geklappt.

Mit dem 1. November wird in Österreich die verpflichtende 3G-Regel am Arbeitsplatz definitiv eingeführt. „Ausgenommen sind nur Berufsgruppen, die wenig bis keinen Kontakt zu andere haben – Lkw Fahrer etwa oder Förster. Die 3G-Pflicht gilt explizit auch für Spitzensportler sowie für Mitarbeiter im Gesundheits- und Pflegebereich."[7] „Nach langem politischem Ringen kommt die generelle 3G-Pflicht am Arbeitsplatz. Die Tests dafür bleiben gratis. Wer keinen Nachweis erbringt, muss aber mit Folgen rechnen."[8] Somit scheint klar: „Grüner Pass wird zur Eintrittskarte am Arbeitsplatz."[9]

Ab 15. November wird nachgeschärft: Anstelle der 3G-Regel gilt die 2,5G-Regel. Das heißt, als Getestete gelten nur mehr Personen mit einem PCR-Test, ein Antigen-Test reicht nicht. Und wie sind die Konsequenzen bei Nichteinhaltung? Es drohen sowohl dem Beschäftigten als auch dem Arbeitgeber empfindliche Geldstrafen. Bei dauernder Weigerung, einen Nachweis vorzulegen, kann sogar die Freistellung ohne Gehalt oder die Kündigung erfolgen.[10] Aber wie sollen Arbeitgeber mit einer Weigerung des Arbeitnehmers, einen Mund-Nasen-Schutz zu tragen oder die 3G-Regel einzuhalten, tatsächlich umgehen? Dazu stellt ein Arbeitsrechtsprofessor schon im September fest, dass der Arbeitgeber jedenfalls vor einer Kündigung zunächst alle zumutbaren Möglichkeiten wie Homeoffice oder Versetzung ausschöpfen müsse. „Das sei innerhalb des Betriebs, aber auch auf gesellschaftlicher Ebene ‚Super-Sprengstoff', denn nicht alle können ihre Arbeit an den Küchentisch verlegen."[11]

Umweltgipfel in Glasgow

Blick vom Chacaltaya (im Bild die Bergstation des ehemaligen Skilifts auf 5.395 Meter Seehöhe) – der Hauptgipfel liegt auf 5421 Meter Seehöhe – in der bolivianischen Cordillera Real

„Während der Blick über den nahen See hinüber nach La Paz schweift, sind die Gedanken längst bei der Klimakonferenz im schottischen Glasgow – und dabei, dass man jetzt Weitblick braucht, um weiter gute Aussichten zu haben."[1]

Der Gletscher des Chacaltaya – lange Zeit das höchste Skigebiet der Welt – ist durch die Erderwärmung in den vergangenen Jahren geschrumpft und 2009 völlig verschwunden. Die Hütte ist einst vom ÖAV errichtet worden. Auf dem Foto reicht der Blick zum Titicacasee und bis La Paz und El Alto.[1]

Mit Blick auf die 26. UN-Klimakonferenz (COP26) vom 1. bis 15. November in Glasgow eignen sich diese einleitenden Worte aus dem Artikel „Bildsprache"[1] sehr gut, um auf die drastischen Folgen des Klimawandels aufmerksam zu machen. Und wie nicht anders zu erwarten, gibt es verschiedenste Beispiele für seine Auswirkungen. Nicht nur die Gletscher in den Alpen und das Eis in der Arktis leiden darunter.

Von den steigenden Temperaturen enorm betroffen ist zum Beispiel Afrika. In dem Aufsatz „Afrika verliert an Boden"[2] wird von immer längeren Dürreperioden berichtet. Sie beschleunigen die Verwüstung des Bodens, Ernten verdorren. Die Folgen des Klimawandels, so wird in dem Aufsatz ausgeführt, treffen damit jene Weltregion am stärksten, die am wenigsten zur Erderwärmung beitrage. Als Beispiel wird angeführt, dass allein in Deutschland pro Jahr so viel Strom verbraucht werde, wie die gesamte Bevölkerung Afrikas benötige. Durch das rasche Bevölkerungswachstum verschärfe sich zusätzlich der Kampf um Ressourcen.

Über immer häufigere und längere Trockenzeiten wird auch für Südamerika berichtet.[3] Als Folge der drastisch geringeren Regenmengen schrumpfen große Flüsse, wie zum Beispiel der Rio Paraná. Laut brasilianischen Experten sei das zum einen eine Konsequenz der globalen Erwärmung, zum anderen eine Folge der verstärkten Abholzung tropischer Wälder. Der Rio Paraná beginnt am Zusammenfluss des Paranaíba und des Rio Grande im Dreiländereck der brasilianischen Bundesstaaten Minas Gerais, São Paulo und Mato Grosso do Sul.

Massive Auswirkungen auf das Weltklima hat der Raubbau am Regenwald im Amazonas. Im Bericht „Der fatale Raubbau im Regenwald"[4] werden dramatische Zahlen für das Amazonasgebiet genannt: Forscher haben berechnet, dass allein seit dem Jahr 2000 annähernd 190.000 Quadratkilometer Amazonaswald in Südamerika – 4,1 Prozent seiner Gesamtfläche – abgebrannt sind. Und die Folgen der Rodungen seien für das Ökosystem und für das globale Klima von entscheidender Bedeutung: „Das Amazonasbecken beherbergt etwa 40 Prozent der weltweit verbleibenden Tropenwälder. Es ist von globaler Bedeutung für die Reinigung und Speicherung von Kohlenstoff aus der Atmosphäre, und es spielt eine Schlüsselrolle bei der Regulierung des Erdklimas."[4] Durch die Rodungen werde aber nicht nur das Klima, sondern auch der Lebensraum vieler Tier- und Pflanzenarten unmittelbar bedroht. Ein hohes Artensterben sei die Folge.

Gegen den brasilianischen Präsidenten Bolsonaro liegt eine Anzeige wegen „Verbrechen gegen die Menschlichkeit"[5] beim Internationalen Strafgerichtshof in Den Haag vor. Bolsonaro ermögliche durch die Abholzung des Regenwaldes wissentlich die direkte und indirekte Zerstörung des Amazonas mit Auswirkungen, die nicht nur lokal verheerend seien, sondern Folgen für das globale Klima und damit die gesamte Menschheit hätten, heißt es in der Anzeige.[5] Wie das Gerichtsverfahren tatsächlich ausgehen wird, ist schwierig einzuschätzen, denn „Umweltzerstörungen wurden bisher noch nicht als Verbrechen gegen die Menschlichkeit angesehen."[5]

Die erste Weltklimakonferenz hat 1979 in Genf stattgefunden, die erste COP-Konferenz 1995 in Berlin. Seitdem hat sich auf der Welt viel verändert. „Die Welt befinde sich ‚auf einem katastrophalen Weg in Richtung einer Erwärmung von 2,7 Grad Celsius', sagte UNO-Generalsekretär António Guterres."[6] Dabei ist es im Jahr 2015 erklärtes Ziel der Klimakonferenz in Paris gewesen, die Erderwärmung auf 1,5 Grad Celsius zu beschränken. „Es ist an der Zeit, dass die Staats- und Regierungschefs handeln, sonst werden die Menschen einen tragischen Preis zahlen"[6], so Guterres eindringlich im Vorfeld zur UN-Klimakonferenz in Glasgow.

Aber die Vorzeichen für die UN-Klimakonferenz sind nicht gerade ermutigend. Am 30. und 31. Oktober findet in Rom der Gipfel der G20-Staaten, also der führenden Wirtschaftsmächte, statt. Die Abschlussdeklaration „G20 Rome Leaders' Declaration"[7] – im Volltext immerhin ein 17-seitiges Dokument – wird von Experten skeptisch beurteilt. Global 2000 betont, dass die G20-Staaten für 80 Prozent der weltweiten Treibhausgase verantwortlich seien.[8] „Doch in der Schlusserklärung von Rom ist nur vage die Rede davon, dass das fossile Zeitalter Mitte des Jahrhunderts enden solle", so im Bericht „Ratlos in Glasgow"[8].

Wenn Guterres in seiner Ansprache zur Eröffnung der 26. UN-Klimakonferenz am 1. November im Scottish Event Campus, dem Tagungsort der COP26 in Glasgow, davon spricht, dass „wir uns ohne Änderungen unser eigenes Grab schaufeln", lässt das wohl kaum Zweifel an der dramatischen Situation. Denn Guterres ist nicht jemand, der leichtfertig so drastische Worte in den Raum stellt.

Tatsächlich kommt dieser UN-Klimakonferenz wesentlich mehr Aufmerksamkeit zu als dem im März von den USA ausgerufenen Climate World Summit, insbesondere auch in der Berichterstattung in den Medien. Aber nach einem Sommer der Katastrophen mit extremer Hitze und Waldbränden auf der einen Seite und Flutkatastrophen bisher unvorstellbaren Ausmaßes auf der anderen Seite sind die Menschen sensibilisiert. Nun lässt das Klima scheinbar tatsächlich die meisten Menschen nicht mehr kalt! Es ist eine Mammut-Konferenz, die in den ersten zwei Wochen im November über die Bühne geht, Delegierte aus über 200 Staaten nehmen teil.

Greta Thunberg, die schwedische Umweltaktivistin, weltweit mit ihren Schulstreiks für das Klima – Stichwort: Fridays for Future – bekannt, sorgt auch bei der UN-Klimakonferenz für Furore. Schon nach der ersten Woche kritisiert sie die Konferenz scharf und spricht von sehr viel „Bla, bla, bla"[9]. Sie bezeichnet die Konferenz als „ein globales Festival in ‚Greenwashing'", als einen einzigen „Fehlschlag". Denn die Fakten zeigten, dass die Treibhausgasemissionen immer weiter steigen würden.[9]

Und die Jugend demonstriert vor dem Konferenzzentrum: „Tausende gingen in Glasgow auf die Straße, um den Druck auf die Staatenlenker der Welt zu erhöhen."[9]

Doch es gibt auch Hoffnung. Im Laufe der Konferenz wird von den Staaten bei vorab definierten Zielen nachgebessert: „Die Klimakonferenz als Forum für große Ansagen."[10]

Besonders ins Gewicht fällt die Position Indiens, dessen Premier bei der UN-Klimakonferenz erstmals konkrete Klimaversprechen abgibt[11]: Bis 2030 solle das Land die Hälfte seiner Energie aus erneuerbaren Energien beziehen, bis 2070 solle die Klimaneutralität erreicht werden. Indien zählt zu den Ländern, die derzeit noch massiv vom Kohlestrom abhängen. Diese Versprechen sorgen für eine Aufhellung der Stimmung und eine positive Revidierung der Aussagen über erreichbare Klimaziele: „Durch Indiens Ansage zur Klimaneutralität bis 2070 zeigen die neuesten Berechnungen, dass das wichtigste Klimaziel in Reichweite ist – sofern alle Versprechen eingelöst werden"[12]. Das wichtigste aller abgegebenen Klimaschutzversprechen bei dieser Konferenz ist die Einhaltung beziehungsweise Erzielung der Klimaneutralität: „Für Österreich bis 2040, für die EU und die USA bis 2050, für China bis 2060 und für Indien bis 2070."[12] Aber es sind konkrete Gesetze gefordert: „Ein Versprechen, das nicht gesetzlich bindend ist, weder im Land noch international, kann ja auch nur ein Lippenbekenntnis sein. Die nächsten Schritte müssen also konkrete Gesetze sein, wo diese Versprechen auch niedergeschrieben werden", so ein Professor vom IIASA in Laxenburg in Niederösterreich im Interview.[12] Er berichtet in dem Interview von einer aktuellen Studie der Universität von Melbourne, nach der bei Umsetzung aller Versprechen das Ziel einer Erderwärmung unter 2 Grad Celsius bis Ende des Jahrhunderts möglich scheint: „Wenn man alle diese Versprechen zusammenzählt, kommen wir bis Ende des Jahrhunderts auf eine Erwärmung von knapp unter 2 °C, konkret auf 1,9 °C."[12]

Das IIASA ist eine nicht regierungsgebundene Institution, die von wissenschaftlichen Organisationen seiner Mitgliedsstaaten finanziert wird. Aktuell sind diese: Ägypten, Brasilien, China, Deutschland, Finnland, Indien, Indonesien, Iran, Israel, Japan, Malaysia (Beobachterstatus), Mexiko, Norwegen, Österreich, Russland, Schweden, Slowakei, Südafrika, Südkorea, Ukraine, USA, Vereinigtes Königreich und Vietnam. Das Institut wird auch durch Verträge, Subventionen und Stiftungen von Regierungen, internationalen Organisationen, wissenschaftlichen Institutionen, von Unternehmen und von Einzelpersonen finanziert. Die Forschungsarbeit des Instituts ist unabhängig und frei von politischen oder nationalen Interessen.[13] Das IIASA sei auch jenes Institut, das Indien seit einem halben Jahrzehnt in seinen aktuellen Bemühungen zur Erreichung der Klimaneutralität wissenschaftlich mit entsprechenden Rechenmodellen zur Änderung des Energiesystems und zur Reduzierung der Emissionen unterstütze, erklärt der Professor im eingangs erwähnten Interview.[12]

Am Schluss der Konferenz stellt sich die entscheidende Frage: Kann die Klimakonferenz trotz vieler Kompromisse und entschärfter Formulierungen im Abschlusstext als Erfolg bezeichnet werden?

In einem ersten Entwurf für ein Abschlussdokument ist die entscheidende Rolle der fossilen Energien, also Kohle, Öl und Gas, und der zukünftige Verzicht darauf sogar noch viel deutlicher formuliert worden. Allerdings hat sich dieser Entwurf mit seiner geplanten Deutlichkeit in den Aussagen nicht durchgesetzt.[14] China und Indien verhindern eine Formulierung, mit der der Ausstieg aus der Kohle als Energieträger fixiert gewesen wäre: „In der Abschlusserklärung der 197 Staaten ist nun nicht vom Ausstieg (phase-out) die Rede, sondern nur noch vom Abbau (phase-down).“[15] Die Meinung von Greenpeace International dazu: „Das ist zu sanft. […] Aber es wurde ein Signal gesendet, dass die Ära der Kohle zu Ende geht. Und das ist wichtig.“[15]

In Summe als positiv bewertet wird, dass die Förderung fossiler Brennstoffe quasi unter Beobachtung steht und deren Fortführung nicht mehr als sinnvoll erachtet wird.

Und sonst? Dass Regeln für den Emissionshandel festgelegt werden und dass sich die Staaten verpflichten, bis Ende 2022 die Einsparziele für die Treibhausgasemissionen zu präsentieren, wird als Fortschritt hervorgehoben. Bei der Klimafinanzierung für die ärmeren Länder durch die nördlichen Industriestaaten wird jedoch keine Einigung auf eine konkrete Summe erzielt – es wird nur von einer Erhöhung gesprochen. Keine konkrete Vereinbarung gibt es auch bei den Ausgleichszahlungen für Klimaschäden an die betroffenen Länder.[16]

Das sind aber Punkte, die schon vor der Konferenz – so zum Beispiel in dem Bericht „Was die Welt in Glasgow lösen muss“[17] – als wesentlich für die Klimakonferenz genannt worden sind: Bereits vor zehn Jahren sind für jedes Jahr ab 2020 für die Klimafinanzierung an die ärmeren Länder 100 Milliarden Dollar vereinbart worden. Gegenwärtig ist man noch um 20 Milliarden davon entfernt. Die Frage der Ausgleichszahlungen für erlittene Klimaschäden bezieht sich darauf, wer für die notwendigen Umsiedelungen von pazifischen Inselstaaten zahlen müsse. Die Umsiedlungen werden erwartet und als notwendig erachtet, weil erforderliche Anpassungen an den Klimawandel offensichtlich nicht mehr möglich sind. Aus Sicht der betroffenen Staaten gilt das Verursacher-Prinzip. Wer also seit historischer Zeit – zurückgehend bis zu den 1750er-Jahren – für die Treibhausgase in der Atmosphäre verantwortlich ist, soll zahlen.

Zwar wird bei dieser Klimakonferenz erstmals die Forderung der ärmeren Länder nach Einrichtung eines Fonds für Hilfsgelder für klimabedingte Schäden – zum Beispiel für Schäden infolge von Wirbelstürmen – aufgegriffen, Konkretes wird aber (noch) nicht vereinbart.[18]

In dem Kommentar „Warum die Klimakonferenz von Glasgow ein Erfolg ist“[19] wird dies unter anderem damit begründet, dass die USA und China – die weltweit größten Emittenten, die derzeit aber nicht unbedingt sehr viel an Gemeinsamkeiten erkennen lassen – „allen machtpolitischen Uneinigkeiten zum Trotz beim Klimaschutz Zusammenarbeit gelobten.“ Das wird als Durchbruch gesehen.

Ein Nebeneffekt, den die Klimakonferenz in Glasgow hervorbringt, sei am Rande erwähnt: Sie treibt die Mieten für Wohnungen während der Konferenz schon im Vorfeld in ungeahnte Höhen. Es gibt Preissteigerungen, bei denen selbst örtliche Immobilienmakler von Geldgier sprechen: „Der Durchschnitt liegt bei 700 Euro pro Nacht! Es ist der Glasgow-Goldrausch.“[20]

Lockdown Nummer 4 für alle als letzter Ausweg in der Pandemiebekämpfung

Die Entwicklung des Infektionsgeschehens im November hat es in sich. Lange Zeit ist versucht worden, das Aufflammen von Emotionen und Ängsten, die mit der bloßen Erwähnung eines Lockdowns verbunden sind, zu verhindern. Bis in den Spätherbst hinein wird die Möglichkeit eines neuerlichen Lockdowns – zumindest für Geimpfte und Genesene – kategorisch verneint. Anfang November jedoch nehmen Experten wegen der massiv steigenden Infektionszahlen das böse Wort immer häufiger in den Mund. Selbst Politiker, die – einem Mantra gleich – zu beruhigen versuchen, dass ein Lockdown wirklich nur die allerletzte Möglichkeit sei, wollen nichts mehr ausschließen: „Vizekanzler Werner Kogler schloss […] nicht aus, dass es für den Fall, dass die Belagszahlen in den Intensivstationen weiter zunehmen, in einzelnen Bundesländern zu einem Lockdown auch für die geimpfte Bevölkerung kommen könnte."[1] Und Kogler weiter: „Freilich seien regionale Lockdowns nur die ‚allerletzte Konsequenz'." Doch jeder, der behaupte, die Zukunft voraussagen zu können, sei ein Scharlatan.[2]

Bedingt durch die hohen Infektionszahlen und die Wahrscheinlichkeit, diese mit den 2G-Regeln nicht dämpfen zu können, schwebt also neuerlich das Damoklesschwert Lockdown über dem Land, wenn auch vorläufig nur für einzelne Bundesländer. Experten halten einen Lockdown ohnehin für die wirkungsvollste Maßnahme, um ein Brechen der vierten Welle zu bewerkstelligen.

Am 9. November berichtet ein Infektiologe in den ORF-Nachrichtensendungen Mittagsjournal und Zeit im Bild 2 über eine inzwischen schon sehr angespannte Situation am Uniklinikum Salzburg. Infolge des raschen und weiterhin exponentiellen Anstiegs an Infektionen und der damit verbundenen Hospitalisierungen sei die gegenwärtige Situation schwieriger zu bewältigen als die Welle im Herbst 2020. Aus seiner Wahrnehmung sei die laufende vierte Welle weitaus bedrohlicher. Er appelliere an die Verantwortlichen, unverzüglich einschneidende und umfassende Maßnahmen zu setzen.

Selbst Dänemark, das noch im September die Pandemie für überwunden erklärt und sämtliche einschränkende Maßnahmen aufgehoben hat, muss zurückrudern. Auch dort steigen die Neuinfektionen massiv an. Mit einer Sieben-Tage-Inzidenz von 256 pro 100.000 Einwohner sind diese allerdings auf deutlich niedrigerem Niveau als in Österreich (über 635). An der Impfquote scheitert es in Dänemark nicht. Mehr als 75 Prozent der Gesamtbevölkerung und rund 86 Prozent der Dänen ab zwölf Jahren sind zweimal geimpft. Allerdings sorgt die kühlere Jahreszeit für ein erneutes Ansteigen des Infektionsgeschehens. Fehlende Kontrollen und mangelnde Test-Motivation haben ein Übriges zur neuerlichen Verbreitung des Virus beigetragen.[3]

Spätestens als die Infektionszahlen Mitte November durch die Decke schießen, wird für die am meisten betroffenen Bundesländer Oberösterreich und Salzburg die Angelegenheit kritisch. Zwar wehren sich die beiden Landeshauptleute vorerst noch erfolgreich gegen einen Lockdown: „Salzburg ringt darum, den Lockdown zu verhindern".[4] Für den Landeshauptmann „ist ein Lockdown der allerletzte Ausweg. Davor will man alle alternativen Möglichkeiten ausschöpfen, um rasch die Infektionszahlen zu senken."[4] Für Oberösterreich beruhigt der Landeshauptmann in den ORF-Nachrichten, dass „noch immer genügend Bettenkapazitäten" vorhanden seien. Und vom Salzburger Landeshauptmann fällt verklausuliert eine ungewohnt abschätzige Wortmeldung zu den eindringlichen Warnungen der Virologen. Wenn solche Äußerungen von einem Politiker gemacht werden, der für wohlüberlegte und abwägende Stellungnahmen bekannt ist, lässt das erahnen, welch ungeheurem Druck Politiker in diesen Tagen ausgesetzt sind. Jedenfalls bleiben die Menschen ob einer solchen Meldung nur mehr verständnislos und ernüchtert zurück. Selbst in den Salzburger Nachrichten wird in einem Beitrag auf Seite eins in ungewohnt harscher Form geantwortet und beklagt, dass angesichts des dramatischen Anstiegs der Neuinfektionen und des Notbetriebs in den Spitälern nicht reagiert werde.[5]

Doch schon einen Tag später wird klar, dass Oberösterreich und Salzburg um einen Lockdown für Ungeimpfte nicht herumkommen: „Erster Lockdown für Ungeimpfte steht kurz bevor"[6]. Damit wird die Stufe 5 nach dem im September festgelegten Stufenplan aktiviert. Denn die Sieben-Tage-Inzidenz nähert sich dem Wert 1.200 und die Intensivstationen sind am Limit.[6]

Dazu kommt es aber nicht. Denn anstelle eines Lockdowns in einzelnen Bundesländern werden für ganz Österreich ganztägige Ausgangsbeschränkungen für Ungeimpfte ab 15. November festgelegt. Noch hofft man, damit die Impfquote entsprechend steigern zu können: „Lockdown soll Impfquote heben"[7]. Aber der Lockdown für Ungeimpfte wirft Fragen auf: „Welche Regeln gelten nun für Ungeimpfte, und wer entscheidet über die Immunisierten? Und muss sich nun jeder kontrollieren lassen?"[8] Die Antwort wird im gleichen Bericht gegeben: „Mit Kontrollen der Coronaregeln […] muss auf der Straße nun jeder rechnen."[8] Fazit: „Einen 2G-Nachweis sollte man daher mit sich führen."[8] Dabei erscheint besonders die Umsetzung spannend: „Verfassungsrechtlich könnte der Lockdown für Ungeimpfte zum Drahtseilakt werden – nämlich dann, wenn sich keiner dran hält."[9]

Ein genereller Lockdown hat massive Auswirkungen auf verschiedenste Wirtschaftsbereiche.

Daher wird das Modell des Lockdowns für Ungeimpfte auch im Ausland aufmerksam wahrgenommen: „Nachbarländer diskutieren das österreichische Modell"[10].

Neben Hotellerie und Gastronomie leidet auch die Luftfahrtbranche enorm unter dem Lockdown

Viele Fragen und Experten, die sich darüber den Kopf zerbrechen! Allerdings, bevor dieses Modell so richtig seinen Tauglichkeitstest abliefern kann, ist es auch schon wieder überholt. Denn es folgen wahrlich dramatische Novembertage! Die enorme Steigerung der Infektionszahlen – am 17. November gibt es einen weiteren Rekord von 15.145 Neuinfektionen – lässt alle Alarmglocken Sturm läuten. „Aber auch ohne amtliche Sperren nähert sich die Stimmung bei vielen Menschen dem Nullpunkt. Deutschland hat eine Reisewarnung ausgesprochen, Touristiker sehen sich mit einer Stornowelle konfrontiert und fordern einen sofortigen ‚harten Lockdown', um die Wintersaison zu retten."[11] „In Salzburg und Oberösterreich spitzt sich die Situation in den Spitälern weiter zu. Reha-Zentren übernehmen Nicht-Covid-Patienten"[12].

Es ist vor allem die Situation in den Spitälern, die zu eindringlichen Warnungen und dramatischen Appellen der Experten führt. Die offensichtlich bevorstehende komplette Überlastung der Spitäler weckt Ängste. Eine Krankenschwester aus einem Spital in Oberösterreich berichtet über so viele verstorbene Covid-19-Patienten in einer Nacht, dass sie die Leichen auf den Gängen haben ablegen müssen. Eine mögliche Situation wie in Norditalien in der ersten Phase der Pandemie im März 2020 wühlt und schreckt die Menschen auf. Entgegen allen Hoffnungen muss in Österreich das Schreckenswort Triage von den Ärzten in den Mund genommen werden. Die Vorsitzende der Bioethikkommission warnt in einem Interview, dass in Oberösterreich die Notwendigkeit von Triagen vor der Tür stehe. Im ORF-Ö1-Mittagsjournal am 17. November berichtet sie über die Vorbereitung eines Leitfadens für Ärzte zur Anwendung der Triage: Wenn auf der Intensivstation nicht mehr genügend Betten verfügbar seien, müssten jene Personen vorgezogen werden, die die höchste Überlebenswahrscheinlichkeit hätten. Die Entscheidung sei ohne Ansehen, Stand und Alter der Patienten und ohne Rücksicht darauf, ob eine Person geimpft oder nicht geimpft sei, zu fällen.

Solche Entscheidungen treffen zu müssen, ist wohl der Albtraum jedes behandelnden Arztes.

In Deutschland wird Ende Dezember vom Verfassungsgerichtshof für die Triage eine gesetzliche Regelung eingefordert werden: „Die Politik muss Regelungen für eine Triage treffen, ansonsten könnten Menschen mit Behinderung benachteiligt werden"[13]. In Österreich bleibt bis auf Weiteres die Entscheidung über eine Patientenauswahl bei den Ärzten. Intensivmediziner betrachten die Vorgabe einer gesetzlichen Regelung durchaus skeptisch: „Die medizinische Einschätzung, wer von einer intensivmedizinischen Behandlung den größten Nutzen hat, wird man nicht gesetzlich festlegen können."[14] Trotz genereller Befürwortung der Anordnung des Verfassungsgerichtshofs wird auch in Deutschland die Gefahr einer „Übergriffigkeit des Staates"[13] gesehen. „Der Staat soll nicht festlegen dürfen, wer überleben darf."[12]

Die Verpflichtung zur gleichen Behandlung Geimpfter und Ungeimpfter bei der Vergabe von Intensivbetten polarisiert. Dass nicht soziale Kriterien bei der Abwägung der Überlebenschance und damit der Zuteilung eines Intensivbettes anzuwenden sind, scheint außer Zweifel. Ist es aber gegenüber Geimpften vertretbar, dass die bewusste Entscheidung, sich nicht impfen zu lassen und damit wissentlich auch das höhere Risiko einer schweren Erkrankung einzugehen, schlussendlich bei der Zuteilung eines Intensivbettes unbeachtet zu bleiben hat? Einen bemerkenswerten Diskussionsbeitrag steuert die Philosophin, Theologin und Ordensfrau Melanie Wolfers in einem Interview bei. Sie führt aus: „Ist die

Entscheidung gegen eine Impfung wirklich nur ein ‚soziales Merkmal' oder nicht auch ein medizinischer Faktor? Denn Ungeimpfte, die an Corona erkranken, haben deutlich geringere Überlebenschancen. Könnte und sollte dieser Faktor nicht als ein Faktor unter anderen in die Priorisierung mit einbezogen werden?"[15] Sie sagt aber auch: „In dieser Frage bin ich mit meinem Nachdenken noch nicht am Ende."

Die Salzburger Landeskliniken geben am 16. November bekannt, dass man eine Triage-Kommission gebildet habe. Damit will man sich laut der Sprecherin des medizinischen Krisenstabs „für Situationen rüsten, in denen man nicht mehr genügend Intensivkapazitäten zur Verfügung hat."[16] Dem geht eine Überlastungsanzeige am 15. November voraus, „laut der man nicht mehr in der Lage sei, alle Patienten nach bestmöglichen Kriterien zu behandeln."[16] Ein beispielloser Schritt!

Aus den Ländern wird gleichzeitig eine Überlastung der Testkapazitäten gemeldet: „Überlastet: Viele Länder scheitern bei PCR-Tests"[17]. Einzig Wien scheint mit den Testkapazitäten keine Probleme zu haben. Mit den seit dem Frühjahr eingeführten PCR-Gurgel-Tests wird jedenfalls das Auslangen gefunden.

Wenden wir uns wieder dem Geschehen auf politischer Ebene zu. Wegen des fortdauernden Verweigerns von entschiedenen Maßnahmen wird für Salzburg sogar über eine, wenn auch rein theoretische, Amtshaftung des Landeshauptmannes diskutiert: „Amtsmissbrauch durch Nein zu Lockdown?"[18]

Dann geht es Schlag auf Schlag. Zunächst wird zusätzlich zum österreichweiten Lockdown für Ungeimpfte ein genereller Lockdown für Oberösterreich und Salzburg angekündigt: „Ab kommender Woche *[Anm.: Ab 22. November]* soll in Oberösterreich und Salzburg alles stillstehen. Über bundesweite Regeln wird verhandelt."[19] Aber auch diese Festlegung übersteht die Woche nicht: Am 19. November, es ist Freitag, zieht die Politik die Reißleine. In einer gemeinsamen Pressekonferenz der Vertreter der Bundesregierung mit den Landeshauptleuten wird für drei Wochen ein strenger Lockdown für ganz Österreich verordnet. Ob eine Verlängerung darüber hinaus geplant sei, lässt man offen. Alle Landeshauptleute sehen sich in einer solidarischen Verpflichtung mit den Bundesländern Oberösterreich und Salzburg. Die ungewisse weitere Entwicklung der Infektionszahlen und damit der Belegung der Intensivstationen veranlassten sie zu dem Schulterschluss. Der Lockdown beginnt am 22. November. In Oberösterreich wird der Lockdown wegen der hohen Infektionszahlen schon von Beginn an auf vier Wochen ausgedehnt.

Die Schulen bleiben jedoch offen. „Die Schulen befinden sich wieder im Corona-Sicherheitsmodus. Alle Schüler – auch geimpfte und genesene – werden dreimal pro Woche getestet."[20] Natürlich verbreitet sich das Virus auch an den Schulen. Flexibilität, Spontanität und die Bereitschaft aller ermöglichen die Fortführung des Schulbetriebs. Ein genereller Lockdown – einzelne Klassenschließungen wegen Infektionen finden natürlich statt – kann bis zu den Weihnachtsferien vermieden werden!

Es ist eine wechselvolle Geschichte an Lockdowns, die seit Beginn der Pandemie das Land prägen: Dem ersten harten Lockdown vom 16. März bis 15. Mai 2020 folgt ein Lockdown light vom 3. bis 16. November und dann wieder vom 7. bis 25. Dezember. Dazwischen gibt es den zweiten harten Lockdown vom 17. November bis 6. Dezember. Ab dem 26. Dezember 2020 folgt der dritte harte Lockdown bis zum 8. Februar 2021. Gastronomie und Theater bleiben danach dennoch zu, weiterhin gilt eine nächtliche Ausgangssperre. Nur in Vorarlberg wird ab Mitte März geöffnet. In der Ostregion folgt mit dem 1. April ein weiterer harter Lockdown für die Bundesländer Wien, Niederösterreich und Burgenland. Dieser endet in den drei Bundesländern unterschiedlich, jedoch spätestens Anfang Mai. Das Ende aller Beschränkungen folgt aber erst mit dem 19. Mai. Ab diesem Zeitpunkt öffnen auch Hotels, Gaststätten, Sportstätten und Kulturveranstaltungen wieder in ganz Österreich. Und nun, im November, folgt ein vierter Lockdown.[21] Es ist ein Lockdown, der lange Zeit für denkunmöglich gehalten worden ist. Wie viel Vertrauen bis zu diesem dramatischen Wendepunkt in die Entscheidungsfähigkeit der Politik verloren gegangen ist, wird die Politik noch lange beschäftigen. Aktuelle Sonntagsumfragen verheißen jedenfalls nichts Gutes.

Ein Blick in die Schlagzeilen verschiedener Zeitungen verdeutlicht die Stimmung, die das Zögern und die bis zum Schluss gegenteiligen Versprechungen verursacht haben: „Zu Hause bleiben, impfen gehen. Lockdown und was alles auf Österreich zukommt"[22]; „The same procedure as every year! Drei Wochen Lockdown für alle ab Montag und Impfpflicht ab Februar. Schüler dürfen in die Schule, sollen aber nicht."[23]; „Das große Schließen"[24]; „Wie konnte es nur so weit kommen? Trotz Impfung wird wieder zugesperrt – ein kollektives Versagen auf vielen Ebenen. Letzter Ausweg: Impfpflicht"[25]; „Schon wieder Lockdown. Mittlerweile haben wir schon Routine im kollektiven Hausarrest."[26]; „Wir hätten es in der Hand gehabt, das alles zu vermeiden"[27].

Spät, aber doch wird von politischer Seite eingestanden, dass nicht alles wirklich gut in der Vorbereitung gelaufen sei, sowohl auf Länder- wie auf Bundesebene: „Neue Töne im vierten Lockdown"[28]. Entschuldigungen, die sehr spät kommen. Wie selten zuvor ist die Verzweiflung und das Unverständnis über die politischen Akteure so drastisch artikuliert worden: „Nicht das absolut Notwendige (nämlich das Retten von Leben durch sofortige Entlastung der Intensivstationen) oder gar Solidarität (mit den dort arbeitenden Menschen) schien Richtschnur politischen Handelns zu sein, sondern einzig parteipolitisches Kalkül."[29]

Vielleicht können im Rückblick und mit dem nötigen Abstand diese Tage im November 2021 als sehr dramatische, aber auch – diese Hoffnung sei hinzugefügt – als sehr lehrreiche Tage im Verlauf dieser Pandemie eingeordnet werden. Erwähnt werden soll zudem, dass der ob seiner Äußerung den Virologen gegenüber scharf kritisierte Salzburger Landeshauptmann mit einer Erklärung und Entschuldigung Stellung bezieht: Er habe mit der von ihm bewusst als Übertreibung formulierten Äußerung auf das Dilemma der Politik hinweisen wollen, dass man auch andere als die virologischen Aspekte bei Entscheidungen berücksichtigen müsse.[30]

Gleichzeitig mit der Verkündigung des Lockdowns wird für Februar nächsten Jahres eine allgemeine Impfpflicht angekündigt: „Ab Februar. Die niedrige Impfquote macht nötig, was zuvor alle Parteichefs ausgeschlossen hatten: Österreich führt eine generelle Impfpflicht ein."[31]

Weihnachtsmärkte –
Statt Punsch und Glühwein ein neuerlicher Lockdown

Am Anfang wird mit den ausgearbeiteten Sicherheitskonzepten Optimismus versprüht, dass unter kontrollierten Bedingungen so etwas wie Weihnachtsstimmung aufkommen kann. Noch Ende Oktober wird die 2,5G-Regel als der Toröffner für die Weihnachtsmärkte angekündigt. Die Besucherströme sollen mittels gezielter Lenkungsmaßnahmen und Zugangskontrollen gesteuert werden. Die Umsetzung der Zutrittsregeln und die Kontrollen sind von der Art des Weihnachtsmarkts und den örtlichen Gegebenheiten – wie zum Beispiel der möglichen Abgrenzung des Marktgebiets – abhängig. Allerdings wird auch ein „Regelwirrwarr der Adventmärkte"[1] befürchtet. Daher wird erwartet, dass nicht alle Märkte öffnen werden: „Es springen immer mehr ab, auch alteingesessene."[2] Aber die Veranstalter sind sich wegen der zu dieser Zeit schon deutlich steigenden Infektionszahlen der Unsicherheiten bewusst. „Es kann sich im Prinzip alles jederzeit ändern"[2], wird die Sprecherin der Wiener Weihnachtsmärkte schon Anfang November zitiert.

Mit dem für ganz Österreich verordneten Lockdown ab 22. November ist ein richtiger »November Blues« ausgebrochen. Verlassen und verloren stehen die bereits aufgestellten, jedoch geschlossenen Hütten auf ihren Plätzen. Ob es doch noch zu einem Happy End kommt, das heißt: zu einem Öffnen nach dem für 13. Dezember geplanten Ende des Lockdowns für Geimpfte und Genesene, das steht zu dieser Zeit in den Sternen. „Da müssen wir dann neu evaluieren, ob es sich überhaupt rentiert, nochmal aufzusperren"[3], so ein Betreiber. Zweckoptimismus ist angesagt: „Zudem seien ohnehin die letzten eineinhalb bis zwei Wochen vor Weihnachten für die Verkaufsstände am wichtigsten. Da wird von einem Teil der Standler das beste Geschäft gemacht."[3] Hoffentlich bewahrheitet sich diese Annahme, wenn mit dem Ende des Lockdowns – schlussendlich festgelegt mit Ablauf des 11. Dezember – auch Weihnachtsmärkte wieder öffnen können. Die Lage ist für viele wohl nicht dazu angetan, das Flanieren und Gustieren auf den Märkten unbeschwert zu genießen. Da wird vermutlich auch ein noch so starker Punsch nicht dagegen helfen. „Mit einem Punsch die Pandemie vergessen"[4] erscheint in der Realität nicht so leicht umsetzbar.

Eine Adventruhe, die wir alle uns wohl anders vorgestellt haben: Der Wolfgangseer Advent in den Gemeinden St. Gilgen, Strobl und St. Wolfgang, der schon Mitte November hätte beginnen sollen, ist vertagt

In jedem Fall unter die Räder kommen jene, die von den Erlösen der Weihnachtsmärkte direkt profitieren und diese Gelder dringend brauchen: „Neben den Weihnachtsmärkten öffnet so manche karitative Organisation ihre Hüttentür, um das heiße Wintergetränk gegen freie Spende anzubieten – für viele von ihnen die wichtigste Einnahmequelle des Jahres."[5]

DEZEMBER

Ende des Lockdowns für Geimpfte und Genesene

Im Vergleich zum Beginn des Lockdowns zwei Wochen zuvor werden am 3. Dezember weniger als die Hälfte an Neuinfektionen gemeldet. Die effektive Reproduktionszahl liegt erstmals seit mehr als zwei Monaten wieder unter eins, so die AGES.[1] Allerdings klaffen die Werte der Bundesländer sehr stark auseinander, beispielhaft veranschaulicht anhand der Zahlen für den 3. Dezember[1]: Die Sieben-Tage-Inzidenz ist in Wien mit 392,11 pro 100.000 Einwohner am niedrigsten, zur gleichen Zeit ist sie in Kärnten mit 1.325,33 am höchsten. Vorarlberg (1.153,25), Salzburg (890,92) und Oberösterreich (875,14) liegen ebenfalls noch im Spitzenfeld. Es zeigt sich ein umgekehrtes Bild zur Situation zu Ostern: Damals ist der Osten stark betroffen gewesen, jetzt scheint gerade die Ostregion mit relativ niedrigen Sieben-Tage-Inzidenzen besser unterwegs zu sein.

Von den Wirtschaftsvertretern wird der Rückgang der Infektionszahlen als »Killerargument« gegen eine zwar nicht in den Raum gestellte, aber auch nicht ausgeschlossene mögliche Verlängerung des Lockdowns verwendet. Tirol hat zudem auf politischer Ebene mit seinem Landeshauptmann und aktuellen Vorsitzenden der Landeshauptleutekonferenz einen sehr energischen Fürsprecher für die Öffnungen. In der ORF-Pressestunde am 5. Dezember fordert er gleich vorsorglich ein, dass sich die Politik an die für den 13. Dezember in Aussicht gestellte Öffnung halten müsse, wolle sie nicht gänzlich ihre Glaubwürdigkeit verspielen. Im Originalton: „Wir müssen jetzt Wort halten. Das heißt: Am 12. Dezember muss geöffnet werden."[2]

Jedenfalls wird der Lockdown für Geimpfte und Genesene von der Bundesregierung mit Ablauf des 11. Dezember für beendet erklärt. Den Ländern wird aber freigestellt, schärfere Maßnahmen zu ergreifen oder solche auch fortzuführen. Davon wird – wieder einmal – bundesländerspezifisch unterschiedlich Gebrauch gemacht: „Österreich sperrt dreigeteilt auf"[3]. Einmal mehr illustriert die Schlagzeile „O du bunter Fleckerlteppich"[4] das eindrücklich. Schon im Juli ist wegen der unterschiedlichen Regelungen in den Bundesländern von einem Fleckerlteppich die Rede gewesen.

Während die Bundesländer Tirol und Vorarlberg – ungeachtet der höchsten aktuellen Infektionszahlen in Vorarlberg – sowie das Burgenland mit tatsächlich niedrigen Zahlen generell öffnen, reagieren die Verantwortlichen in anderen Bundesländern verhaltener. Besonders Wien ist vorsichtig: Hotels und Gastronomie bleiben bis zum 20. Dezember für alle geschlossen. Als Begründung wird eine mögliche fünfte Welle an Infektionen infolge der zu dieser Zeit schon sehr präsenten Omikron-Variante angeführt. Zusätzlich wird eine Gesamtverantwortung mit Blick auf die Auslastung der Spitäler in allen Bundesländern und eine mögliche Hilfestellung im Bedarfsfall gesehen. Für den Westen wird die Öffnung vom Vorarlberger Landeshauptmann in einem in der ORF-Nachrichtensendung Zeit im Bild 1 gesendeten Interview damit begründet, dass die Situation in den jeweiligen

Nachbarregionen beziehungsweise -ländern miteinbezogen werden müsse. Da stelle sich die Situation im Westen eben anders dar als im Osten.

Das Streben nach einheitlichen Regelungen gleicht einer Hochschaubahn: Im November wird zuerst der Wunsch nach einheitlichen Regelungen geäußert, etwas später werden allerdings bundesländerspezifische Lockdowns geplant. Schlussendlich kommt stattdessen doch ein österreichweiter Lockdown. Und nun erfolgen die Öffnungsschritte wieder bundesländerspezifisch.

Die Frage „Und was dürfen Sie jetzt?"[5] ist in der Tat nicht einfach zu beantworten.

Experten beurteilen die umfangreichen und schnellen Öffnungen eher verhalten: Auf den Intensivstationen sei auch in den vergangenen zwei Wochen die Zahl der schwer erkrankten Covid-19-Patienten zwar leicht, aber kontinuierlich gestiegen. Die Auslastung liege bei 30 Prozent mit einer akuten Gefahr der Überlastung. Bis zu einer deutlichen Entlastung, das hieße einer Belegung von nicht mehr als zehn Prozent der Intensivbetten mit Covid-19-Patienten, werde es noch mehrere Wochen dauern.[6] Zudem herrscht in der Einschätzung der Wirkung der neu auftauchenden Omikron-Variante des Virus Anfang Dezember noch eher Unklarheit: „Über die Variante Omikron, die zunächst in Südafrika nachgewiesen wurde und sich auch in Europa ausbreitet, ist bisher nicht allzu viel bekannt. Vermutlich ist sie ansteckender als die derzeit dominierende Deltavariante und kann sich auch der Immunantwort effizienter entziehen."[6] Es wird aber jedenfalls zur Vorsicht geraten. „Die meisten Gesundheitsexperten raten daher dringend, diese Resultate *[Anm.: gemeint sind belastbare Ergebnisse zur Einschätzung der Omikron-Variante des Virus]* abzuwarten, bevor beispielsweise Gastronomie oder Fitnessstudios geöffnet werden."[6]

Dennoch: Zumindest für die letzte Woche vor Weihnachten – Gastronomie und Hotellerie öffnen auch in Wien – gibt es so etwas wie eine vorläufige Entspannung: „Advent, noch einmal im Schnelldurchlauf. Zumindest die letzte Adventwoche ist so, wie wir sie von früher kennen."[7]

Allgemeine Impfpflicht: Nun also doch!

Für die mangelnde Durchimpfungsrate werden in dem Aufsatz „Die vielen Gründe für die schlechte Impfquote"[1] bemerkenswerte Gründe ins Treffen geführt: Zwar sei die Impfskepsis mitverantwortlich, sie sei aber nicht der ausschließliche Faktor dafür. Falsche Kommunikation, das Nicht-ernst-Nehmen der Wissenschaft und auch eine kleinteilige Krisenpolitik infolge des Föderalismus seien zu nennen. Ebenso als Gründe genannt werden, dass Österreich zu gut durch die erste Welle gekommen sei und Bilder wie aus New York oder Bergamo mit den überfüllten Leichenschauhäusern und eilends ausgehobenen Massengräbern erspart geblieben seien.

Als im November mit der Anordnung des neuerlichen Lockdowns eine allgemeine Impfpflicht für Februar nächsten Jahres angekündigt wird, erregt das im In- und Ausland

Aufsehen, ist Österreich damit doch der erste Staat in der Europäischen Union und einer der wenigen weltweit mit einer solch weitreichenden Entscheidung. Eine generelle Impfpflicht gilt zu diesem Zeitpunkt in Tadschikistan, Turkmenistan, Vatikan, Indonesien, Mikronesien und Neukaledonien.[2]

Die Impfpflicht wird tatsächlich als letzter Ausweg, als Ultima Ratio, gesehen. Wobei zu Recht darauf hingewiesen wird, dass die Verwendung des Begriffs Ultima Ratio riskant ist. Bedeutet dies doch, dass es danach nichts mehr gibt. Was tun, wenn auch die allgemeine Impfpflicht nicht zum Ziel führt? Expertinnen und Experten sehen die Impfpflicht aber durchwegs als den Ausweg aus der Pandemie.

Die Ankündigung der Impfpflicht wird von der Politik mit der Hoffnung verknüpft, dass dadurch die nächsten Wochen für das Impfen genutzt werden, um diese erst gar nicht durchsetzen zu müssen. Dabei geht es auch um den dritten Stich, also die erste Auffrischungsimpfung. Sie soll nach Expertenmeinung Impfdurchbrüche vermeiden helfen und einen zumindest erhöhten Schutz gegen Infektionen im Zusammenhang mit der Omikron-Variante bieten. Und es geht darum, die Erstimpfungen zu forcieren. Beides scheint wichtig, um im Jahr 2022 nicht gleich wieder in einen Lockdown zu taumeln. Impfen wird als Akt der Solidarität gesehen: „Ungeimpfte ,entziehen sich dem solidarischen Akt'"[3].

Über eine allgemeine Impfpflicht zu diskutieren, ist eine Sache. Diese tatsächlich auf den Boden zu bringen, und zwar so, dass sie auch rechtlich hält, hat eine ganz andere Qualität. Das ist eine enorme Herausforderung in puncto Überzeugungsarbeit und juristischer Feinarbeit, um schlussendlich auch verfassungsrechtlichen Ansprüchen zu genügen.

Die Rückkehr zur Normalität – sowohl in gesellschaftlichen wie in wirtschaftlichen Belangen – wird als wesentlicher Beweggrund für die Impfpflicht gesehen. Ebenso wie die Erwartung, dass Spitäler dauerhaft vor Überlastung geschützt und Menschenleben gerettet werden können. Im Bericht „Impfpflicht für alle?"[4] wird dargelegt, dass eine Impfpflicht tatsächlich nicht eingeführt werden solle, solange es angemessene Alternativen gebe. Die hohen Infektionszahlen würden aber zeigen, dass Nichtgeimpfte zum Risiko für sich selbst und für alle würden, weil sie das Gesundheitssystem zum Kippen brächten. Ein dringend notwendiger Lockdown, um dieses Kippen abzuwenden, würde sowohl Milliardenverluste für die Wirtschaft als auch Verlust von Steuergeldern bedeuten. „Die Impfpflicht ist in dieser Situation kein Ausdruck unangemessener Staatsgewalt mehr, sondern eine Katastrophenhilfe. Sie schränkt die Freiheit nicht ein, sie sichert sie."[4]

In der ORF-Nachrichtensendung Zeit im Bild 2 am 9. Dezember werden die Eckpunkte des vorliegenden ersten Gesetzesentwurfs mit Experten diskutiert. Tenor der Botschaft: Ziel sei es, die Menschen zum Impfen zu bringen, und nicht, die Menschen zu bestrafen. Das zeige sich auch daran, dass weder Zwangs- noch Ersatzfreiheitsstrafen vorgesehen seien. Einmal mehr wird betont, dass die Impfung der Weg aus der Pandemie sei. Ausnahmen von der Impfpflicht seien für jene vorgesehen, die aus gesundheitlichen Gründen nicht geimpft werden könnten. Die Folgewirkung der Ausnahmemöglichkeiten wird – wie meist in solchen Fällen – unterschiedlich beurteilt. Manche weisen darauf hin, diese könnten auch als „Impfpflicht mit Augenzwinkern" interpretiert werden.

Ob eine allgemeine Impfpflicht auch am Arbeitsplatz gelten soll, ist zu diesem Zeitpunkt offen. Der aktuelle Gesetzesentwurf sieht das nicht vor. Die Überlegungen dazu offenbaren komplexe und rechtliche Fragestellungen. Zudem scheint die praktische Umsetzung sehr schwierig. Unternehmer benötigten ihre Arbeitnehmer zur Aufrechterhaltung ihrer Betriebe. Da sei schon die 2,5G-Regel (geimpft, genesen oder PCR-getestet) mangels ausreichender Testinfrastruktur herausfordernd. Als Beispiel wird die Situation für ausländische Arbeitnehmer mit einem in Österreich nicht zugelassenen Impfstoff genannt.[5]

Es ist ein Gesetzesentwurf, der enorm viele Reaktionen hervorruft. Bis Ende des Jahres gibt es über 50.000 Stellungnahmen: „53.524 Stellungnahmen zum Impfpflicht-Gesetz sind mit Stand Donnerstag *[Anm.: 30.12.2021]* beim Parlament eingelangt, ein Großteil davon ist negativ. Im zuständigen Gesundheitsministerium geht man aber davon aus, dass es zahlreiche Mehrfach-Einreichungen und wortgleiche Dokumente gibt. Postings in sozialen Medien deuten auf konzertierte Aktionen hin: Impfgegner wollen das Ministerium mit Protestschreiben fluten – in der Hoffnung, das Inkrafttreten zu verzögern oder gar zu verhindern."[6]

Hinterfragt wird auch, ob das Auftreten der Omikron-Variante und die damit vermutete verringerte Schutzwirkung der verfügbaren Impfstoffe als Begründung für eine Abkehr von der Impfpflicht taugt. Jedoch wird dazu klargestellt: „Trotz geringerer Wirkung kann man laut Juristen die Pflicht zum Stich argumentieren, solang man damit Spitäler spürbar entlastet."[7] Aus der Sicht eines Verfassungsjuristen wird argumentiert: „Denn tatsächlich könne man eine Impfpflicht nur rechtfertigen, wenn sie einen Nutzen hat."[7] Er erklärt weiter, dass laut Studien aber zumindest die Booster-Impfung (also der dritte Stich) 70 Prozent Schutz gegen Omikron bieten sollte. „Bei dieser Wirksamkeit sei eine Impfpflicht ,auf jeden Fall' weiter möglich."[7]

Die Beurteilung der Impfpflicht aus politikwissenschaftlicher Sicht fällt differenziert aus. So erklärt die Politikwissenschaftlerin Barbara Prainsack: „Wenn man eine hohe Impfrate erreichen möchte, dann ist eine generelle Impfpflicht nicht unbedingt das Politikinstrument der Wahl. Kein Politikinstrument ist zu 100 Prozent effektiv, und alle haben auch unerwünschte Konsequenzen. Eine davon ist eine Reaktanz, dass also zögerliche Personen von der Impfung abgeschreckt werden. Überzeugte Impfgegner erreicht man mit der Impfpflicht nicht, außer man gestaltet sie extrem hart, fast ohne Ausnahmen, mit hohen Strafen und einer engmaschigen Durchsetzung."[8] Ein Denkanstoß wäre aus ihrer Sicht, einer Impfpflicht eine Beratungspflicht vorzuschalten und den Impfnachweis erst eine gewisse Zeit danach zu verlangen.[8]

Jedoch: „Die Impfpflicht bringt Trotz, aber auch Einsicht"[9], sagt ein Sozialpsychologe und führt aus: „Die Einführung der Impfpflicht wird bei den grundsätzlichen Ablehnern Trotzreaktionen auslösen. Sie werden argumentieren, jetzt lasse ich mich erst recht nicht impfen." Obwohl sie das auch ohne Impfpflicht gesagt hätten. Aber sie werde auch viele dazu bringen, sich impfen zu lassen. „Die negativen Konsequenzen, eine Impfung weiter zu verweigern, werden einfach zu groß."

Demonstrationen gegen die von der Regierung verordneten Einschränkungen und gegen die Impfpflicht, befeuert von politischen Scharfmachern, nehmen immer aggressivere Formen an: „44.000 Demonstranten in der Wiener Innenstadt"[10] – angekündigt als „die Mutter aller Demonstrationen"[10]. Was für eine martialische Wortwahl, anstatt endlich deeskalierend zu wirken. Bei den Gegnern führt die geplante Impfpflicht teilweise zu gewalttätigen Reaktionen, Schranken werden überschritten, ein Mindestmaß an gegenseitiger Achtung scheint nicht mehr gewährleistet. Es kommt zu gewalttätigen Übergriffen, zudem treten Auswüchse zutage, die grundsätzlich abzulehnen sind: Beschimpfungen und Schmieraktionen tauchen als dunkle Vorboten dafür auf, dass uns in den nächsten Monaten eine ungeheure Aggressivität begegnet wird. In den Nachrichtensendungen des ORF am 10. Dezember wird Unfassbares berichtet: Schmieraktionen an Wänden eines Pflegeheims, verbale und tätliche Angriffe in den Krankenhäusern, Drohungen und Beschimpfungen von Impfpersonal in Impfzentren. Auf der anderen Seite steht das bis zum Umfallen erschöpfte Krankenhauspersonal, das schon monatelang über alle Kräfte arbeitet und nur hofft, irgendwann doch wieder Oberwasser zu bekommen.

Was macht diese Pandemie mit der Gesellschaft? Man möchte Anleihe nehmen bei einem berühmt gewordenen Stehsatz des Bundespräsidenten: Sind wir das wirklich? Sind wir schon so weit, dass Menschen für ihren Dienst an der Gesellschaft angepöbelt und attackiert werden? In dem Bericht „Das gespaltene Land"[11] wird konstatiert: „Durch Österreich läuft eine Bruchlinie". Das Bild einer Gesellschaft, in der es notwendig ist, Einrichtungen wie Spitäler zu schützen, ist beschämend. Als Konsequenz wird für Anfang nächsten Jahres ein Gesetzesentwurf angekündigt, mit dem die Mitarbeiter im Gesundheitswesen geschützt und Proteste vor Spitälern nicht mehr möglich sein sollen: „Proteste vor Spitälern werden verboten"[12].

Beunruhigende Nachrichten erreichen uns nicht nur aus Österreich: „Quer durch Europa eskalieren die Corona-Proteste. Und das könnte erst der Anfang sein."[13] Das fürchten Experten. Und „Bilder und Berichte von brennenden Barrikaden in Brüssel und Paris, von verkohlten Autowracks in den Straßen des niederländischen Rotterdam, von einem Mob, der einen Weihnachtsmarkt im Fürstentum Luxemburg stürmt,"[13] tauchen auf.

Die Radikalisierung wächst durch die Corona-Demonstrationen: Es gebe Anzeichen steigender Aggression und Gewaltbereitschaft, wie zum Beispiel bedrohte Bürgermeister, bedrängte Journalisten und Spitäler, die Sicherheitsdienste beschäftigen müssen. Und die Teilnehmerfelder an den Demonstrationen seien heterogen: Mütter mit Kindern, Verschwörungstheoretiker und Leute, die keine Impfpflicht wollen, marschierten im Pulk mit Neonazis. Die rechtsextreme Szene versuche derzeit, die Massen für eigene Zwecke einzuspannen.[14]

Womit wird in den nächsten Monaten zu rechnen sein? Dazu wird nach einem Interview mit der Extremismusforscherin Julia Ebner – sie forscht am Institute for Strategic Dialogue in London – festgestellt: „Impfpflicht steigert Aggression. Omikron sorgt für Ängste. [...] mit der konkreten Ausgestaltung der allgemeinen Impfpflicht sind auch beim für die Maßnahmengegner größten Reizthema Pflöcke eingeschlagen worden."[15] Angesichts dieser Ausgangslage bestätigt Ebner im Interview[16]: „So etwas wie der Sturm auf das Kapitol in Washington ist auch bei uns vorstellbar. Ja, das ist eine reale Gefahr." Ebner erzählt von einer zu beobachtenden Zunahme an Frustration in vielen der geschützten Telegram-Kanäle, die von Coronaleugnern, Maskengegnern und der ganzen verschwörungstheoretischen Szene von QAnon verwendet würden. Es finde eine systematische Radikalisierung über längere Zeit statt, die Sprache sei in den letzten beiden Jahren immer aggressiver geworden. Auch sehe sie einen gewissen Gleichklang bei den Motiven zwischen Coronaleugnern, Rechtsextremen und Dschihadisten. Jede und jeder von uns sei anfällig für Radikalisierung. Aus ihrer Sicht fehle von der Politik aber „eine systematische Analyse, wer am stärksten emotional, mental und sozioökonomisch von der Krise betroffen ist. Denn es wäre natürlich wichtig, diese für Radikalisierung empfänglichen Gruppen proaktiv anzusprechen und Alternativen anzubieten, bevor es die Extremisten tun."

Denn eines ist offensichtlich und nachvollziehbar: Menschen suchen nach Antworten. Wie sehr dabei Menschen, die verängstigt und verunsichert sind, nach Auswegen suchen und dabei anfällig werden für leichte, aber absolut absurde und unverantwortliche Versprechungen, zeigt sich auch in diesen Tagen: Ein Entwurmungsmittel für Pferde wird als Heilmittel gegen eine Covid-19-Erkrankung propagiert. Das kann nur als unverantwortlich und menschenverachtend beurteilt werden. Dass dem von etlichen Menschen mehr geglaubt wird als den Fachleuten, welche die Impfung als den entscheidenden »Game Changer« beurteilen, ist sehr bedauerlich. Es zeigt aber, dass Menschen auf der Suche nach einer einfachen Antwort sind. Doch nicht diejenigen, die suchen, sind zu kritisieren, sondern jene, die dies in derartig absurder Weise ausnützen.

Warum Omikron?

Wie sehr die Pandemie, die nun schon beinahe zwei Jahre unser aller Leben bestimmt, am Nervenkostüm zerrt, zeigt sich mit der Entdeckung einer neuen Virus-Mutante, Omikron-Variante genannt, Ende November in Südafrika. Diese taucht natürlich sehr schnell mit Reiserückkehrern auch in Europa auf. Schockwellenartig fluten die Meldungen von dem neuen Virus die Nachrichtensendungen und Zeitungen: „Droht jetzt Super-Corona?"[1]; „So gefährlich ist die neue Virus-Mutation aus Südafrika"[2]; „Erneut sorgt eine in Südafrika entdeckte Coronavariante für Angst und Abschottung."[3]; „Omikron: Erster Verdacht in Österreich"[4].

Umgehend werden in vielen Ländern in Europa Vorsichtsmaßnahmen ergriffen: Flugverbindungen werden eingestellt, Quarantänemaßnahmen eingeführt.

Wie sollen wir damit umgehen, wenn die ohnehin mühsam errungene leichte Hoffnung auf eine baldige Rückkehr zu einer gewissen Normalität in sich zusammenzubrechen droht?

Der deutsche Philosoph Wilhelm Schmid sagt: „Führen wir uns vor Augen, dass wir in einer Zeit leben, in der wir viel lernen können. Das tun wir immer erst, wenn es schwierig wird im Leben."[5] Er führt weiter aus: „Diese Corona-Phase ist eine Episode, in wenigen Jahren wird man sich kaum noch daran erinnern. Anders als die Klimakrise: Das ist keine Episode, sondern eine Epoche."[5] Und er rät, Wut nicht zu verheimlichen oder hinunterzuschlucken: „Hinaus mit der Wut. Es ist ja der Vorteil der freien Gesellschaft, dass alle hinausschreien können, was sie beschäftigt – in den Grenzen, die der Rechtsstaat zieht. […] Erst wenn ich keine Wut mehr verspüre, ist wieder Zeit für die Gelassenheit."[5]

Auch der Philosoph Konrad Paul Liessmann rät angesichts kaum beeinflussbarer Geschehnisse zur Gelassenheit.[6]

Vor mir aufgeschlagen liegt das Griechisch-Deutsche Schul- und Handwörterbuch von Wilhelm Gemoll, das Wörterbuch der altgriechischen Sprache aus meiner Schulzeit. Das griechische Alphabet hat mit 24 Buchstaben zwei weniger als das deutsche, viele von ihnen werden in der Mathematik und Physik zur Bezeichnung bestimmter Größen verwendet und sind daher gut bekannt. In der christlichen Tradition stehen der erste und der letzte Buchstabe im griechischen Alphabet – Alpha und Omega – als Symbol für Anfang und

Ende. Die griechische Sprache hat also zwei »o«. Omikron ist der 15. Buchstabe im Alphabet, zwischen Omikron und Omega stehen weitere acht Buchstaben. Noch ist also das Alphabet für die Bezeichnung von Virus-Varianten nicht zur Gänze ausgeschöpft.

Die Benennung der Varianten des Covid-19-Virus mit griechischen Buchstaben durch die WHO soll „eine weltweit einheitliche und allgemeinverständliche Kommunikation über Virusvarianten von praktischer epidemiologischer Bedeutung in Politik, Gesellschaft und öffentlicher Gesundheitsvorsorge gewährleisten."[7] Die Abkehr von Ländernamen „soll auch eine Stigmatisierung oder Diskriminierung der betreffenden Regionen und der dort lebenden oder von dort stammenden Menschen vermeiden."[7]

In dem Bericht „Weltweit Bangen wegen Omikron"[8] werden auch die Virus-Varianten Epsilon, Zeta, Eta, Theta, Iota, Kappa, Lambda und My aufgelistet, diese hätten sich aber nicht durchgesetzt. Nicht gerade beruhigend, wie viele Varianten schon aufgetreten und definiert worden sind, bloß dass sie sich glücklicherweise nicht durchgesetzt haben. Die Varianten mit den Bezeichnungen Alpha, Beta, Gamma und Delta sind uns hingegen gut bekannt. Besonders die Delta-Variante beschäftigt uns schon über den ganzen Herbst und hat die vierte Welle an Infektionen ausgelöst. Etwas zum Schmunzeln gibt es aber doch: In dem genannten Bericht[8] wird ebenso erwähnt, welche Namen im Alphabet zwar schon an der Reihe gewesen wären, aber bewusst nicht gewählt worden seien: Ny – das klinge auf Englisch (Nu) zu sehr nach dem Englischen „new" – und Xi, weil das auch ein verbreiteter chinesischer Name sei, zum Beispiel der des jetzigen Staatschefs Xi Jinping.

Abseits der humorigen Betrachtung über die Namensgebungen sind aus epidemiologischer Sicht die Nachrichten tatsächlich beunruhigend. Anfang Dezember liegen zwar noch keine zuverlässigen Erkenntnisse zur Omikron-Variante vor und Voraussagen sind schwierig. Dennoch wird schon sehr früh von Experten – wiedergegeben zum Beispiel in dem Zeitungsbericht „Omikron breitet sich weltweit aus"[9] – festgestellt: „Sie hat das Potenzial, den bisherigen Bemühungen zur Bekämpfung der Pandemie eine schweren Schlag zu versetzen." Befürchtet wird, dass die Variante als sogenannte Fluchtmutante die Delta-Variante in kurzer Zeit ablösen könnte. „Omikron dürfte starke Fluchtmutante sein"[10], schätzt der Virologe Florian Krammer, ein in New York forschender österreichischer Wissenschaftler. Die Wirkungsweise von Fluchtmutanten wird in dem Bericht „Katz und Maus"[11] veranschaulicht: „Mit jeder Fluchtmutation setzt das Virus unserer Impfstrategie etwas entgegen. Schließlich handelt es sich um ein Katz-und-Maus-Spiel, das im Laufe der Evolution schon unzählige Male abgelaufen ist. Seit Millionen Jahren praktizieren Viren und ihre Wirte eine Art wechselseitiges Wettrüsten – das dann später auf beiden Seiten zu neuen Anpassungen und einer friedlichen Ko-Existenz führen kann."

Die Virologen sind auf der Hut. Vermutet wird, dass diese Variante neben der viel leichteren Übertragbarkeit tatsächlich auch leichter eine Immunantwort zu umgehen vermag.

Die unklaren Auswirkungen sorgen für neue Zermürbung in der Coronakrise. „Hört diese Pandemie denn nie auf?"[12] Eine Soziologin des Instituts für Soziologie der Universität Wien berichtet: „Insgesamt sei die ‚Verzweiflung mittlerweile groß'. Denn mit Omikron kam der Gedanke auf: Was tun wir, wenn diese Krise nie aufhört?"[12]

*Ungewissheit kommt auf
mit der neuen Omikron-
Variante des Virus.
Wie ein Nebel, der (noch)
vieles verbirgt.
Stephansdom in Wien*

Wie sehr die Pandemie den Menschen zusetzt, zeigt sich unter anderem darin, dass sich der Medikamentenbedarf vervierfacht hat. Das geht aus einem Bericht der Salzburger Apothekenkammer im ORF-Ö1-Mittagsjournal am 18. Dezember hervor. Und der gesteigerte Bedarf betrifft vor allem Medikamente gegen Depressionen, Schlafstörungen und Panikattacken.

Die sinkenden Infektionszahlen deuten Anfang Dezember nicht auf eine akute Bedrohung hin. Dennoch warnt Bundeskanzler Nehammer – er löst in dieser Funktion Anfang Dezember Bundeskanzler Schallenberg ab – in einer Pressekonferenz am 8. Dezember davor, dass „uns das Virus momentan eine Atempause gewährt. Eine Atempause, aber nicht mehr".

Bis Mitte Dezember sind die Neuinfektionszahlen in Österreich tatsächlich auf einem deutlich niedrigeren Niveau angelangt. Mehr und mehr wird aber dennoch mit einer fünften Infektionswelle für Anfang 2022 gerechnet. In etlichen Ländern, so in Großbritannien, Dänemark, den Niederlanden, Norwegen und natürlich in Südafrika, dem Ursprungsland, wird bereits eine rasante Ausbreitung dieser Variante des Virus beobachtet. Experten sind sich über die erhöhte Ansteckungsfähigkeit Mitte Dezember noch nicht gänzlich im Klaren, bestätigen anhand der inzwischen vorliegenden Forschungsergebnisse aber definitiv, dass sie die Immunantwort besser unterlaufen könne als die bisherigen Varianten: „[…]

liegt ihre gefährlichere Eigenschaft in ihrer mittlerweile unumstrittenen Fähigkeit, sich der Immunantwort von Geimpften und Genesenen effizienter zu entziehen."[13] Um die Ausbreitungsgeschwindigkeit zumindest zu verlangsamen, wird bei einer festgestellten Infektion eine unbedingte 14-tägige Quarantäne angeordnet. Der Gesundheitsstadtrat der Stadt Wien stellt dazu im ORF-Ö1-Morgenjournal am 15. Dezember fest: Diese Maßnahme erscheine nur in der Anfangsphase der Ausbreitung einer neuen Virus-Variante sinnvoll. Wenn das Virus erst einmal flächendeckend um sich gegriffen habe, sei eine verlängerte Quarantäne nicht mehr effektiv. Das habe man schon am Beginn der bisher vordringenden Virus-Varianten am Anfang des heurigen Jahres gesehen.

Zu Weihnachten wird die Frist für das Freitesten bereits heruntergesetzt.

Gleichzeitig stehen die Zeichen tatsächlich auf Sturm. Bis Weihnachten tritt die Omikron-Variante in mehreren Ländern massiv auf und wird zur dominanten Virus-Variante. Die Infektionszahlen schnellen wieder in die Höhe, mehr als es jemals zuvor beobachtet worden ist. Für Österreich stellt sich die Frage: „Jetzt die Ruhe, bald der Sturm?"[14] Selbst Länder wie Spanien und Portugal, die mit 80 bis 90 Prozent Impfquote als Impfeuropameister gelten, werden im Dezember von der Welle heimgesucht. „Die Sieben-Tage-Inzidenz auf der iberischen Halbinsel steigt steil an. Das erstaunt angesichts der Tatsache, dass in Spanien 80 Prozent und in Portugal 89 Prozent der impffähigen Bevölkerung den doppelten Stich erhalten haben. Die Rate der Auffrischungsimpfung – in Spanien 24 Prozent, in Portugal 23 Prozent – liegt indes deutlich hinter Spitzenreiter Israel (45), Großbritannien (42) und Österreich (37)."[15]

In Österreich werden vorbereitende Schritte zur Bekämpfung einer ungebremsten Ausbreitung der Omikron-Variante gesetzt: Einreisebeschränkungen und die Einrichtung eines neuen Krisenstabs, Gecko genannt. Gecko soll die Regierung beraten, aber auch operativ im Krisenmanagement tätig sein. Die Spitze ist mit einem Militär aus dem Verteidigungsministerium gemeinsam mit der Generaldirektorin für die Öffentliche Gesundheit besetzt. Die verschärften Einreiseregelungen – zweifach geimpft oder genesen plus aktueller PCR-Test – führen auf der anderen Seite vermehrt zu Stornierungen bei ausländischen Touristen: „Verschärfte Einreiseregeln bringen Stornierungen"[16]. Für den Tourismus, der sehr unter der Situation leidet, ist das ein neuer Tiefschlag.

Auch wird an weiteren logistischen Maßnahmen gearbeitet: Die Bereithaltung von Ersatzkräften und Reserveeinheiten für die systemrelevanten Bereiche wird wieder aktuell, Pläne werden erstellt und Vorkehrungen getroffen. Dabei sind wir uns so sicher gewesen, dass ein derartiges Szenario wie am Beginn der Pandemie im Frühjahr 2020 nicht mehr wiederkehren würde! Auch das soziale Zusammenleben und das gemeinsame Feiern zu Weihnachten stehen unter keinem guten Stern: „Omikron-Weihnachten in Europa"[17].

Ende Dezember hält der Gesundheitsstadtrat der Stadt Wien infolge der beginnenden raschen Ausbreitung der Omikron-Variante und der damit befürchteten Engpässe am Arbeitsmarkt fest: „Angesichts der zu erwartenden tausenden Neuinfektionen in Österreich würde aber auch die Anzahl der Personen im Krankenstand sowie in Quarantäne zum Problem werden. Hacker fordert eine Verkürzung der Dauer auf fünf Tage oder eine Woche sowie eine Lockerung der Quarantäneregeln."[18] Mehr und mehr gewinnt diese Idee – angesichts sich abzeichnender stark ansteigender Infektionszahlen und befürchteter Ausfälle am Arbeitsmarkt und in systemrelevanten Berufsgruppen – bei Politikern und Experten an Boden.

Die Besorgnis und Warnungen von Experten sind unüberhörbar: „Dass die Infektionszahlen mit Omikron höher steigen als bei bisherigen Varianten, ist für Fachleute klar. Wie stark sich das auf Spitäler und Intensivstationen auswirkt, allerdings noch nicht."[19] Es taucht das Schreckgespenst eines weiteren Lockdowns auf, für Jänner zeichne sich schon der fünfte Lockdown ab: „Die Variante Omikron breitet sich in Europa beinahe ungebremst aus und dürfte schon in den kommenden zwei, drei Wochen Delta verdrängen."[20] Berichtet wird, dass kaum ein Gesundheitsexperte damit rechne, „die Überlastung der Intensivstationen ohne erneute Verschärfung der Ausgangsbeschränkungen und andere Maßnahmen der Kontaktreduktion zu verhindern.[20] Dänemark, die Niederlande, Norwegen und Großbritannien werden wegen der hohen Infektionszahlen in diesen Ländern wieder als Hochrisikoländer eingestuft. Um den Anstieg der Infektionszahlen in Österreich doch ein wenig zu verzögern, werden noch vor Weihnachten restriktivere Maßnahmen als zuletzt gewohnt gesetzt. So wird die zulässige Anzahl an Personen für Zusammenkünfte strenger geregelt und nach unten geschraubt, die Öffnungszeiten für die Gastronomie und die Besucheranzahl bei Veranstaltungen werden für die Zeit nach Weihnachten und über den Jahreswechsel hinaus limitiert. Stark von ihrer Interessensvertretung kritisiert, gilt dennoch für die Gastronomie eine Sperrstunde ab 22:00 Uhr, für die Silvesternacht eine nicht einfache Situation. Aber es zeigt sich, das Publikum nimmt es durchaus sportlich und mit Gelassenheit: Die Silvesterfeiern werden eben nach vorn verlegt.

Trotz all dieser Vorzeichen kommen im Laufe des Dezember auch vorsichtig positive Äußerungen. Diese resultieren aus dem Erkenntniszuwachs und den ersten Daten aus den Ländern, in denen die Virus-Variante schon voll zugange ist. Es besteht eine leise Hoffnung, dass bei Infektionen mit der Omikron-Variante schwere Krankheitsverläufe nicht so häufig auftreten und die Infektionen seltener zu Krankenhausaufenthalten führen könnten: „Die Virusvariante führt seltener zu Spitalsaufenthalten. Die Gründe dafür sind allerdings noch unklar. Expertenfazit: ‚Keine Entwarnung, aber dennoch erfreulich'"[21]; „Fünfte Welle: Experten sehen Tendenz zu milden Verläufen, aber noch offene Fragen"[22]. Auch für Südafrika – dem Ursprungsland der Virus-Mutation – wird festgestellt: „Als Ursprungsland bietet das Land das beste Beispiel für die Ausbreitung der Omikron-Variante. Die Infektionszahlen schießen in die Höhe, die Hospitalisierungsrate aber bleibt gering."[23]

Gleichzeitig flammt wegen der rasanten Ausbreitung der Omikron-Variante des Virus die Diskussion über eine eventuell notwendige weitere Impfung auf: „Das Nationale Impfgremium (NIG) hat daher erstmals eine Empfehlung für einen vierten Stich ausgesprochen: Für Personen im Hochrisiko- und systemkritischen Bereich, etwa im Gesundheitswesen, soll die Auffrischungsimpfung ab sechs Monaten nach dem Drittstich zur Verfügung stehen."[24]

Wo stehen wir im Vergleich zur Situation im Dezember 2020? Wird diese Variante alles bisher Errungene auf den Kopf stellen, wie gelegentlich vermutet wird? Jetzt, im Dezember, ist das schwer zu sagen. Ein Déjà-vu zum vergangenen Jänner ist es jedenfalls, denn schon damals hat eine Schlagzeile gelautet: „Schützt der Impfstoff auch vor neuen Virus-Mutanten?"[25] Und schon damals ist es um mögliche Mutanten des Virus aus Großbritannien und Südafrika gegangen. Die Frage vom letzten Jänner ist in gleicher Weise für den kommenden Jänner aktuell.

Aber die Wissenschaft hat einen viel besseren Kenntnisstand als vor einem Jahr. Dass wir eine Länder und Kontinente übergreifende Forschung zur Hand haben, die es ermöglicht, Antworten zu finden, beruhigt. Wir müssen jedoch bereit sein, die angebotenen

Hilfsmittel, wie zum Beispiel die Impfung, anzunehmen. Wir stehen nicht mehr vor dem Problem, dass wir keinen Impfstoff haben. Die möglicherweise erforderliche Anpassung der verfügbaren Impfstoffe wird – zumindest aus der Sicht eines Laien – eine vergleichsweise leichtere und schneller zu bewältigende Aufgabe sein als die Erfindung eines Impfstoffs.

Auch ist die heutige Situation der Pandemie mit jener der Spanischen Grippe, der Influenza-Pandemie in den Jahren 1918 bis 1920, nicht vergleichbar, wenngleich immer wieder Parallelen gezogen werden. Die Zahl der Toten in den Jahren von 1918 bis 1920 wird heute mit 50 Millionen vermutet, es wird aber dabei ergänzt, es könnten doppelt so viele gewesen sein. Damals hat man den wahren Erreger noch nicht identifizieren können, das Elektronenmikroskop ist noch nicht erfunden. Klinisches Know-how und Ausrüstungen von heute sind mit der damaligen Zeit nicht vergleichbar, der Stand der Medizin der Gegenwart und die internationalen Forschungen sprechen ihre eigene Sprache. Diese Ausführungen sind nachlesbar im Buch „Die Heilung der Welt. Das Goldene Zeitalter der Medizin 1840–1914"[26] von Ronald D. Gerste. Darin wird als größter Unterschied und Vorteil von heute im Vergleich zur Situation 1918 bis 1920 die Reaktion der Politik, der Regierenden im Umgang mit der Pandemie angeführt. Zur Zeit der Spanischen Grippe gibt es nichts Vergleichbares zu den heutigen modernen staatlichen Interventionen. Damals gibt es fast überall nur lokale Maßnahmen, ein nationales Vorgehen zum Schutz der Bevölkerung ist eine Ausnahme, internationale Reaktionen finden nicht statt. Auch die Wahrnehmung der Pandemie ist heute wesentlich intensiver. Damals gibt es neben Plakatanschlägen und Mitteilungsblättern nur die Zeitungen als Informationsquelle.

In dem genannten Buch wird auch ein verbreitetes Missverständnis angesprochen: Die Spanische Grippe ist weder von Spanien ausgegangen noch hat Spanien überdurchschnittlich zu ihrer Verbreitung beigetragen. Da aber das im Ersten Weltkrieg neutrale Land weniger Pressezensur kennt als die kriegsführenden Länder, kann die spanische Presse freier über die neue Seuche berichten. Zu diesem Zeitpunkt verzeichnen die Kriegsteilnehmer längst einen hohen Krankenstand bei den eigenen Frontsoldaten, der aber geheim gehalten wird, um keine Schwäche zu offenbaren. So bleibt der verhängnisvolle Name an Spanien hängen.

Im Jahr 2021 aber ist zu betonen: „Die Wissenschaft hat in einer Rekordzeit Impfstoffe und Medikamente gegen die tückische Krankheit erforscht und auf den Markt gebracht [...]. Die nächste Welle kommt bestimmt, ebenso der dagegen wirkende Impfstoff."[27]

Optimistisch ist jedenfalls Christoph Wenisch, der Leiter der Infektionsabteilung in der Klinik Favoriten in Wien. Wir erinnern uns: Das symbolische Bild der hochgetreckten Faust von Wenisch nach dem ersten Stich im Dezember 2020 geht um die Welt, schafft es sogar auf die Titelseite der New York Times. Wenisch sieht die Omikron-Variante des Virus als „Weihnachtsgeschenk"[28]. Das erscheint auf den ersten Blick tatsächlich irritierend, er führt daher aus: „Omikron ist kein Krampusgeschenk, sondern es ist ein Weihnachtsgeschenk. Es wird uns rasch umdenken lassen und Maßnahmen [...] wird man neu bewerten müssen. Wenn das Virus leichter übertragbar ist, wird es weniger virulent." Allerdings sagt Wenisch auch: „Das Virus geht nicht mehr weg, das Virus müssen wir ertragen."

Und ähnlich wie am Ende des Jahres 2020 die ersten Impfungen Licht am Horizont versprochen haben, ist es heuer die Erwartung der ersten Medikamente, die für das nächste Jahr einen positiven Ausblick unterstützen sollen.

#YesWeCare-Lichterkette auf der Wiener Ringstraße

Als am Abend des 19. Dezember auf der Wiener Ringstraße Tausende Lichter von Kerzen, Fackeln, Lampen, Leuchtstäben und Taschenlampen von Mobiltelefonen aufleuchten, ist diese Lichterkette ein sehr eindrucksvolles Zeichen der Solidarität und des Gedenkens. Nach Bekanntgabe der Polizei sind rund 30.000 Menschen dem Aufruf der überparteilichen #YesWeCare-Initiative gefolgt. Damit wird der inzwischen mehr als 13.000 Corona-Todesopfer gedacht. Es wird aber auch ein Zeichen der Solidarität gesetzt mit all jenen, die in dieser Pandemie aufopfernd immer wieder und noch immer in den Krankenhäusern auf den Intensiv- und Normalstationen die Covid-19-Patienten betreuen. In den letzten Wochen und Tagen haben lautstarke Proteste und Demonstrationen von Gegnern der Coronamaßnahmen und von Coronaleugnern die Straßen und Schlagzeilen beherrscht. Zunehmende Ausschreitungen und eine mehr und mehr aufgeheizte Stimmung haben um sich gegriffen. Die Lichterkette ist ein Zeichen für ein friedliches und verantwortungsvolles Zusammenstehen. Ähnliche Veranstaltungen finden auch an anderen Orten in Österreich statt.

Die Schlagzeilen in den Zeitungen am nächsten Tag zeigen eine positive Resonanz: „Lichtermeer als Antwort auf Ausschreitungen"[1]; „Mehr als 30.000 beim Lichtermeer in Wien"[2]; „Tausende Lichter für tausende Tote"[3]; „Lichtermeer am Wiener Ring"[4].

Die Lichterkette – im Bild eine Aufnahme vom Universitätsring – verläuft entlang der Ringstraße

Knapp vor 19:00 Uhr wird für eine gute Viertelstunde der Verkehr gestoppt, die Ringstraße gehört den Teilnehmern der Lichterkette.

Es ist eine bemerkenswerte Aktion: kein lautes Schreien, kein Gestikulieren. Still, in bewusster und fast schon feierlicher Stimmung wird die Ringstraße zu einer Demonstrationszone für Solidarität und gegen Hetze. Aber die Stimmung ist dem Anlass entsprechend eher bedrückend.

Unterstützung der #YesWeCare-Initiative kommt von vielen Seiten, so vom Wiener Erzbischof, von der Islamischen Glaubensgemeinschaft, der Israelitischen Kultusgemeinde Wien, der Wiener Ärztekammer, der Volkshilfe und dem Samariterbund. Auch der Bundespräsident erklärt sich solidarisch und stellt eine Kerze in ein Fenster der Hofburg.

Die Teilnahme erfolgt – so ist im Vorfeld gebeten worden – mit Abstandhalten und Masketragen.

Schon vor einem Jahr ist mit dem Anzünden von Kerzen der Toten der Covid-19-Pandemie gedacht worden: „5.127 Kerzen wurden am 18. Dezember 2020 am Stephansplatz entzündet – für jede und jeden Verstorbenen eine Kerze. Mit einem stillen Gedenken am Stephansplatz wollten die Initiatoren der Caritas der Trauer und dem Schmerz um die Opfer der Pandemie Raum geben. Damals setzten Menschen in ganz Europa Zeichen der Solidarität – und die ersten Impfungen gaben Anlass zur Hoffnung, dass die Pandemie bald bewältigt sein werde."[5]

Vieles hat sich seitdem geändert. Die Impfung ist verfügbar, führt aber zwischen Gegnern und Befürwortern zu einer gesellschaftlichen Entzweiung ungeahnten Ausmaßes. Das Thema ist inzwischen politisch aufgeladen und instrumentalisiert.

Am 19. Dezember stehen mindestens 13.000 Kerzen stellvertretend für die inzwischen mehr als 13.000 Covid-19-Toten. Warum dieses Zeichen notwendig ist? In dem Bericht „Kontrapunkt im Kerzenschein"[6] wird dazu im Vorfeld festgehalten, dass das Gedenken an die bisher mehr als 13.000 Toten der Covid-19-Pandemie in Österreich im Vordergrund stehe, ebenso der Dank an das Gesundheitspersonal. Es solle ein stiller Gegenpol zu den lauten und teils aggressionsgeladenen Demonstrationen und der fortschreitenden Polarisierung in der Gesellschaft sein.

Die Lichterkette am Abend des 19. Dezember wird tatsächlich zu einer empathischen Antwort auf die zunehmenden Polarisierungen in der Gesellschaft.

Brennende Kerzen auf der Wiener Ringstraße als Zeichen der Hoffnung

Lichter im Gedenken an die Toten infolge der Pandemie, als Dank an die Helferinnen und Helfer in den Krankenhäusern und als Ausdruck der Hoffnung allen Befürchtungen zum Trotz. Eine Hoffnung, dass wir auch die nächsten Monate gemeinsam schaffen werden. All das können die Lichter auf der Wiener Ringstraße zum Ausdruck zu bringen.

Die Betonung der Wichtigkeit solcher Aktionen durch Kardinal Schönborn in dem Interview „Es braucht versöhnliche Gesten"[7] am Jahresschluss steht für sich: „Es braucht auch solche Gesten wie das Lichtermeer, mit dem 30.000 Menschen in Wien an die 13.000 Toten erinnert haben, die Österreich durch Corona zu beklagen hat. Das war eine großartige Solidaritätskundgebung ganz ohne jede Diskussion, ohne jeden Vorwurf. Diese Menschen sind gestorben, sie haben Schmerzen in ihren Familien hinterlassen. Ihrer gemeinsam zu gedenken und eine Hoffnung auszudrücken war ein Versuch, die Situation zu entspannen und sie in eine höhere, bessere Dimension zu bringen."

WAS WICHTIG IST – EIN AUSBLICK

Wer hätte gedacht, dass gegen Ende des Jahres die Pandemie nach beinahe zwei Jahren noch immer das beherrschende Thema sein und andere wichtige Themen in den Hintergrund drängen und überlagern würde? Dass ein vierter Lockdown gerade erst vorüber und ein fünfter Lockdown für die nächsten Monate schon wieder im Bereich des Möglichen sein würde?

Für die wesentlichen Fragen, wie die Umsetzung der angekündigten Impfpflicht, die Auswirkungen der Omikron-Variante und die Heftigkeit einer möglichen fünften Corona-Welle, wird in diesen Tagen im Dezember ein neues Kapitel aufgeschlagen. Diese Fragen werden aller Wahrscheinlichkeit nach zumindest die ersten Monate im Jahr 2022 dominieren. Die Betrachtungen für dieses vorliegende Buch enden jedenfalls mit dem 31. Dezember 2021.

Mit dem Pandemiegeschehen einhergehende Entwicklungen und Fragen beschäftigen die Politik und die Gesellschaft schon länger und werden es weiter tun. Wegen unterschiedlicher Sichtweisen und Haltungen zur Pandemie und deren Bekämpfung findet eine Entzweiung der Gesellschaft statt – im Freundeskreis und sogar in den Familien. Daraus resultieren Unversöhnlichkeiten infolge der unterschiedlichen Standpunkte. Demonstrationen gegen die Maßnahmen zur Bekämpfung der Pandemie werden schon fast alltäglich, bei denen es aber zunehmend schwieriger wird, zwischen ehrlicher Sorge und Vereinnahmung durch radikale Gruppen zu unterscheiden. Persönliche Ängste vor Ansteckung und schwerer Erkrankung, vor den wirtschaftlichen Folgen und vor den Grenzen des Machbaren in der Gesundheitsversorgung belasten die Menschen.

Es ist gut und wichtig, gerade in diesen Tagen das Vertrauen und die Zuversicht in unsere Fähigkeiten zu stärken. „Eine Auffrischung der Menschlichkeit"[1] wird Weihnachten in einem Leitartikel genannt. „Fürchtet Euch nicht"[2] wird uns zugerufen. Und ja, die aktuelle Situation ist auch eine „Nagelprobe der Menschlichkeit"[3]. Es liegt an uns, uns nicht entmutigen zu lassen und das Gemeinsame wieder in den Vordergrund zu stellen!

ABKÜRZUNGSVERZEICHNIS

AGES	Agentur für Gesundheit und Ernährungssicherheit
AMA	Agrarmarkt Austria
BMK	Bundesministerium für Klimaschutz, Umwelt, Energie, Mobilität, Innovation und Technologie
CAS	Schiedsgerichtshof des Sports (gebräuchliche Abkürzung: Internationaler Sportgerichtshof) – Court of Arbitration for Sport
CCFU	Cross Cultural Foundation of Uganda
COP	Conference of the Parties
CSH	Complexity Science Hub (Vienna)
DDR	Deutsche Demokratische Republik
EGMR	Europäischer Gerichtshof für Menschenrechte – European Court of Human Rights (ECHR)
EMA	Europäische Arzneimittelagentur – European Medicines Agency
ECDC	Europäisches Zentrum für die Prävention und die Kontrolle von Krankheiten (gebräuchliche Abkürzung: EU-Gesundheitsbehörde) – European Centre for Disease Prevention and Control
ETH	Eidgenössische Technische Hochschule (Zürich)
EU	Europäische Union – European Union
EWG	Europäische Wirtschaftsgemeinschaft – European Economic Community (EEC)
FFP	Filtering Face Piece
FIRMS	Fire Information for Resource Management System
GAP	Gemeinsame Agrarpolitik – Common Agricultural Policy (CAP)
IIASA	Internationales Institut für Angewandte Systemanalyse – International Institute for Applied Systems Analysis
IIT	Indian Institute of Technology (Delhi)
IOC	Internationales Olympisches Komitee – International Olympic Commitee
IPC	Internationales Paralympisches Komitee – International Paralympic Committee
IPSL	Institut Pierre-Simon Laplace
LSCE	Laboratoire des Sciences du Climat et de l'Environnement
IS	Islamischer Staat
ISAF	Internationale Sicherheitsunterstützungstruppe – International Security Assistance Force
KNMI	Koninklijk Nederlands Meteorologisch Instituut
NASA	National Aeronautics and Space Administration
NATO	Organisation des Nordatlantikvertrags (gebräuchliche Abkürzung: Nordatlantikpakt) – North Atlantic Treaty Organization
NCAR	National Center for Athmospheric Research

NGO	Nichtregierungsorganisation – Non-Governmental Organization
OGM	Österreichische Gesellschaft für Marketing
ORF	Österreichischer Rundfunk
ÖAV	Österreichischer Alpenverein
ÖSV	Österreichischer Skiverband
OSZE	Organisation für Sicherheit und Zusammenarbeit in Europa – Organization for Security and Co-operation in Europe (OSCE)
PCR	Polymerase-Kettenreaktion – polymerase chain reaction
PTC	Pre-Travel-Clearance
QR	Schnelle Antwort (Code) – quick response (Code)
RCCC	Red Crescent Climate Centre
RCP	Repräsentative Konzentrationspfade – representative concentration pathways
ROC	Russian Olympic Committee
SNP	Scottish National Party
UEFA	Union Europäischer Fußballverbände – Union of European Football Associations
UNESCO	Organisation der Vereinten Nationen für Erziehung, Wissenschaft und Kultur – United Nations Educational, Scientific and Cultural Organization
UNO	Organisation der Vereinten Nationen (gebräuchliche Abkürzung: Vereinte Nationen) – United Nations Organization
VCM	Vienna City Marathon
WADA	Welt-Anti-Doping-Agentur – World Anti-Doping Agency
WIFO	Österreichisches Institut für Wirtschaftsforschung
WWA	World Weather Attribution
WWF	World Wide Fund for Nature
WHO	Weltgesundheitsorganisation – World Health Organization
WKO	Wirtschaftskammer Österreich
ZAMG	Zentralanstalt für Meteorologie und Geodynamik

QUELLENVERZEICHNIS

Zur besseren Übersichtlichkeit werden Literaturverweise im Gegensatz zu den Quellenangaben zu Berichten in Zeitungen und Zeitschriften sowie zu Internetrecherchen farbig dargestellt. Bei Verweisen auf Websites und Berichten daraus wird für deren Inhalt keine Haftung übernommen. Durch die Angabe [abgefragt] wird auf den Stand zum Zeitpunkt der Abfrage und die zu diesem Zeitpunkt enthaltene Information, die für dieses Buch verwendet wird, verwiesen.

Für die im Buch zitierten Artikel aus Zeitungen und Zeitschriften werden jeweils der Titel des Beitrags, der Autor beziehungsweise die Autoren (soweit angegeben) und die Bezeichnung der Zeitschrift samt dem Datum der Ausgabe gelistet.

Sofern eine Zeitungsmeldung wortgleich zitiert wird, wird diese unter Anführungszeichen gesetzt und die Nummer aus dem Quellenverzeichnis hinzugefügt. Wenn eine Zeitungsmeldung lediglich dem Inhalt nach Verwendung findet, wird nur die Nummer aus dem Quellenverzeichnis angefügt. Die Angaben in den einzelnen Berichten sind nicht auf ihre Richtigkeit hin überprüft worden.

Die Hoffnung auf die Impfung

1 Impfen: Häftlinge vor Lehrern? Anna Thalhammer. Die Presse. 29.12.2020.
2 Zwei Millionen Impfdosen mehr. Ida Metzger. Kurier. 03.01.2021.
3 Ostdeutscher Bischof wendet sich zu Neujahr an Nicht-Christen. Kirche In. Das internationale christlich-ökumenische Nachrichtenmagazin. 02/2021.
4 Die Eliten und ihr Korruptionsproblem. Josef Urschitz. Die Presse. 22.01.2021.
5 Regierung über Bürgermeister als „Impf-Drängler" empört. (maf). Die Presse. 21.01.2021.
6 Wo schnell und wo langsam geimpft wird. Thomas Vieregge und Christian Ultsch. Die Presse. 05.01.2021.
7 Wa(h)re Völker-Freundschaft. Oliver Tanzer. Die Furche. 06.11.2.2021.
8 Spät, aber doch: Schallenberg koordiniert EU-Impfhilfe am Balkan. Christoph Zotter. Die Presse. 20.04.2021.
9 Schallenberg spielt in Bosnien den EU-Impfdiplomaten. Christoph Zotter. Die Presse. 05.05.2021.
10 Der Westbalkan soll als Blaupause für die EU-Impfhilfe dienen. Christoph Zotter. Die Presse. 06.05.2021.

Neujahrskonzert der Wiener Philharmoniker

1 Dieses Konzert war wahrlich historisch. Kurier. 02.01.2021.
2 Keiner war da? Aber alle haben zugeschaut! Wilhelm Sinkovicz. Die Presse. 02.01.2021.
3 Eine musikalische Botschaft der Hoffnung. Peter Jarolin. Kurier. 01.01.2021.
4 Die Liga der außergewöhnlichen Töne. Peter Jarolin. Kurier. 02.01.2021.
5 Blumen in der Waffe. Guitar. Kurier. 02.01.2021.

Brexit vollzogen

 1 „Liebe Roastbeef-Bande, wir lieben euch". Susanne Bobek. Kurier. 01.01.2021.
 2 Johnsons leiser Abschied aus der EU. Gabriel Rath. Die Presse. 02.01.2021.
 3 „Europa, lass das Licht an!" Irene Thierjung und Georg Szalai. Kurier. 02.01.2021.
 4 „Brexit als Sprengsatz". Oliver Tanzer. Die Furche.1. 07.01.2021.
 5 Wenn aus GB UK wird. (SN, dpa). Salzburger Nachrichten. 04.10.2021.
 6 Neues Öl in das nordirische Brexit-Feuer. Wolfgang Böhm. Die Presse. 18.05.2021.
 7 Frisch geschieden und schon im Clinch: London und die EU. Ingrid Steiner-Gashi. Kurier. 16.03.2021.
 8 Annäherung Großbritannien-EWG. Einig über Londons Euroatom-Beitritt. Vor 50 Jahren in den „Salzburger Nachrichten" am 12.05.1971. Salzburger Nachrichten. 15.05.2021.
 9 „Habt Spaß": Boris Johnson sitzt wieder fest im Sattel. Georg Szalai. Kurier. 31.03.2021.
10 Brexit-Katerstimmung in Großbritannien. Sascha Zastiral. Die Presse. 31.12.2021.

Präsidentenwahl in Amerika

1 Komplott für Geiselnahme am Kapitol. Thomas Vieregge. Die Presse. 16.01.2021.
2 Trump-Anhänger stürzen Washington ins Chaos. Ulrike Botzenhart und Ingrid Steiner-Gashi. Kurier. 07.01.2021.
3 Die verwundete Supermacht. Stefan Riecher. Die Presse. 08.01.2021.
4 Boyle, T. Coraghessan: América. Neuausgabe 2006. 19. Auflage 2019. Veröffentlicht 1998 bei dtv Verlagsgesellschaft mbH & Co. KG. München. Lizenzausgabe mit Genehmigung des Carl Hanser Verlags. © 1995. T. Coraghessan Boyle. Titel der amerikanischen Originalausgabe „The Tortilla Curtain". Viking. New York 1995.
5 American Paranoia. Manuela Tomic. Die Furche.3. 21.01.2021.
6 „Ich fühlte mich nicht ernst genommen". Manuela Tomic. Die Furche.5. 04.02.2021.
7 Inselexperimente. Brigitte Quint. Die Furche.3. 21.01.2021.

Lockdown

1 Wie viel Geld kostet die Krise? Jakob Zirm. Die Presse. 19.01.2021.
2 Lockdown zum Anglizismus des Jahres gewählt. (rovi). Die Presse. 03.02.2021.
3 Der Tourismus als Achillesferse. Gerhard Hofer. Die Presse. 06.02.2021.
4 Trotz und Vorurteil. Doris Helmberger. Die Furche.6. 11.02.2021.
5 Warum die britische Variante so gefährlich ist. Köksal Baltaci. Die Presse. 26.03.2021.
6 Warum Tirol wie ein Dauer-Hotspot wirkt. Köksal Baltaci. Die Presse. 03.04.2021.

Staatsgewalt

1 Freund, Feind, Ohnmacht. Markus Pausch. Die Furche.5. 04.02.2021.
2 Wir wollen keine Bilder wie in Holland. Ida Metzger. Kurier. 06.02.2021.
3 Die Gewaltspirale dreht sich. Dominik Schreiber und Nina Oezelt. Kurier. 08.03.2021.
4 Pfefferspray gegen gewaltbereite Corona-Demonstranten. M. Reibenwein und D. Frauenlob. Kurier. 11.04.2021.
5 Moskau prangert Demo-Verbot in Österreich an. Christian Ultsch. Die Presse. 04.02.2021.
6 Gerichtsfarce rund um Nawalny. Jutta Sommerbauer. Die Presse. 19.01.2021.
7 Paranoide Panik im russischen Unrechtsstaat. Christian Ultsch. Die Presse. 19.01.2021.
8 Wie der Kreml Nawalny in die Knie zwingen will. Evelyn Peternel. Kurier. 06.02.2021.
9 Demokratie ohne Entschlossenheit. Oliver Tanzer. Die Furche.5. 04.02.2021.
10 UN-Gesandte warnt vor „Blutbad" und Bürgerkrieg in Burma. (ag./epos). Die Presse. 02.04.2021.
11 Was aus der Protestbewegung in Burma wurde. Susanna Bastaroli und Christoph Zotter. Die Presse. 26.05.2021.
12 Burmas Junta führt Krieg gegen das eigene Volk. Susanna Bastaroli. Die Presse. 23.12.2021.
13 Der Blogger als Staatsfeind. Jutta Sommerbauer. Die Presse. 26.05.2021.
14 Wo eigene Wahrheiten geschaffen werden. Karoline Krause-Sandner. Kurier. 29.05.2021.
15 Lukaschenko sucht Hilfe bei Putin. Stefan Scholl. Salzburger Nachrichten. 29.05.2021.
16 Elf Jahre Strafkolonie für die Ikone der Opposition in Belarus. Inna Hartwich. Die Presse. 07.09.2021.
17 Viel mehr als nur Nawalnys Frau. Evelyn Peternel. Kurier. 07.02.2021.
18 EU-Menschenrechtspreis für Kreml-Kritiker Nawalny. (Reuters). Die Presse. 21.10.2021.
19 Terra incognita im Schatten Moskaus. Susanne Mauthner-Weber. Kurier. 05.06.2021.
20 Schneller, höher, weiter: Aber Lukaschenko gewinnt. Gudrun Doringer. Salzburger Nachrichten. 05.08.2021.
21 Polen nimmt Sprinterin auf. (drob). Salzburger Nachrichten. 03.08.2021.
22 Moskau zerschlägt Menschenrechts-NGO. (ag./wg). Die Presse. 29.12.2021.
23 Die vielen Offensiven des Kreml-Chefs. Jürgen Streihammer. Die Presse. 30.12.2021.

Präsenzunterricht mit Nasenbohrer-Tests

1 Tests sollen das Schuljahr retten. Julia Neuhauser. Die Presse. 09.01.2031.
2 Was an Schulen gegen Covid hilft. Ulrike Weiser. Die Presse. 21.01.2021.
3 198 positive Nasenbohrer-Tests bei 470.000 Getesteten – was heißt das? B. Gaul. Kurier. 12.02.2021.
4 Militante Minderheit gegen Schüler-Tests. Julia Wenzel. Die Presse. 17.02.2021.
5 Corona: Schuljahr wiederholen? Brigitte Quint und Doris Helmberger. Die Furche.4. 28.01.2021.
6 Die Lehren aus dem Schuljahr. Bernadette Bayrhammer. Die Presse. 03.07.2021.

Impfpass für alle

1 Die Grenzen sind dicht, ein Pass soll sie öffnen. Sylvia Wörgetter. Salzburger Nachrichten. 25.02.2021.
2 Mit Grünem Pass in den Sommer. Ulrike Weiser, Thomas Vieregge und Michael Laczynski. Die Presse. 25.02.2021.
3 Grüner Pass soll den Sommerurlaub retten. Ingrid Steiner-Gashi. Kurier. 26.02.2021.
4 Der rot-weiß-rote Weg zum Grünen Pass. Ulrike Weiser. Die Presse. 27.02.2021.
5 Nicht ohne meine PTC. Andrea Komlosy. Die Presse. 23.01.2021.
6 Schmaler Pfad zur Rettung der Sommersaison 2021. Oliver Grimm. Die Presse. 30.03.2021.
7 Mit Grünem Pass ab April zurück in die Normalität. Ingrid Steiner-Gashi und Karoline Krause-Sandner. Kurier. 18.03.2021.
8 Grüner Pass kommt Ende April. Julia Wenzel. Die Presse. 27.03.2021.
9 Reisefreiheit – aber für wen? Michael Hammerl. Kurier. 30.04.2021.

... to go

1 Die Verturnschuhung der Gesellschaft. Martina Salomon. Kurier. 28.02.2021.
2 (K)urlaubs-Feeling. Claudius Rajchl. Kurier. 04.03.2021.
3 Die Königsdisziplin. Brigitte Quint. Die Furche.7. 18.02.2021.
4 Zieht euch wieder ordentlich an! Karl Gaulhofer. Die Presse. 27.02.2021.
5 Ungeduscht und emanzipiert im Home-Office. (APA/cog). Die Presse. 03.07.2021.

Impfstoff – Wer sind die Guten?

1 EU verhängt Exportverbot über AstraZeneca. Oliver Grimm. Die Presse. 27.03.2021.
2 Österreich hält an Impfplan fest. Christian Böhmer. Kurier. 12.03.2021.
3 AstraZeneca-Impfung kann laut EMA Blutgerinnsel verursachen. Wiener Zeitung. 07.04.2021.
4 Sputnik V – Kauf steht wohl kurz bevor. (ag.). Die Presse. 01.04.2021.
5 Was Sputnik V wirklich kann. Ernst Mauritz und Christina Michlits. Kurier. 02.04.2021.
6 Die unsichere Impfprognose für das zweite Quartal. Anna Gabriel. Die Presse. 26.03.2021.
7 Sputnik V: Nur bis zum Sommer sinnvoll. Ulrike Weiser. Die Presse. 09.04.2021.
8 Wir können bis Mitte Juli 70 Prozent vollständig impfen. OIiver Grimm. Die Presse. 09.04.2021.
9 Das slowakische Sputnik-Dilemma. Christoph Thanei und Christian Ultsch. Die Presse. 08.04.2021.
10 Todesfälle nach Sputnik-V-Impfung. Jutta Sommerbauer und Anna Gabriel. Die Presse. 10.04.2021.
11 EU-Zulassung in weiter Ferne. (aga). Die Presse. 08.04.2021.
12 Wladimir Putins Sputnik-Show: Wegen großen Erfolgs abgesagt. Michael Laczynski. Die Presse. 08.04.2021.
13 Sputnik V verlässt den EU-Orbit. Michael Laczynski. Die Presse. 11.05.2021.

Rien ne va plus im Suezkanal

1 Bagger und Schlepper befreien Ever Given. Karim El-Gawhary. Die Presse. 30.03.2021.
2 Stau in Ägypten kommt mit zweiwöchiger Verzögerung bei uns an. Wiener Zeitung. 07.04.2021.
3 Nadelöhr der Weltwirtschaft. Karoline Krause-Sandner. Kurier. 27.03.2021.
4 Megafrachter, Megaprobleme. Katharina Salzer und Christa Schimper. Kurier. 04.04.2021.
5 Luigi Negrelli. Eine Reise zur Entdeckung des Ingenieurs, der den Suezkanal entworfen hat. Herausgegeben von: Assessorati alla Cultura e al Turismo del Comune di Primiero San Martino di Castrozza. Edition 2019.
6 Die Ever Given ist angekommen. Kurier. 30.07.2021.

Osterruhe – Lockdown für die Ostregion

1 Notruf aus der Intensivstation. Wiener Zeitung. 06.04.2021.
2 Ländle als Modellregion für das ganze Land. Matthias Nagl, Martin Gebhart und Elisabeth Hofer. Kurier. 10.03.2021.
3 Ruhiger Start in „Ost-Lockdown". Wiener Zeitung. 02.04.2021.
4 Geteiltes Land. Eiertanz um Lockdown. Kurier. 31.03.2021.

5 Osten verlängert den Lockdown. Ulrike Weiser, Thomas Prior, Martin Fritzl und Julia Neuhauser. Kurier. 01.04.2021.
6 Verschärfungen im Westen, skeptisches Abwarten im Osten. Markus Strohmayer und Markus Foschum. Kurier. 26.04.2021.
7 Umsturz im Wählerverhalten. Kurier-OGM-Umfrage. Daniele Kittner. Kurier. 04.04.2021.
8 Pluralismus kann auch verwirren. Simon Rosner. Wiener Zeitung. 06.04.2021.
9 Die Folgen fehlender Wertschätzung. Manfred Perterer. Salzburger Nachrichten. 02.10.2021.

Die verlorene goldene Stadt am Nil

1 „Größte Entdeckung seit Tutenchamun". Philipp Albrechtsberger. Kurier. 10.04.2021.
2 https://www.faz.net/-gun-aahzp. Frankfurter Allgemeine. 09.04.2021. – Aktualisiert am 10.04.2021 [abgefragt am 11.04.2021].

Schattenseiten der Liebe zur Natur in Zeiten der Pandemie

1 Die Schattenseiten der neuen Liebe zur Natur. Claudia Lagler. Die Presse. 10.04.2021.
2 Schutz für das Nervenkostüm. Martin Tauss. Die Furche.7. 18.02.2021.
3 Wo Wanderer auf Kuh trifft. Anja Kröll. Kurier. 28.05.2021.

Klimawandel und neue Klimaziele

1 https://www.whitehouse.gov/briefing-room/statements-releases/2021/03/26/president-biden-invites-40-world-leaders-to-leaders-summit-on-climate/[abgefragt am 25.04.2021].
2 Gletscherbericht 2019/20. Sammelband über die Gletschermessungen des Österreichischen Alpenvereins im Jahr 2020. Letzter Bericht: Bergauf 2/2020 Jg. 75 (145). S. 6–15.
3 Gletscher verlieren weltweit rapide an Masse. Wiener Zeitung. 29.04.2021.
4 Der Kampf um die Vorherrschaft in der Arktis. Irene Zöch. Die Presse. 20.05.2021.
5 Nordpol: Goldrausch im Schmelzeis. André Anwar. Die Presse. 25.08.2021.
6 12th Arctic Council Ministerial Meeting Convenes in Reykjavik. 10 May 2021. Arctic Council Ministerial [abgefragt am 24.05.2021].
7 Der Arktische Rat. Bundesministerium für Umwelt, Naturschutz und Nukleare Sicherheit. 24.05.2021. https://www.bmu.de/themen/europa-internationales-nachhaltigkeit-digitalisierung/int-umweltpolitik/weitere-multilaterale-zusammenarbeit/[abgefragt am 24.05.2021].
8 Die große Gletscherschmelze. (zoe). Die Presse. 29.04.2021.
9 Lunde, Maja: Die Geschichte des Wassers. Copyright 2018 der deutschsprachigen Ausgabe 2017 bei btb Verlag in der Penguin Random House Verlagsgruppe (ursprünglich:

Verlagsgruppe Random House GmbH), Neumarkter Straße 28, 81673 München. Originalausgabe 2017 unter dem Titel „Blå" bei H. Aschehoug & Co. Oslo.

10 Die Götter schmelzen. Klimawandel. Ursache & Wirkung. Markus Schönherr. Salzburger Nachrichten. 15.05.2021.

11 „Die EU könnte durch Lebensstiländerung schon 2040 klimaneutral sein". https://www.diepresse.com/5971591/eu-konnte-durch-lebensstilanderung-schon-2040-klimaneutral-sein [abgefragt am 28.04.2021].

12 „Raus aus der kollektiven Trance!" Dagmar Weidinger. Die Furche.31. 05.08.2021.

13 Wer die Erderwärmung entdeckte. Susanne Mauthner-Weber. Kurier. 24.04.2021.

14 https://de.wikipedia.org/wiki/Arrhenius-Gleichung [abgefragt am 26.04.2021].

Schottland – unbeugsam und unabhängig

1 https://en.wikipedia.org/wiki/Tom_Devine [abgefragt am 06.05.2021].

2 Ein Zweckbündnis zwischen Rivalen. Konrad Kramar. Kurier. 12.06.2021.

3 Schicksalswahlen für ein Königreich. Gabriel Rath. Die Presse. 06.05.2021.

4 Schottlands Rache für die Brexit-Lüge. Gabriel Rath. Die Presse. 05.05.2021.

5 Neue schottische Zeitrechnung. Gabriel Rath. Die Presse. 09.05.2021.

6 Der Kampf um Schottland. Gabriel Rath. Die Presse. 10.05.2021.

Fischerbootblockade in Jersey – Randnotiz oder Menetekel?

1 https://de.wikipedia.org/wiki/Jersey [abgefragt am 09.05.2021].

2 Wenn die Navy im Kanal den Brexit verteidigt. Gabriel Rath. Die Presse. 07.05.2021.

3 Fischer gegen Marine: „Krieg" um Jersey wieder abgeblasen. Kurier. 07.05.2021.

4 Das Coronavirus schneidet Indien die Luft ab. Natalie Mayroth. Die Presse. 09.05.2021.

5 Wer will, dass die EU so bleibt, wie sie ist, der will nicht, dass sie bleibt. Wolfgang Böhm. Die Presse. 08.05.2021.

6 Verhärtete Fronten im Fischerei-Streit. (ag.). Die Presse. 02.11.2021.

7 Auf den Fisch folgt die Wurst. Michael Laczynski. Die Presse. 03.11.2021.

8 London droht EU mit Vertragsbruch. Gabriel Rath. Die Presse. 06.11.2021.

Kein Ende des Schreckens

1 Bauer, Dolores, M.: Israel/Palästina. Wenn aus Opfern Täter werden. Wien; Klosterneuburg: EDITION VA BENE, 2002.

2 Gefangen in der Nahost-Gewaltspirale. Walter Friedl. Kurier. 12.05.2021.

3 Die kleinste Scherbe eines Imperiums. Grenzverschiebungen seit Bestehen des Staates Israel. Konrad Kramar. Kurier. 15.05.2021.

4   Mit der Hamas kann es keinen Frieden geben. Karl-Peter Schwarz. Die Presse. 26.05.2021.

5   Der Frieden ist nicht nur eine Aufgabe Israels. Aurelius Freytag. Die Furche.21. 27.05.2021.

6   https://de.wikipedia.org/w/index.php?title=Gazastreifen&oldid=218269322 [abgefragt am 23.12.2021].

7   Warum die Gewalt in Jerusalem explodiert. Julia Raabe. Die Presse. 11.05.2021.

8   Irans Regime bringt seine Verbündeten in Stellung. Thomas Seibert. Die Presse. 17.05.2021.

9   90 Sekunden, um den Bunker zu erreichen. (SN-gudo, dpa). Salzburger Nachrichten. 14.05.2021.

10 Im Teufelskreis von Hass und Gewalt. Mareike Enghusen. Die Presse. 23.05.2021.

11 Heinrich-Böll-Stiftung. Die grüne politische Stiftung. Büro Ramallah – Palästina und Jordanien. https://www.boell.de/de/2008/11/03/buero-arabischernaher-osten [abgefragt am 17.05.2021].

12 Gstrein, Norbert: In der freien Welt. Carl Hanser Verlag München. 2016.

19. Mai – Vorprogrammiertes Ende des Lockdowns in Österreich

1   Österreich öffnet – schon endgültig? Köksal Baltaci. Die Presse. 19.05.2021.

2   30.000 Gründe, außer Haus zu essen. Österreich sperrt auf. Kurier. 19.05.2021.

3   Die Tore zur Freizeit öffnen sich wieder nach mehr als einem halben Jahr. Wiener Zeitung. 19.05.2021.

4   Österreich sperrt auf. OÖ Nachrichten. 19.05.2021.

5   Eintrittstests werden schon bald nicht mehr notwendig sein. Köksal Baltaci. Die Presse. 18.05.2021.

6   Zwei Wochen (fast) wie damals. Christine Imlinger und Köksal Baltaci. Die Presse. 05.06.2021.

7   Erster „normaler" Tag: 1,1 Millionen sind zurück. Julia Wenzel. Die Presse. 18.05.2021.

Welttag der Bienen

1   Nicht nur Zuckerwasser. Jürgen Langenbach. Die Presse. 19.12.2021.

2   Lunde, Maja: Die Geschichte der Bienen. Copyright 2015 der deutschsprachigen Ausgabe 2017 bei btb Verlag in der Penguin Random House Verlagsgruppe (ursprünglich: Verlagsgruppe Random House GmbH), Neumarkter Straße 28, 81673 München. Originalausgabe 2015 unter dem Titel „Bienes Historie" bei H. Aschehoug & Co. Oslo.

3   Die Roboterbienen kommen. Marlene Erhart. Die Furche.11. 18.03.2021.

4   EuGH verkündet Grundsatzurteil zu bienenschädlichen Pestiziden. Aurelia Pressetermin. Berlin. 05.05.2021 [abgefragt am 17.05.2021].

5   Das Wunder Bienen. Faszination Bienenstaat. Das Krone-Magazin. www.vorteilswelt.krone.at/krone-magazine.

Stapellauf für den QR-Code als Grüner Pass

1 Bundesrat lässt Geimpfte länger auf Freiheiten warten. Daniela Kittner. Kurier. 31.03.2021.
2 Der Termin für den „Grünen Pass" wackelt. Manuel Reinarzt. Die Presse. 22.05.2021.
3 Grüner Pass am Handy: „Da wäre mehr gegangen". Franziska Bechtold. Kurier. 22.06.2021.
4 Was der Grüne Pass (nicht) kann. (basta/wb/g.h./ks/uw). Die Presse. 06.05.2021.
5 Grüner Pass: Lösung für Genesene kommt. (APA). Die Presse. 04.08.2021.
6 Raunzpause. Martina Salomon. Kurier. 13.06.2021.

EURO 2020 – Die verschobene Fußball-Europameisterschaft

1 Fußball-EM als großer Schritt zurück in Richtung Normalität. (KLZ/gigl). Die Presse. 11.06.2021.
2 Bühne frei für die Vielflieger. Peter Karlik. Kurier. 06.06.2021.
3 Europas größte Fußball-Show. Markku Datler. Die Presse. 06.06.2021.
4 Zwischen Erwartung und Verpflichtung. Bernhard Hanisch. Kurier. 06.06.2021.
5 Fußball-EM als großer Schritt zurück in Richtung Normalität. (KLZ/gigl). Die Presse. 11.06.2021.
6 Das beste Ergebnis. Guido Tartarotti. Kurier. 13.06.2021.
7 Wembley-Spiele als Brandbeschleuniger? (SN-prib.dpa). Salzburger Nachrichten. 26.06.2021.
8 London zittert um das Endspiel. Kurier. 19.06.2021.
9 Wembley und die heikle Zuschauerfrage. (SN, dpa, APA). Salzburger Nachrichten. 07.07.2021.
10 Eine Fußball-EM, die es so nie wieder geben darf. Christoph Gastinger. Die Presse. 12.07.2021.
11 https://de.wikipedia.org/wiki/three Lions/[abgefragt am 09.07.2021].
12 Eine Schande: Ungarn im Dauerclinch mit der EU. Andreas Lieb. Kleine Zeitung. 24.06.2021.
13 Regenbogen werden trotzdem leuchten. Alexander Tagger. Kleine Zeitung. 23.06.2021.
14 Warum die Toleranz unter dem Regenbogen wichtig ist. Wolfgang Böhm. Die Presse. 24.06.2021.
15 Der unpolitische Fußball ist eine gefährliche Lebenslüge. Alexander Huber. Kurier. 27.06.2021.
16 Euro 2020. Der Spielplan. Kurier. 22.06.2021.
17 Österreichs heroischer Kampf. Christoph Gastinger. Die Presse. 27.06.2021.
18 Wembley: Englands Kathedrale des Fußballs. Gabriel Rath. Die Presse. 26.06.2021.
19 Wembley, die Kathedrale des Fußballs. Peter Gutmayer. Kurier. 24.06.2021.

Ein Sommer wie damals?

1 Bisher heißester Juni in Nordamerika. (SN-ham, APA, dpa). Salzburger Nachrichten. 08.07.2021.

2 Reisebüros im Dauerwinterschlaf. Eva Walisch. Die Presse. 30.03.2021.

3 Dem Fernweh mit Sicherheit nachgeben. Sophie Seeböck und Teresa Sturm. Kurier. 13.03.2021.

4 „Corona ist ein allgemeines Lebensrisiko geworden". Simone Hoepke. Kurier. 04.03.2021.

5 Wie der Corona-Sommer aussehen könnte. Elisabeth Holzer. Kurier. 11.04.2021.

6 Madeira lockt Touristen mit „grünem Korridor". Ralph Schulze. Die Presse. 20.04.2021.

7 Wer ohne Hürden einreisen kann. Iris Bonavida. Die Presse. 27.04.2021.

8 Im Dschungel der Sommer-Reiseregeln. Christoph Zotter. Die Presse. 02.07.2021.

9 Wie der Sommer die Pandemie beeinflusst. Martina Marx. Kleine Zeitung. 24.06.2021.

10 Im August haben wir schon 70 Prozent Auslastung. Simone Hoepke. Kurier. 05.06.2021.

11 Ein Sommer, (fast) wieder wie damals. Elisabeth Holzer. Kurier. 06.06.2021.

12 Clubs sollen noch im Sommer öffnen. Eva Walisch. Die Presse. 05.06.2021.

13 Delta-Welle erzwingt Kurswechsel. (r.s./ag.). Die Presse. 28.06.2021.

14 Warum trotz der Delta-Variante gelockert wird. Köksal Baltaci. Die Presse. 29.06.2021.

15 Der EU droht zweiter Chaos-Sommer. Oliver Grimm. Die Presse. 10.07.2021.

16 Reisen als wiederkehrendes Risiko. Julia Herrnböck, Eva Hammerer, Marian Smetana. Salzburger Nachrichten. 21.07.2021.

17 Wer die Sommersaison rettet. David Freudenthaler. Die Presse. 06.08.2021.

18 Köstinger: „Renaissance der Sommerfrische". Manfred Perterer. Salzburger Nachrichten. 29.09.2021.

19 Guter Sommer, aber Sorgen. (APA). Die Presse. 10.11.2021.

20 Der Tourismus als Achillesferse. Gerhard Hofer. Die Presse. 06.02.2021.

Wetterextreme – Todbringender Tornado in Tschechien, Hitzekuppel mit bis zu 50 °C im Westen der USA und Kanadas

1 Fotografiert nur, hier wurde Geschichte geschrieben! Andreas Tröscher. Salzburger Nachrichten. 07.07.2021.

2 https://de.wikipedia.org/wiki/Hurrikan [abgefragt am 02.07.2021].

3 Tornados sind die stärksten Stürme. Sabrina Glas. Salzburger Nachrichten. 26.06.2021.

4 Sturm der Zerstörung. Caroline Ferstl. Kurier. 26.06.2021.

5 https://de.wikipedia.org/wiki/Fujita-Skala [abgefragt am 01.07.2021].

6 Als ein Tornado in Wiener Neustadt wütete. Patrick Wammerl. Kurier. 26.06.2021.

7 Chronologie: Schwere Unwetter. Bernhard Gaul und Petra Stacher. Kurier. 27.06.2021.

8 Hitzekuppel legt Nordamerika lahm. (AFP/epos). Die Presse. 01.07.2021.

9 Diese Hitze gibt es nur alle paar Tausend Jahre. Susanne Bobek. Kurier. 01.07.2021.

10 https://www.beste-reisezeit-org/pages/amerika/kanada/vancouver.php [abgefragt am 02.07.2021].

11 https://de.wikipedia.org/wiki/Kuroshio [abgefragt am 02.07.2021].

12 https://www.worldweatherattribution.org/western-north-american-extreme-heat-vir-tually-impossible-without-human-caused-climate-change/[abgefragt am 09.07.2021].

13 https://www.worldweatherattributiojn.org/about/[abgefragt am 09.07.2021].

14 „… dann haben wir in Österreich auch 45°". Susanne Mauthner-Weber. Kurier. 03.07.2021

15 https://startclim.at/startseite [abgefragt am 07.07.2021].

16 Tornados in den USA – mehr als 70 Tote in Kentucky. (ARAR). Kurier. 12.12.2021.

Der Wettlauf gegen die Delta-Variante

1 Der Wettlauf gegen die Delta-Variante. (alf). Salzburger Nachrichten. 07.07.2021.

2 Delta so ansteckend wie die Windpocken. U. Brühl und M. Patsalidis. Kurier. 31.07.2021.

3 Lambda-Variante erreicht Europa. Ralph Schulze. Salzburger Nachrichten. 08.07.2021.

4 Tödliche Coronawelle überrollt Südostasien. Susanne Bastaroli. Die Presse. 23.07.2021.

5 WHO-Alarm für Afrika. (mw). Die Presse. 05.08.2021.

6 Dritte Impfrunde ab November bei Hausärzten. Elisabeth Hofer. Kurier. 24.07.2021.

7 Mücksteins Pläne stellen das Impfsystem auf den Kopf. Josef Gebhard. Kurier. 04.08.2021.

8 Regelwerk wird wieder zum Fleckerlteppich. Elisabeth Holzer. Kurier. 24.07.2021.

9 Der Sommer ist für uns gelaufen. Mirjam Marits. Die Presse. 20.07.2021.

10 Delta zwingt zu Restriktionen. Martin Fritzl. Die Presse. 16.07.2021.

11 Die Gründe für Wiens harte Linie. Köksal Baltaci. Die Presse. 23.07.2021.

12 „Ja, wenn ihr wollt, zeigt es halt her". (gs, ham, mg, alf). Salzburger Nachrichten. 28.07.2021.

13 Ironmonger, John: Der Wal und das Ende der Welt. Fischer Taschenbuch. 7. Auflage: Juni 2020. S. Fischer Verlag GmbH. Die Originalausgabe erschien 2015 unter dem Titel „Not Forgething the Whale" bei Weidenfeld & Nicolson.

14 Endgültige Normalität frühestens in einem Jahr. Köksal Baltaci. Die Presse. 09.07.2021.

15 Vorbei die Zeiten, in denen die Impfung selbst der Jackpot war. Bettina Figl. Salzburger Nachrichten. 22.07.2021.

16 Impfung ohne Termin kommt an. Köksal Baltaci. Die Presse. 12.07.2021.

17 Impfbus startet in Favoriten: Stich aus Gruppenzwang? Marlene Aigner. Die Presse. 05.08.2021.

Olympische (Geister-)Sommerspiele in Tokio mitten in der Pandemie

1 Festival der Entbehrung. Olympia 1920 in Antwerpen. https://www.deutschlandfunk.de/olympia-1920-in-antwerpen-festival-der-entbehrung. 1946.de.html?dram:artickle_id=481919 [abgefragt am 18.08.2021].

2 Echte Satire als falsches Trauerspiel. (fin/DPA). Die Presse. 03.08.2021.

3 Olympiastart in Tokio nur auf eigene Gefahr. Markku Datler. Die Presse. 02.06.2021.

4 Die Olympiablase von Tokio. Markku Datler. Die Presse. 06.07.2021.

5 Die Geisterspiele im Olympischen „Gefängnis". Angela Köhler. Die Presse. 18.07.2021.

6 Tokio zieht die Notbremse: Olympia nun ganz ohne Zuschauer. Salzburger Nachrichten. 09.07.2021.

7 Olympia: Notstand statt Zuschauer. (red.). Die Presse. 09.07.2021.

8 Schneller, höher, leiser. Silvana Strieder. Kurier. 18.07.2021.

9 Das Wagnis beginnt. (SN-msm, dpa). Salzburger Nachrichten. 22.07.2021.

10 17 Tage, 339 Events, 75 Hoffnungen. Christian Hackl, Sigi Lützow, Fritz Neumann. Der Standard. 23.07.2021.

11 Die irrationalen Spiele von Tokio. Mattias Auer. Die Presse. 18.07.2021.

12 Spiele auf eigene Gefahr. Markku Datler. Die Presse. 23.07.2021.

13 Sprung ins Abenteuer Olympia. Der Standard. 23.07.2021.

14 Viel Unschärfe dominiert. Felix Lill. Salzburger Nachrichten. 23.07.2021.

15 Olympisches Feuer und brennende Fragen. Kurier. 24.07.2021.

16 Friedensbotschafter ihres Landes. Senta Winter. Die Presse. 23.07.2021.

17 Kein Fest der Freude. Silvana Strieder. Kurier. 25.07.2021.

18 Bei den Japanern herrschen Verdruss und Ablehnung. (SN, dpa). Salzburger Nachrichten. 19.07.2021.

19 Die gespaltene Zwischenbilanz. Felix Lill. Salzburger Nachrichten. 31.07.2021.

20 Warum es trotzdem richtig ist: 11.000 Gründe. Bernhard Hanisch. Kurier. 24.07.2021.

21 Tokios bizarre Sommerspiele. Markku Datler. Die Presse. 09.08.2021.

22 Österreichs Medaillen in Tokio. Salzburger Nachrichten. 06.08.2021.

Wetterroulette – Gefangen in den Fluten der Wassermassen, auf der Flucht vor dem Feuer unkontrollierbarer Flächenbrände

1 Zwei Gründe, die für das Unwetter verantwortlich sind. Johannes Arends. Kurier. 17.07.2021.

2 Die Folgen der Flutkatastrophe. Anna Gabriel, Thomas Vieregge und Christoph Zotter. Die Presse. 17.07.2021.

3 Fluten spülten Häuser weg. (SN-ham, gs, dpa). Salzburger Nachrichten. 16.07.2021.

4 Noch deutlich mehr Tote zu befürchten. Petra Koruhn und Volker Lannert. Kurier. 18.07.2021.

5 Warum wird das Wetter extremer? Sabrina Glas. Salzburger Nachrichten. 20.07.2021.

6 Zwischen Hitze und Starkregen: Extreme als neue Normalität. Markus Strohmayer. Kurier. 28.07.2021.

7 Putin setzt EU mit Gas unter Druck. Susanne Bobek. Kurier. 24.10.2021.

8 Wo das Land am verletzlichsten ist. Mirjam Marits. Die Presse. 19.07.2021.

9 Gefährliche Starkregen. Martin Taus. Die Furche.29. 22.07.2021.

10 https://www.klimawandelanpassung.at/kwa-allgemein/kwa-klimaszenarien [abgefragt am 16.08.2021].

11 Schwammstädte könnten Regenkatastrophen mildern. Manfred Perterer. Salzburger Nachrichten. 19.07.2021.

12 Ich habe mich dem Tode nahe gefühlt. Fabian Kretschmer. Die Presse. 22.07.2021.

13 Tote nach „Jahrtausend-Regen". (SN, dpa). Salzburger Nachrichten. 22.07.2021.

14 Chinas Schwammstadt unter Wasser. Anna Sawerthal. Der Standard. 23.07.2021.

15 Chinas Städte zwischen Flut und Hitzewelle. Fabian Kretschmer. Die Presse. 04.08.2021.

16 Bosco Verticale. Retrieved from „https://en.wikipedia.org/w/index.php?title=Bosco_ Verticale&oldid=1050870460!. Page last edited on 20 October 2021, at 11:10 (UTC) [abgefragt am 01.11.2021].

17 Lohnende Flammen. Andrea Affaticati. Kurier. 04.08.2021.

18 Die Mafia zündelt. Julius Müller-Meiningen. Salzburger Nachrichten. 06.08.2021.

19 Waldbrände zeigen Erdo ans Schwäche. Susanne Güsten. Die Presse. 06.08.2021.

20 Klimagipfel in Athen. (SN, APA). Salzburger Nachrichten. 18.09.2021.

21 Russlands Schatz – wertvoller als Öl. Eduard Steiner. Die Presse. 03.08.2021.

22 https://earthdata.nasa.gov/earth-observation-data/near-real-time/firms [abgefragt am 03.10.2021].

23 Schlafendes Feuer. Marlene Erhart. Die Furche.43. 28.10.2021.

24 https://de.wikipedia.org/w/index.php?title=Borealer_Nadelwald&oldid=218481138 [abgefragt am 14.01.2022].

25 40 Grad sind nur eine Frage der Zeit. Salzburger Nachrichten. Aus Stadt und Land. 23.07.2021.

26 Hitzeferien unter dem Blechdach. Vor 50 Jahren in den „Salzburger Nachrichten" am 28.07.1971. Salzburger Nachrichten. 07.08.2021.

Problemwolf

1 ORF 2: Universum „Hermann Maier: Unterwegs in Österreich – Das Land am Dachstein". Ausgestrahlt am 27. Juli 2021.

2 Das Heulen auf den Almen. Thomas Hoisl. Profil. Nr. 30. 52. Jg. 25.07.2021.

3 Richtlinie 92/43/EWG des Rates vom 21. Mai 1992 zur Erhaltung der natürlichen Lebensräume sowie der wildlebenden Tiere und Pflanzen. Amtsblatt der Europäischen Gemeinschaften. Nr. L 206/7. 22.07.92.

4 https://de.wikipedia.org/wiki/Richtlinie_92/43/EWG_(Fauna-Flora-Habitat-Richtlinie) [abgefragt am 17.08.2021].

5 Problemwolf wird zum Abschuss freigegeben. Salzburger Nachrichten. Aus Stadt und Land. 22.07.2021.

6 Keine Gnade für den „bösen" Problemwolf. Heidi Huber und Anna Boschner. Salzburger Nachrichten. Aus Stadt und Land. 22.07.2021.

7 „Verordnung gegen Wölfe ist rechtswidrig". Gerald Stoiber. Salzburger Nachrichten. 25.09.2021.

8 Wolf: Abschuss-Verordnung dürfte wohl beim VfGH landen. (bo). Salzburger Nachrichten. 23.07.2021.

9 Vom Almleben im Schatten des Problemwolfs. Anja Kröll. Kurier. 18.07.2021.

10 Die zerrissene Alm-Bilanz. Marco Witting. Tiroler Tageszeitung. 30.10.2021.

11 Ganz besonders normal. AMA. Die Presse. 19.12.2021.

12 Wie die Wölfe den Wildbestand verändern. Patrick Wammerl. Kurier. 18.07.2021.

13 Die Angst vor dem toten Wolf. Andreas Tröscher. Salzburger Nachrichten. 27.08.2021.

14 Gekommen, um zu bleiben? Claudia Lagler. Die Presse. 13.11.2021.

15 „Es werden deutlich mehr". Andreas Tröscher. Salzburger Nachrichten. 24.08.2021.

16 Radinger, Elli H.: Die Weisheit der Wölfe. 5. Auflage. Taschenbucherstausgabe 05/2019. Copyright © 2017 by Ludwig Verlag, München, in der Verlagsgruppe Random House GmbH. Der Wilhelm Heyne Verlag. München.

17 Peinliches Sommertheater um ein paar Wölfe. Kurt Kotrschal. Die Presse. 02.08.2021.

18 Schießen ist keine Option. Andreas Tröscher. Salzburger Nachrichten. 16.11.2021.

Impfpflicht – Ja oder nein?

1 „Man muss die Kirche jetzt im Dorf lassen". Uwe Mauch, Marlene Patsalidis und Ingrid Teufl. Kurier. 30.07.2021.

2 Wie weit eine Impfpflicht gehen könnte. Philipp Aichinger. Die Presse. 01.09.2021.

3 Die allgemeine Impfpflicht ist nicht vom Tisch. Brigitte Quint. Die Furche.30. 29.07.2021.

4 „Die Impfpflicht würde Klarheit geben". Ursula Kastler. Salzburger Nachrichten. 07.09.2021.

5 Impfpflicht: Wer will was genau? Ulrike Weiser und Thomas Prior. Die Presse. 30.07.2021.

6 Bundesländer preschen bei der Impfpflicht vor. (SN, APA). Salzburger Nachrichten. 02.08.2021.

7 „Wer in den Landesdienst will, muss geimpft sein". Richard Grasl und Martin Gebhart. Kurier. 01.08.2021.

8 Geht bald ohne Impfung (fast) nichts mehr? (SN-resch, mars, APA). Salzburger Nachrichten. 20.09.2021.

9 Warum aus 3G bald 1G werden könnte. Köksal Baltaci, Christine Imlinger und Manfred Seeh. Die Presse. 17.08.2021.

10 Vorrang für Geimpfte und Genesene? Ernst Mauritz. Kurier. 28.08.2021.

11 1-G-Regel wäre verfassungskonform. Marian Smetana. Salzburger Nachrichten. 27.08.2021.

12 Zahl der Intensivpatienten steigt. (red.). Die Presse. 30.08.2021.

13 Druck auf Impfskeptiker steigt. Köksal Baltaci. Die Presse. 25.08.2021.

14 1G: Ohne Impfung kein Medizin-Studium in Innsbruck. Markus Strohmayer. Kurier. 29.08.2021.

15 Ruf nach Pflicht-Stich wird lauter. Elisabeth Hofer und Elena-Ligia Crisan. Kurier. 11.09.2021.

16 Bald nur geimpft in die Uni? Bettina Figl. Salzburger Nachrichten. 27.08.2021.

17 Unis wieder im „Distanzmodus". Julia Wenzel. Die Presse. 24.11.2021.

18 Impfpflicht breitet sich international aus. Wolfgang Böhm. Die Presse. 25.08.2021.

19 Italien erwägt Impfpflicht ab Herbst. (SN, APA). Salzburger Nachrichten. 24.08.2021.

20 Wo in Europa bereits eine Impfpflicht herrscht. Irene Zöch und Susanna Bastaroli. Die Presse. 24.07.2021.

21 „Nein-Sagen als letzte Bastion der Entscheidungsfreiheit". Marlene Patsalidis. Kurier. 20.08.2021.

22 Impfen wird in den USA Bürgerpflicht. Karl Doemens. Salzburger Nachrichten. 25.08.2021.

23 Der Kulturkampf ums „Fauci-Autschi". Thomas Vieregge. Die Presse. 30.07.2021.

24 Skirennläufer ohne Impfung müssen um Start bangen. Salzburger Nachrichten. 24.08.2021.

25 „Wer sich nicht impfen lässt, fährt nicht zu Olympia". Christoph Geiler. Kurier. 24.10.2021.

26 „Die Impfpflicht ist ein stumpfes Schwert". Susanne Mauthner-Weber. Kurier. 03.07.2021.

Afghanistans langer Weg

1 Afghanistans langer Weg. Sabine Siebold und Wolfgang Machreich. Die Furche.14. 02.04.2009 in Die Furche.33. 19.08.2021.

2 Die Angst vor einem zweiten Saigon. Dirk Hautkapp. Kurier. 14.08.2021.

3 Umsturz in Afghanistan. Christoph Zotter. Die Presse. 16.08.2021.

4 Das Gesicht der Taliban. (ma). Die Presse. 17.08.2021.

5 Österreich will weiter abschieben – aber wie? Raffaela Lindorfer. Kurier. 13.08.2021.

6 Das Todesdrama vom Hamid-Karzai-Airport. Christoph Zotter. Die Presse. 17.08.2021.

7 Joe Biden ist im Wettlauf mit der Zeit. Karl Doemens. Salzburger Nachrichten. 24.08.2021.

8 Fiasko in Kabul beschädigt Biden. Thomas Vieregge. Die Presse. 24.08.2021.

9 Die Luftbrücke aus Afghanistan endet im IS-Bombenterror. Christoph Zotter. Die Presse. 27.08.2021.

10 „Afghanistan wird von der Welt vergessen werden". Barbara Mader. Kurier. 27.08.2021.

11 Und wieder scheitert eine Weltmacht. Konrad Kramar. Kurier. 31.07.2021.

12 Das zweite Gesicht Afghanistans. Susanne Mauthner-Weber. Kurier. 28.08.2021.

13 Der Propaganda-Feldzug. Alfred Hackensberger und Christian Ultsch. Die Presse. 17.08.2021.

14 Gekappte Befreiung? Stefan Schocher. Die Furche.33. 19.08.2021.

15 Opium, Stammesrecht und die Liebe zu Pick-ups. Valerie Krb. Kurier. 22.08.2021.

16 Das finanzielle Dilemma der Taliban. Simon Rothschedl. Kleine Zeitung. 20.08.2021.

17 Der Hunger packt Afghanistan. Alfred Hackensberger. Die Presse. 26.09.2021.

18 Hofmann, Thomas: Abenteuer Wissenschaft. Forschungsreisende zwischen Alpen, Orient und Polarmeer. © 2020 by Böhlau Verlag GmbH & Co. KG. Zeltgasse 1/6a, A-1080 Wien.

19 „Alles ist gescheitert". Helmut L. Müller. Salzburger Nachrichten. 30.08.2021.

„Wir haben Flügel" – Paralympics 2020 in Tokio

1 Wettkampf statt Krankenbett. S. Mauthner-Weber. Kurier. 05.09.2021.

2 Nach Olympia ist vor den Paralympics. Silvana Strieder. Kurier. 13.08.2021.

3 Paralympics Tokyo 2020. Japan, wir kommen! Kurier. Sommer 2021.

4 Paralympics Tokyo 2020. Offen für alle: Zu Besuch im Österreich-Haus. Kurier. Sommer 2021.

5 Medaillenregen am Fuße des Fuji. (red.). Die Presse. 01.09.2021.

6 Paralympics-Sportler holten neun Medaillen. (SN, APA). Salzburger Nachrichten. 04.09.2021.

7 Ein Premier hat bei Olympia verloren. Felix Lill. Salzburger Nachrichten. 31.08.2021.

Schulbeginn: Noch immer im Banne der Pandemie

1 Der Schulstart – eine Covid-Prüfung. Anna Thalhammer. Die Presse. 27.07.2021.

2 Das dritte Corona-Schuljahr. Julia Neuhauser und Christine Kary. Die Presse. 04.09.2021.

3 „Wir sind klüger geworden". Julia Neuhauser. Die Presse. 05.09.2021.

4 Schulauftakt mit großer (Un-)Sicherheitsphase. Helmut Schliesselberger. Salzburger Nachrichten. 04.09.2021.

5 Alles gurgelt im neuen Schuljahr. Josef Gebhard. Kurier. 28.08.2021.

6 Ein Déjà-vu in den Schulen. Julia Wenzel. Die Presse. 14.09.2021.

7 „Die Kinder müssen es ausbaden". Maria Zimmermann. Salzburger Nachrichten. 14.09.2021.

8 Es wird gelockert – aber wie? (zim). Salzburger Nachrichten. 15.09.2021.

9 Quarantäneregeln sind „politische Entscheidung". Köksal Baltaci. Die Presse. 16.09.2021.

10 Plötzlich wieder Schulanfang. Victoria Schmidt. Die Furche.38. 23.09.2021.

11 Faßmann antwortet auf Wutbrief der Schüler: „Kritik an Quarantäne ist nachvollziehbar". (BG). Kurier. 18.09.2021.

12 „Ungeimpfte Lehrer nicht in die Klasse". Daniela Kittner. Kurier. 18.09.2021.

13 „Nie war ein Schulbeginn so fordernd". Julia Neuhauser. Die Presse. 06.10.2021.

14 Gratistests für Lehrer vor dem Aus. Julia Wenzel. Die Presse. 06.08.2021.

15 Faßmann bittet Eltern, sich impfen zu lassen. (mars, i.b.). Salzburger Nachrichten. 22.07.2021.

16 Wenn die Pausenglocke nicht mehr klingelt. Helmut Schliesselberger. Salzburger Nachrichten. 10.09.2021.

17 Angelerntes Misstrauen. Stefan Thomas Hopmann. Die Furche.35. 02.09.2021.

18 Die russische Schulfreiheit. Inna Hartwich (Mytischtschi). Die Presse. 05.09.2021.

Ein Marathon als Lauf aus der Pandemie

1 Die Laufwelt blickt nach Wien. (SN, APA). Salzburger Nachrichten. 11.09.2021.

2 VCM 2021: Endlich wieder jubeln! Running & Fitness. Nr. 107. 09/2021.

3 VCM 2021: Together we run. Claus Funovits. Running & Fitness. Nr. 107. 09/2021.

4 „Schuh-Gate" zwickt Wien-Marathon. Markku Datler. Die Presse. 13.09.2021.

5 Wien erlebte einen Marathon fast wie früher. Salzburger Nachrichten. 13.09.2021.

6 Zeit der Hobbyläufer. Karin Schuh. Die Presse. 12.09.2021.

7 Kein Schuh fürs Fußvolk. Gerhard Öhlinger. Salzburger Nachrichten. 15.09.2021.

8 Rekorde auf der Bahn sind doch planbar. Richard Oberndorfer. Salzburger Nachrichten. 11.08.2021.

Tombola gegen die Impfskepsis

1 „Après-Ski wie früher gibt es nicht mehr". Maria Zimmermann. Salzburger Nachrichten. 09.09.2021.
2 Gewinnchance in Impflotterie ist viel größer als beim Lotto. Gerald Stoiber. Salzburger Nachrichten. 06.11.2021.
3 Mit Tombolas gegen Impfskepsis. Christian Putsch. Die Presse. 26.09.2021.
4 World view: Cash payments in Africa could boost vaccine uptake. By Rabah Arezki. Nature. Volume 596. 5 August 2021.
5 Stich für den Weihnachtsmann. (SN, dpa). Salzburger Nachrichten. 09.08.2021.
6 Der Osten der EU ist beim Impfen abgehängt. Philipp Fritz. Salzburger Nachrichten. 01.09.2021.
7 Medien können Impfskeptiker prägen. (hill). Salzburger Nachrichten. 03.11.2021.
8 Eine Prämie für den Stich. Andreas Koller, Marian Smetana. Salzburger Nachrichten. 30.12.2021.
9 Geld für den Stich: Der Impfbonus rückt näher. Julia Wenzel und Ulrike Weiser. Die Presse. 30.12.2021.
10 https://de.wikipedia.org/w/index.php?title=Trypanophobie&oldid=216063790 [abgefragt am 09.11.2021].

Dritte Impfung als Tor zur endgültigen Freiheit?

1 Dritte Impfung als Brecher der vierten Welle. Köksal Baltaci. Die Presse. 26.08.2021.
2 Die Angst vor der vierten Welle. Marian Smetana, Maria Zimmermann und Anton Prilć. Salzburger Nachrichten. 23.09.2021.
3 Drei Impfungen für jeden? Ernst Mauritz. Kurier. 20.08.2021.
4 Auffrischungsimpfung: Wo stehen wir? Barbara Schechtner. Die Presse. 15.09.2021.
5 13.075 Impfdurchbrüche, nur 249 davon landeten im Spital. Stefan Veigl. Salzburger Nachrichten. 05.10.2021.
6 Israel erhöht Druck auf zwei Mal Geimpfte. (SN, dpa). Salzburger Nachrichten. 04.10.2021.
7 Infektion als Immun-Update? Sabrina Glas. Salzburger Nachrichten. 15.10.2021.
8 15.513 Geimpfte mit Corona infiziert. Alfred Pfeiffenberger. Salzburger Nachrichten. 14.10.2021.
9 Corona in Kürze. (TT). Tiroler Tageszeitung. 30.10.2021.
10 Neue Variante „in Österreich angekommen". Köksal Baltaci. Die Presse. 23.10.2021.
11 Warum die dritte Impfung so wichtig ist. Köksal Baltaci. Die Presse. 09.10.2021.
12 Welcher dritte Stich am besten wirkt. Eva Stanzl und Alexandra Grass. Wiener Zeitung. 06./07.11.2021.
13 Dritte Dosis gegen die vierte Welle. Köksal Baltaci. Die Presse. 02.11.2021.
14 Alles wieder von vorn. Simon Rosner. Wiener Zeitung. 06./07.11.2021.
15 Rascher dritter Stich? Staat haftet, Hersteller womöglich weniger. Philipp Aichinger. Die Presse. 23.11.2021.

16 Wer für eine frühe dritte Impfung infrage kommt. Köksal Baltaci. Die Presse. 16.11.2021.

17 Booster: Vier Monate Abstand bleiben. Ernst Mauritz. Kurier. 23.12.2021.

Achtung: Falle! Stufenplan in der Bekämpfung der Pandemie

1 Die Pläne für den Corona-Herbst. Martin Fritzl. Die Presse. 02.09.2021.

2 Ein Stufenplan, zwei Sonderwege und neue K1-Regeln. Elisabeth Holzer. Kurier. 26.09.2021.

3 Wieso die Regeln gelockert werden. Köksal Baltaci. Die Presse. 27.09.2021.

4 Ein Test reicht für sieben Tage. Maria Zimmermann und Marian Smetana. Salzburger Nachrichten. 22.09.2021.

5 Unis ecken mit Palette an Corona-Regeln. (ett). Wiener Zeitung. 02./03.10.2021.

6 Ausgangssperren für Ungeimpfte. M. Gebhart, J. Gebhard und E. Holzer. Kurier. 23.10.2021.

7 Der erweiterte Corona-Stufenplan. (Quelle: APA, Dashboard AGES). Kurier. 24.10.2021.

8 Ungeimpften könnten bald Ausgangssperren drohen. Kurier. 23.10.2021.

9 So viele Neuinfektionen in Österreich wie seit November 2020 nicht mehr. David Krutzler, Johannes Dieterich. Der Standard. 30./31.10./01.11 2021.

10 Länder verschärfen, Ludwig fordert einheitliche Linie. S. Rachbauer, J. Hager und Ch. Schwarz. Kurier. 31.10.2021.

11 Wien: Scharfe Maßnahmen gelten bis Ende November. (stu). Die Presse. 22.10.2021.

12 Der Corona-Herbst hält Einzug in Europa. Klemens Patek. Die Presse. 22.10.2021.

13 Europas Kampf gegen die vierte Welle. Irene Zöch und Susanna Bastaroli. Die Presse. 11.11.2021.

14 Späte Einsicht. Wiener Zeitung. 06./07.11.2021.

15 2G in ganz Österreich. Kurier. 06.11.2021.

16 2G-Regel als Impfturbo: Schlange stehen für den Stich. Anja Kröll und Patrick Wammerl. Kurier. 07.11.2021.

17 Was die Verschärfungen im Alltag bedeuten. E. Holzer und J. Gebhard. Kurier. 06.11.2021.

18 Wo Corona derzeit am heftigsten wütet. Wolfgang Greber. Die Presse. 06.11.2021.

19 Der Osten der EU ist beim Impfen abgehängt. Philipp Fritz. Salzburger Nachrichten. 01.09.2021.

20 Portugal hat beim Impfen ohne Zwang alle überholt. Gudrun Doringer. Salzburger Nachrichten. 08.11.2021.

Eine nicht normale Wintersaison im Zeichen der Pandemie

1 Kein normaler Winter in Sicht. Birgitta Schörghofer. Salzburger Nachrichten. 30.08.2021.
2 3G-Kontrolle beim Skifahren ist machbar. Birgitta Schörghofer. Salzburger Nachrichten.02.09.2021.
3 Seilbahner: „3G-Zutritt wäre Super-GAU". Patrick Wammerl. Kurier. 18.09.2021.
4 Skilift wird zum Checkpoint. Brigitta Schörghofer. Salzburger Nachrichten. 18.09.2021.
5 Für Geimpfte wird es ein Skiurlaub wie früher. Gerhard Hofer. Die Presse. 21.09.2021.
6 Rückkehr und Aufbruch. (may). Wiener Zeitung. 23./24.10.2021.
7 Die Leiden der Hoteliers: Welche Impfung gilt? Eva Winroither. Die Presse. 15.10.2021.
8 Gefährdet vierte Welle Österreichs Skiwinter? Christoph Zotter. Die Presse. 04.11.2021.
9 Urlaub im Hochrisikogebiet. Simone Hoepke. Kurier. 13.11.2021.
10 Ein Geschenk für die Touristiker. Wiener Zeitung. 24./25./26.12.2021.

Vulkanausbruch auf der Ferieninsel La Palma

1 Lava verschlang Dorf samt Kirche. Ralph Schulze. Die Presse. 29.09.2021.
2 Am Feuerberg. Thomas Bruckner. Salzburger Nachrichten. 31.12.2021.
3 https://de.wikipedia.org/w/index.php?title=Cumbre_Vieja&oldid=216281601 [abgefragt am 23.10.2021].
4 Vulkanausbruch lässt La Palma wachsen. (SN, APA). Salzburger Nachrichten. 01.10.2021.
5 Touristen und Bewohner flüchten vor Lava. Ralph Schulze. Die Presse. 14.10.2021.
6 Der Vulkanausbruch lockt auch Touristen an. (SN, dpa). Die Presse. 02.11.2021.
7 Asche und Lava bedecken auch Friedhöfe auf La Palma. Salzburger Nachrichten. 02.11.2021.
8 La Palma zwischen Feuer und Asche. Irene Thierjung. Kurier. 08.12.2021.
9 Opferzahl nach Vulkanausbruch auf Java steigt: 22 Tote. https://www.sn.at/panorama/international/opferzahl-nach-vulkanausbruch-auf-java-steigt-22-tote-113599111 [abgefragt am 06.12.2021].
10 „Das beste Weihnachtsgeschenk". Ralph Schulze. Die Presse. 27.12.2021.

Neue schöne Arbeitswelt mit 3G-Regel

1 Eintritt nur für Geimpfte. Michael Komuczky. Die Presse. 23.08.2021.
2 Mario Draghis strikter Corona-Kurs. Susanna Bastaroli. Die Presse. 17.09.2021.
3 Mehr Impfungen dank „Super-Green-Pass". (basta./APA). Die Presse. 20.09.2021.
4 Nur noch mit Grünem Pass ins Büro. Julius Müller-Meiningen. Salzburger Nachrichten. 18.09.2021.
5 In Italien wächst die Wut auf die Coronaregeln. Virginia Kirst. Die Presse. 15.10.2021.
6 3G im Job ist heiß umstritten. Monika Graf. Salzburger Nachrichten. 15.10.2021.
7 Ab 1. November gilt die 3G-Regel am Arbeitsplatz. (APA). Die Presse. 21.10.2021.

8 Kein Lohn für 3G-Verweigerer. Philipp Aichinger. Die Presse. 20.10.2021.

9 Weg für die 3G-Pflicht am Arbeitsplatz ist frei. Monika Graf. Salzburger Nachrichten. 20.10.2021.

10 Was 3G oder 2,5G im Job bedeuten. Elisabeth Holzer. Kurier. 31.10.2021.

11 3G auch am Arbeitsplatz. Monika Graf und Richard Wiens. Salzburger Nachrichten. 23.9.2021.

Umweltgipfel in Glasgow

1 Bildsprache. (th). Salzburger Nachrichten. 06.11.2021.

2 Afrika verliert an Boden. Helmut L. Müller. Salzburger Nachrichten. 19.10.2021.

3 Südamerikas globale Dürre. Andreas Fink. Die Presse. 17.10.2021.

4 Der fatale Raubbau im Regenwald. Andreas Fink. Die Presse. 03.09.2021.

5 Ist Bolsonaro ein Fall für den Strafgerichtshof? Irene Zöch und Benedikt Kommenda. Die Presse. 13.10.2021.

6 UN: Welt droht Klimaziel klar zu verfehlen. (APA). Die Presse. 18.09.2021.

7 G20 Rome Leaders' Declaration. Europäischer Rat Pressemitteilung 31. Oktober 2021 17:50.

8 Ratlos in Glasgow. Sylvia Wörgetter. Salzburger Nachrichten. 02.11.2021.

9 Thunberg nennt UN-Klimagipfel „Fehlschlag". (SN-via, dpa). Salzburger Nachrichten. 06.11.2021.

10 Mehr als Blabla? Das hat der Gipfel gebracht. Sylvia Wörgetter und Stephanie Pack-Homolka. Salzburger Nachrichten. 13.11.2021.

11 Klimagipfel startet mit Versprechen. Salzburger Nachrichten. 02.11.2021.

12 „Sehr gute Nachrichten" für den Klimaschutz. Bernhard Gaul. Kurier. 07.11.2021.

13 https://de.wikipedia.org/w/index.php?title=Internationales_institut_für_angewandte_Systemanalyse&oldid=215545224 [abgefragt am 16.1.2022].

14 Knackpunkt sind fossile Energien. (milo). Die Presse. 12.11.2021.

15 „Historischer" Beschluss mit Wermutstropfen. Susanne Ebner. Salzburger Nachrichten. 15.11.2021.

16 Kleine Schritte, aber Richtung stimmt. (DPA, jaz). Die Presse. 15.11.2021.

17 Was die Welt in Glasgow lösen muss. Bernhard Gaul. Kurier. 31.10.2021.

18 Der magere Deal von Glasgow. Matthias Auer. Die Presse. 14.11.2021.

19 Warum die Klimakonferenz von Glasgow ein Erfolg ist. Martin Stricker. Salzburger Nachrichten. 13.11.2021.

20 Goldrausch in Glasgow. (SN-wit, strick, dpa). Salzburger Nachrichten. 19.10.2021.

Lockdown Nummer 4 für alle als letzter Ausweg in der Pandemiebekämpfung

1 Regionale Lockdowns als „allerletzte Konsequenz". Salzburger Nachrichten. 08.11.2021.

2 Lockdowns als „letzte Konsequenz". (red.). Die Presse. 08.11.2021.

3 Auch Dänemark schaltet einen Gang zurück. Klemens Patek. Die Presse. 10.11.2021.

4 Salzburg ringt darum, den Lockdown zu verhindern. Salzburger Nachrichten. 09.11.2021.

5 Sind wir hier im falschen Film? Salzburger Nachrichten. 12.11.2021.

6 Erster Lockdown für Ungeimpfte steht kurz bevor. Salzburger Nachrichten. 12.11.2021.

7 Lockdown soll Impfquote heben. Oliver Pink. Die Presse. 15.11.2021.

8 Wer was noch wie lange darf. Philipp Aichinger. Die Presse. 16.11.2021.

9 Kontrolle wird zum Knackpunkt. Maria Zimmermann. Salzburger Nachrichten. 15.11.2021.

10 Lockdown für Ungeimpfte. (SN-dop, dpa). Salzburger Nachrichten. 16.11.2021.

11 Auch ohne Lockdown ist die Stimmung im Keller. Michael Hammerl. Kurier. 18.11.2021.

12 „Keiner draußen kann sich vorstellen, was das bedeutet". Petra Stacher. Kurier. 18.11.2021.

13 Triage: Wen retten – und wen nicht? Jürgen Streihammer. Die Presse. 29.12.2021.

14 Triage: Wer im Ernstfall ein Bett bekommt. Ernst Mauritz. Kurier. 29.12.2021.

15 Impfen? „Weil wir an einen Gott des Lebens glauben". Barbara Beer. Kurier. 08.12.2021.

16 Wer bekommt ein Intensivbett? Salzburg setzt Triageteam ein. Salzburger Nachrichten. 17.11.2021.

17 Überlastet: Viele Länder scheitern bei PCR-Tests. Julia Wenzel. Die Presse. 18.11.2021.

18 Amtsmissbrauch durch Nein zu Lockdown? Benedikt Kommenda. Die Presse. 18.11.2021.

19 Zum vierten Mal in den Lockdown. Iris Bonavida und Julia Neuhauser. Die Presse. 19.11.2021.

20 Wie sehen Direktoren die Lage an den Schulen? Julia Neuhauser und Julia Wenzel. Die Presse. 17.11.2021.

21 Lockdown-Chronologie. Die Presse. 20.11.2021.

22 POLITIK BESCHLIESST Zu Hause bleiben, impfen gehen. Kurier. 20.11.2021.

23 The same procedure as every year! Wiener Zeitung. 20./21.11.2021.

24 Das große Schließen. Iris Bonavida. Die Presse. 20.11.2021.

25 Wie konnte es nur so weit kommen? Kurier. 21.11.2021.

26 Schon wieder Lockdown. Mirjam Marits und Karin Schuh. Die Presse. 21.11.2021.

27 „Wir hätten es in der Hand gehabt, das alles zu vermeiden". Claudia Lagler. Die Presse. 21.11.2021.

28 Neue Töne im vierten Lockdown. Iris Bonavida. Die Presse. 22.11.2021.

29 Der große Graben. Doris Helmberger. Die Furche.46. 18.11.2021.

30 „Fehler, Ungeimpfte komplett auszugrenzen". Ulrike Weiser. Die Presse. 10.12.2021.

31 Impfpflicht. Raffaela Lindorfer und Michael Hammerl. Kurier. 20.11.2021.

Weihnachtsmärkte – Statt Punsch und Glühwein ein neuerlicher Lockdown

1 Regelwirrwarr der Adventmärkte. (and). Die Presse. 13.11.2021.
2 Advent anders: Das Bangen um Märkte, Punsch. Marlene Aigner. Die Presse. 07.11.2021.
3 Das Bangen der Weihnachtsmärkte geht weiter. Marlene Aigner. Die Presse. 22.11.2021.
4 Mit einem Punsch die Pandemie vergessen. Teresa Sturm. Kurier. 14.11.2021.
5 Und ewig lockt der Punsch. Marlene Aigner. Die Presse. 14.11.2021.

Ende des Lockdowns für Geimpfte und Genesene

1 Zahlen sinken, doch das Contact Tracing ist gescheitert. Elisabeth Holzer. Kurier. 04.12.2021.
2 Das Land sperrt auf – aber wie? Julia Neuhauser. Die Presse. 06.12.2021.
3 Österreich sperrt dreigeteilt auf. Philipp Aichinger. Die Presse. 09.12.2021.
4 O du bunter Fleckerlteppich. Elisabeth Holzer. Kurier. 12.12.2021.
5 Und was dürfen Sie jetzt? Kurier. 12.12.2021.
6 Was für und was gegen Lockerungen spricht. Köksal Baltaci. Die Presse. 07.12.2021.
7 Advent, noch einmal im Schnelldurchlauf. Karin Schuh und Teresa Wirth. Die Presse. 18.12.2021.

Allgemeine Impfpflicht: Nun also doch!

1 Die vielen Gründe für die schlechte Impfquote. Christian Böhmer. Kurier. 21.11.2021.
2 Impfpflicht. Raffaela Lindorfer und Michael Hammerl. Kurier. 20.11.2021.
3 Ungeimpfte „entziehen sich dem solidarischen Akt". Raffaela Lindorfer. Kurier. 21.11.2021.
4 Impfpflicht für alle? Oliver Tanzer und Wolfgang Machreich. Die Furche.46. 18.11.2021.
5 Gilt die Impfpflicht bald auch im Job? Christine Kary. Die Presse. 02.12.2021.
6 Über 50.000 Stellungnahmen zur Impfpflicht. (JE, MAG, LIN). Kurier. 31.12.2021.
7 Hält die Impfpflicht auch bei der Omikron-Variante? Philipp Aichinger. Die Presse. 15.12.2021.
8 Über die Tücken der Impfpflicht. Simon Rosner. Wiener Zeitung. 04./05.12.2021.
9 Impfpflicht bringt Trotz, aber auch Einsicht. Elisabeth Hofer. Kurier. 11.12.2021.
10 44.000 Demonstranten in der Wiener Innenstadt. Nina Oezelt. Kurier. 12.12.2021.
11 Das gespaltene Land. Kurier. 11.12.2021.
12 Proteste vor Spitälern werden verboten. (alf). Salzburger Nachrichten. 30.12.2021.
13 „Die nächsten Monate werden nicht schön". Jürgen Streihammer. Die Presse. 15.12.2021.
14 Radikalisierung wächst durch Corona-Demos. Manfred Seeh. Die Presse. 14.12.2021.
15 Corona-Protest droht Gewaltspirale. Wiener Zeitung. 11./12.12.2021.
16 „So etwas wie der Sturm aufs Kapitol ist auch bei uns vorstellbar". Ronald Schönhuber. Wiener Zeitung. 11./12.12.2021.

Warum Omikron?

1 Droht jetzt Super-Corona? Eva Stanzl. Wiener Zeitung. 27./28.11.2021.

2 So gefährlich ist die neue Virus-Mutation aus Südafrika. Kurier. 27.11.2021.

3 „Omikron" und die Armenviertel. Christian Putsch. Die Presse. 28.11.2021.

4 Omikron: Erster Verdacht in Österreich. Julia Pfligl. Kurier. 28.11.2021.

5 „Gebt die maßlosen Träume vom Gelingen auf". Karl Gaulhofer. Die Presse. 11.12.2021.

6 Was würde Kant tun – und was heißt hier eigentlich Freiheit? Angelika Hager. Profil Nr. 51/52. 52. Jg. 19.12.2021.

7 https://de.wikipedia.org/w/index.php?title=Benennung_der_Variante_von_SARS-CoV-2&oldid=217909453" [abgefragt am 10.12.2021].

8 Weltweit Bangen wegen Omikron. (tk), (stu). Die Presse. 29.11.2021.

9 Omikron breitet sich weltweit aus. Köksal Baltaci. Die Presse. 10.12.2021.

10 „Omikron dürfte starke Fluchtmutante sein". Köksal Baltaci. Die Presse. 10.12.2021.

11 Katz und Maus. Martin Tauss. Die Furche.28. 15.07.2021.

12 Hört diese Pandemie denn nie auf? Martin Tschiderer. Wiener Zeitung. 11./12.12.2021.

13 Omikron als unterschätzte Gefahr. Köksal Baltaci. Die Presse. 13.12.2021.

14 Jetzt die Ruhe, bald der Sturm? Iris Bonavida. Die Presse. 20.12.2021.

15 Omikron-Welle überrollt Europas Impfhochburgen. Ralph Schulze. Die Presse. 22.12.2021.

16 Verschärfte Einreiseregelungen bringen Stornierungen. Günther Strobl. Der Standard. 20.12.2021.

17 Omikron-Weihnachten in Europa. Irene Zöch. Die Presse. 21.12.2021.

18 Hacker für kürzere Quarantänedauer. David Krutzler. Der Standard. 31.12.2021/01./02.01.2022.

19 Die Unsicherheiten um Omikron. Martin Tschiderer. Wiener Zeitung. 18./19.12.2021.

20 Der unausweichliche Lockdown. Köksal Baltaci und Ulrike Weiser. Die Presse. 18.12.2021.

21 „Good news" von Omikron zu Weihnachten? Ernst Mauritz. Kurier. 24.12.2021.

22 Omikron: Positive Signale, aber keine Entwarnung. Kurier. 28.12.2021.

23 Die Hoffnung im Omikron-Drama. Christian Putsch. Die Presse. 18.12.2021.

24 Nationales Impfgremium ebnet Weg für den vierten Stich. Julia Pfligl. Kurier. 25.12.2021.

25 Schützt der Impfstoff auch vor neuen Virus-Varianten? Theresa Bittermann. Kurier. 06.01.2021.

26 Gerste, Ronald D.: Die Heilung der Welt. Das Goldene Zeitalter der Medizin 1840–1914. Klett-Cotta © 2021 by J.G. Cotta'sche Buchhandlung Nachfolger GmbH, gegr. 1659, Stuttgart.

27 Es gibt auch Grund für Optimismus. Rainer Nowak. Die Presse. 11.12.2021.

28 „Omikron ist ein Weihnachtsgeschenk". Ida Metzger. Kurier. 25.12.2021.

#YesWeCare-Lichterkette auf der Wiener Ringstraße

1 Lichtermeer als Antwort auf Ausschreitungen. Marlene Aigner und Manfred Seeh. Die Presse. 20.12.2021.
2 Mehr als 30.000 beim Lichtermeer in Wien. J. Kreid, R. Lindorfer und M. Pekovics. Kurier. 20.12.2021.
3 Tausende Lichter für tausende Tote. Der Standard. 20.12.2021.
4 Lichtermeer am Wiener Ring. Margit Ehrenhöfer/APA. Die Furche.51/52. 23.12.2021.
5 Die größte Demonstration Österreichs. Kurier. 19.12.2021.
6 Kontrapunkt im Kerzenschein. Marlene Aigner. Die Presse. 19.12.2021.
7 Es braucht versöhnliche Gesten. Josef Bruckmoser. Salzburger Nachrichten. 31.12.2021.

Was wichtig ist – Ein Ausblick

1 Eine Auffrischung der Menschlichkeit. Manfred Perterer. Salzburger Nachrichten. 24.12.2021.
2 Fürchtet Euch nicht. Walter Hämmerle. Wiener Zeitung. 24./25./26.12.2021.
3 Nagelprobe der Menschlichkeit. Doris Helmberger. Die Furche.51/52. 23.12.2021.

BILDNACHWEIS

APA – Austria Presse Agentur eG, Laimfeldgasse 10, 1060 Wien (Seiten 11, 12, 16 links, 16 rechts, 23 links, 23 rechts, 34, 39 links, 49, 78, 87, 110 und 123)
GEPA pictures GmbH, Stadionplatz 2, 8041 Graz (Seite 75)
Raquel Castro (Seite 118)
Georg Kohlmaier (Seiten 14, 19, 31, 39 rechts, 41, 45, 54, 57, 63, 64, 66, 67, 72, 76, 93, 101, 104, 128, 133, 141, 145 und 146)
Alina Migliori (Seite 81)
Marta Ramos Trujillo (Seite 119)

EIN HERZ FÜR AUTOREN A HEART FOR AUTHORS À L'ÉCOUTE DES AUTEURS MIA KAPΔIA ΓIA ΣΥΓΓΡΑΦΕΙΣ UN CUORE PER
HJÄRTA FÖR FÖRFATTARE UN CORAZÓN POR LOS AUTORES YAZARLARIMIZA GÖNÜL VERELIM SZÍVÜNKET SZERZÖINKÉR
CUORE PER AUTORI ET HJERTE FOR FORFATTERE EEN HART VOOR SCHRIJVERS TEMOS OS AUTORES NO CORAÇÃO BC
SZERZÖINKÉRT SERCE DLA AUTORÓW EIN HERZ FÜR AUTOREN A HEART FOR AUTHORS À L'ÉCOUTE DES AUTEURS MIA
CORAÇÃO ВСЕЙ ДУШОЙ К АВТОРАМ ETT HJÄRTA FÖR FÖRFATTARE Á LA ESCUCHA DE LOS AUTORES YAZARLARIMIZA G
AUTEURS MIA KAPΔIÁ ΓIA ΣΥΓΓΡΑΦΕΙΣ UN CUORE PER AUTORI ET HJERTE FOR FORFATTERE EEN HART VOOR SCHRIJVEI
YAZARLARIMIZA GÖNÜL VERELIM SZÍV SZ E DLA AUTORÓW EIN HERZ FÜR AUTOREN A HEART F
VOOR SCHRIJVERS TEMOS OS AU CORA ДУШОЙ К АВТОРАМ ETT HJÄRTA FÖR FÖRFATTARE Á LA ES

Der Autor

Geboren 1960 in Großkirchheim (Kärnten), sind dem Autor seit dem Abschluss des Studiums an der Universität für Bodenkultur in Wien technische Normen und Regelwerke ständige Begleiter in seiner beruflichen Tätigkeit. Diese folgen in ihrer Sprache definierten Gesetzmäßigkeiten. Das große Interesse und die Freude am eigenen geschriebenen Prosawerk gehen zurück in die Zeit der 1970er-Jahre an einem humanistischen Gymnasium. Das vorliegende Buch ist daher so etwas wie eine Heimkehr zu diesen geistigen Quellen und das Erstlingswerk des Autors. Georg Kohlmaier ist verheiratet und lebt seit 1980 in Wien. In seiner Freizeit treibt er Sport, hört Musik, liest und unternimmt Reisen.